KB119938

56개
공간으로
읽는
조선사

● 일러두기

1. 인명·서명·건물명 등의 한자는 원칙적으로 최초 1회만 병기했다. 지명과 관직명은 불가피한 경우를 제외하고 별도의 한자 표기를 생략했다.
2. 연도 표기는 서기 연도를 기본으로 하되 각 왕 대별로 최초 1회만 해당 왕의 재위 연도를 표기했다.

※ 이 논문 또는 저서는 2018년 대한민국 교육부와 한국연구재단의 지원을 받아 수행된 연구임 (NRF-2018S1A6A3A0304397).

56개 공간으로 읽는 조선사

개국의 환희부터 쇠망의 통한까지

신병주 지음

위즈덤하우스

머리말

역사의 흐름을 쉽게 이해하는 데 가장 중요한 키워드는 무엇일까? 필자는 인물, 사건과 더불어 현장, 즉 역사 공간을 꼽는다. 역사가 깃든 공간은 왜 이곳에서 역사가 전개되었는지를 지표처럼 보여주는 경우가 많기 때문이다.

조선사를 전공한 필자는 그동안 조선시대에 관한 대중서를 집필하여 역사를 좀더 쉽게 소개하는 작업을 해왔다. 《왕으로 산다는 것》, 《참모로 산다는 것》, 《왕비로 산다는 것》처럼 인물을 중심으로 서술한 책과 《조선을 움직인 사건들》, 《조선후기를 움직인 사건들》처럼 사건을 중심으로 서술한 책 등이 이러한 배경에서 나온 책들이다.

그러면서도 필자는 늘 공간을 키워드로 삼아 조선의 역사를 보다 생동감 있게 저술하겠다는 생각을 가지고 있었다. 대학에서 전공을 선택할 당시에도 사학과는 정기적으로 현장 답사를 한다는 사실이 큰 매력으로 작용했던 터였다. 현장 답사를 워낙 좋아했기에 그간

신문, 잡지 등 여러 매체에 기고한 역사 공간 관련 칼럼도 상당수였다. 그러던 차에 위즈덤하우스 출판사에서 역사 공간을 키워드로 하는 책의 출간을 제안해왔고, 그 덕에 이 책 《56개 공간으로 읽는 조선사》를 세상에 내놓게 되었다.

이 책은 크게 조선사를 세 시기로 구분하고, 각 시기를 다시 왕대별로 나누어 주요 역사 공간과 관련된 내용을 소개하는 방식으로 서술했다. 제1부는 1대 태조부터 9대 성종까지의 시기로 조선 개국과 체제 정비의 공간을, 제2부는 10대 연산군부터 18대 현종까지의 시기로 사림의 대두와 양난 극복의 공간을, 제3부는 19대 숙종부터 27대 순종까지의 시기로 조선의 중흥과 쇠망의 공간을 다룬다.

이 책에서는 경복궁景福宮, 집현전集賢殿, 규장각奎章閣, 창덕궁昌德宮 후원後苑, 다산초당茶山草堂 등 독자들에게 친숙한 공간 외에도, 후릉厚陵, 자선당資善堂, 자지동천紫芝洞天, 필암서원筆巖書院, 북한산성北漢山城 등 기존에 잘 알려지지 않았던 공간과 그에 얽힌 흥미로운 역사 이야기까지 담았다.

왕 또는 왕실과 연관된 공간을 중심으로 하면서도 소쇄원瀟灑園, 산천재山天齋, 화양동 계곡, 청풍계淸風溪 등 조광조趙光祖, 조식曺植, 송시열宋時烈, 정선鄭敾 등 시대를 이끌어 간 인물의 자취가 잘 남아 있는 공간을 소개해 조선 역사를 더욱 풍요롭게 이해할 수 있도록 했다. 또 태조의 무덤이 현재의 구리시 검암산 자락에 조성된 까닭, 동대문 밖에 여인시장이 형성된 배경, 속리산 법주사法住寺와 오대산 상원사上院寺에 세조의 흔적들이 남게 된 경위, 광해군이 인왕산 자락에 새로운 궁궐을 조성한 이유, 현종과 온양온천 등 흥미 있는 이야기들을 다수 수록했다.

아무쪼록 공간이라는 키워드를 통해 조선 역사를 생동감 있게 전하고자 한 필자의 의도가 잘 전달되어서 보다 많은 독자들이 이 책에서 영감을 얻어 역사의 흔적이 남은 공간들을 직접 답사하기를 바란다. 현장의 생생함이 살아나는 공간 답사를 통해 독자들로 하여금 역사가 가져다주는 즐거움과 의미를 찾는 시간을 가져보게 하는 것이 필자가 이 책을 쓴 목표이기도 하다.

마지막으로 이 책을 함께 기획하고, 책의 완성도를 높이기 위해 많은 것을 쏟아부은 위즈덤하우스 편집자 최란경 님의 노고에 감사의 뜻을 표한다. 그리고 필자와 함께 현장 답사도 하고, 책이 나오는 과정에서 원고의 교정 작업에도 힘을 보태 준 배병권, 방성원, 심예원 등 건국대학교 대학원 사학과 학생들에게도 고마움을 전한다.

2021년 1월 신병주

차례

머리말 _004

1부 조선 개국과 체제 정비의 공간

제1대 태조
1 창업 군주 태조의 한양 천도와 도성 건설 _012
2 조선의 사상과 이념을 담은 경복궁 _019

제2대 정종
3 정종과 개경 환도, 그리고 후릉 _024

제3대 태종
4 태종, 창덕궁에서 새로운 시작을 꿈꾸다 _031
5 억새풀로 뒤덮인 태조의 무덤, 건원릉 _037
6 풍류와 역사의 공간, 한강 주변의 정자들 _041

제4대 세종
7 왕도 대신 불도를 택한 왕자 효령대군 _046
8 세종 대 정치와 학문의 중심 집현전 _050

제5대 문종
9 세자를 위한 공간 자선당과 계조당 _056

제6대 단종
10 비극의 시작, 계유정난의 공간들 _061
11 삼촌이 조카의 왕위를 뺏은 그곳, 경회루 _065
12 단종의 왕비 정순왕후를 기억하는 곳 _068

제7대 세조
13 사정전, 사육신의 절개가 깃든 공간 _074
14 단종 비극의 현장 영월 청령포 _078
15 미담으로 민심을 흔든 세조의 행차길 _083

제8대 예종
16 남이 장군 무덤, 조선의 별이 잠든 곳 _088

제9대 성종
17 대비와 왕비의 공간 창경궁 _095
18 조선 관리들의 휴가처 독서당 _099

2부 사림의 대두와 양난 극복의 공간

제10대 연산군 19 경회루, 홍청망청의 공간이 되다 _107

20 폭정의 시대 사화의 희생자들을 기리는 곳 _110

제11대 중종 21 조광조를 계승하는 사림 정치의 공간들 _117

22 전 왕조의 수도 개성과 서경덕 _122

제12대 인종 23 김인후와 필암서원, 그리고 인종 _127

제13대 명종 24 서릿발 참선비 조식의 가르침을 담은 곳 _133

25 문정왕후와 불교 중흥 정책 _139

제14대 선조 26 왜란의 영웅 이순신을 기억하는 공간들 _145

27 유성룡과 《징비록》, 하회마을 _154

제15대 광해군 28 백성을 지킨 왕자 광해군의 분조 활동 _161

29 치적과 실정의 경계, 경희궁과 인경궁 _166

제16대 인조 30 세검정부터 경운궁까지, 인조반정의 그곳 _171

31 이괄의 난과 안산전투 _175

32 병자호란의 아픔을 간직한 남한산성 _182

제17대 효종 33 북벌과 대명의리론을 구현한 공간들 _189

제18대 현종 34 현종과 온양 행궁 _197

3부 조선의 중흥과 쇠망의 공간

제19대 숙종 35 장희빈과 인현왕후, 역사의 드라마가 새겨진 곳 _204

36 숙종 대의 국방 강화와 북한산성 _211

제20대 경종 37 대빈궁, 장희빈의 명예를 회복시키다 _216

제21대 영조 38 겸재 정선, 조선의 경치를 화폭에 담다 _221

39 사도세자 비극의 현장 창경궁 문정전 _226

40 딸 바보 영조의 옹주 사랑이 담긴 공간 _230

41 영조의 새해맞이 거둥 _236

42 어린 신부 정순왕후, 영조의 곁을 지키다 _239

제22대 정조 43 경춘전, 용의 정기를 받고 정조가 태어난 곳 _244

44 정조의 싱크 탱크 규장각과 이문원 _247

45 창덕궁의 백미, 후원 유람과 정자 이야기 _251

46 정조의 꿈과 효심이 담긴 공간 수원 화성 _255

47 중인 문화 인왕산에서 꽃을 피우다 _258

제23대 순조 48 정약용 형제의 유배지 다산초당과 사촌서실 _262

제24대 헌종 49 문예군주의 꿈이 담긴 중희당과 승화루 _269

50 〈세한도〉와 추사 김정희를 기억하는 공간 _273

제25대 철종 51 강화도령 철종의 잠저 용흥궁 _277

제26대 고종 52 병인양요와 신미양요, 그 처참한 승리의 현장 _282

53 삼일천하 갑신정변과 개화파의 공간 _286

54 고종, 위기 속에서 서양 세력을 만나다 _292

제27대 순종 55 망국의 슬픔을 간직한 중명전과 흥복헌 _297

56 친일과 항일의 갈림길, 우당기념관과 벽수산장 _300

주석 _304

사진 출처 _314

1부

조선 개국과
체제 정비의 공간

1392년 7월 이성계가 개성의 수창궁壽昌宮에서 즉위식을 올리고 새 왕조 조선朝鮮의 첫 왕 태조太祖(1335~1408, 재위 1392~1398)가 되었다. 태조는 1394년(태조 3) 10월, 새 왕조에 걸맞은 도읍인 한양으로 천도를 결정했다. 동서남북으로 산이 둘러싸여 있고 한강이 흘러 조운漕運에 편리했기 때문이었다. 네 산을 연결하는 한양 도성을 축성하여 수도를 방위하고 도성민을 적절히 관리했다.

그로부터 1년 후인 1395년(태조 4) 9월, 정궁正宮인 경복궁이 완성되었다. 이 경복궁과 근정전勤政殿, 사정전思政殿 등 정도전鄭道傳이 주도하여 완성한 궁궐과 전각의 이름에는 성리학을 중시했던 조선왕조의 이념이 구현되어 있다.

01
창업 군주 태조의
한양 천도와 도성 건설

한양 도성은 고려를 무너뜨리고 조선이라는 새 왕조를 연 태조 이성계의 정치적 지향을 가장 압축적·가시적으로 드러낸 공간이다. 그에게는 이전 왕조인 고려와 깨끗이 결별하고 조선의 정치를 시작할 새로운 공간이 필요했기 때문이다. 이성계는 1392년 7월 17일, 개성 수창궁에서 즉위식을 올리고 새로운 나라 조선의 왕이 되었지만 개성은 조선의 수도로 삼기에 아쉬움이 많이 남는 곳이었다. 고려왕조를 지키려 했던 신하들이 개성에서 많은 피를 흘렸고, 조선왕조에 출사하기를 거부한 고려 귀족들의 흔적도 많았다. 오죽하면 고려의 신하들이 조선 섬기기를 거부하고 마을 깊숙이 들어가 죽을 때까지 나오지 않았다는 데에서 두문동杜門洞이라는 마을 이름까지 생겼을 정도였다. 이에 이성계는 수도를 옮기는 사업을 구상했고 1394년 10월 28일, 한양으로의 천도를 단행했다.

태조의 한양 천도 단행은 많은 반대에 부딪혔다. 최측근인 정도전마저 천도에 대해 신중론을 개진했다. 새로운 왕조를 출범한 마당에 시급히 해야 할 여러 일을 제쳐두고 천도를 하기에는 국가의 역량이 충분하지 않다는 판단 때문이었다. 정도전은 "백성들이 소생되지 못하고 나라의 터전이 아직 굳지 못했으니, 마땅히 모든 것을 진정시키고 민력民力을 휴양해 위로 천시天時를 살피시고 아래로 인사人事를 보아 적당한 때를 기다려서 도읍 터를 보는 것이 만전한 계책"[1]이라며 태조의 천도 추진이 급하게 이루어지면 안 된다고 지적했다.

조선이라는 국호의 선정이나 통치 체제의 구상 등 대부분의 논의에서 정도전을 믿었던 태조였지만 천도 문제에서만은 물러서지 않았다. 여러 재상이 천도에 대해 옳지 않다고 하자 태조는 언짢은 기색을 보이면서까지 한양 천도를 밀어붙였다. 태조의 천도 의지가 워낙 확고해 도평의사사에서는 1394년 8월 "그윽이 한양을 보건대 안팎 산수의 형세가 훌륭한 것은 옛날부터 이름난 것이요, 사방으로 통하는 도로의 거리가 고르며 배와 수레도 통할 수 있으니, 여기에 영구히 도읍을 정하는 것이 하늘과 백성의 뜻에 맞을까 합니다"[2]라면서 태조의 천도 의지를 수용했다.

새 도읍 후보로는 한양과 계룡산 일대가 거론됐다. 1394년 2월, 태조는 정당문학 권중화權仲和의 계룡산 길지설에 따라 계룡산을 답사하고 신도시 건설 계획을 진행시켰다. 그러나 그곳이 지리적으로 남쪽에 치우치고 풍수학적으로도 불길하다는 정도전과 하륜河崙의 주장에 의해 이듬해, 백악 남쪽 지금의 한양 도성 안을 중심으로 새 도읍지를 정하게 되었다. 계룡산 부근이 수도가 될 뻔했다가 결국 한양이 수도가 된 것이다. 현재 삼군 본부가 있는 계룡대 내에는 이때 1년간 진행됐던 대궐 공사의 흔적이 남아 있다. 계룡산, 공주 일대가 결국 행정중심복합도시인 세종시가 된 것을 보면 이곳이 수도로서 좋은 입지를 갖춘 것은 사실인 모양이다.

한양이 계룡산을 제치고 도읍으로 선정된 데는 무엇보다 수로와 해로의 교통이 편리해 조세를 쉽게 거둘 수 있다는 점이 유리하게 작용했다. 한양 천도의 마지막 결정 단계에서 풍수지리상 약간의 결점이 있다는 지적을 들은 태조가 "이곳의 형세를 살펴보니 왕자王者의 도읍이 될 만하다. 더구나 조운이 통하고 사방의 이수里數도 고르니 사람들에게 편리하다"[3]라고 말한 것도 수도로서 한양의 가치를 압축적으로 표현한다. 한강과 서해를 활용한 세곡의 운송은 한양을 수도로 세운 최적의 조건이었다.

도읍지가 한양으로 정해졌지만 왕궁을 어느 방향으로 할 것인가를 두고 왕사王師인 무학대사無學大師와 정도전의 의견이 팽팽히 대립했다. 무학대사는 백악白岳(북악)을 주산으로 하면 좌청룡에 해당하는 낙산駱山이 너무 낮아 문제가 있지만, 인왕仁王을 주산으로 하면 좌청룡 백악과 우백호 목멱木覓(남산)의 호위를 받을 수 있다며 인왕을 주산으로 삼을 것을 주장했다. 다만 그렇게 하면 왕궁이 동향東向하는 문제가 생긴다. 이에 정도전은 "예로부터 제왕은 모두 다 남면南面해 앉아 다스렸으니, 동향했다는 말은 아직 들어보지 못했습니다"[4]라며 백악을 주산으로 할 것을 주장했다. 태조는 정도전의 주장을 받아들여 백악을 주산으로 삼기로 했고, 1394년 10월 28일 한양 천도가 단행되었다.

1396년(태조 5)에는 한양의 동서남북 네 산줄기를 잇는 도성이 완성되었다. 총 길이는 18킬로미터로, 동쪽 낙산, 서쪽 인왕산, 남쪽 목멱산, 북쪽 백악산의 내사산內四山으로 둘러싸인 천연의 요새가 만들어진 것이다. 도성 동서남북의 중심에는 사대문을 세웠다. 동쪽의 흥인지문興仁之門, 서쪽의 돈의문敦義文, 남쪽의 숭례문崇禮門, 북쪽의 숙정문肅靖門(소지문昭智門)이 그것으로, 조선의 국시인 인의예지仁義禮智의 이념을 문 이름에 구현한 것이다. 사대문 사이에는 다시 혜화문惠化門, 소의문昭義門, 광희문光熙門, 창의문彰義門(자하문紫霞門)의 사소문을 완성해 도성의 안과 밖을 교통하게 했다. 숭례문 등 4개의 대문과 광희문 등 4개의 소문에서는 저녁 10시경 성문을 닫는 인정人定 종소리를 28번 울리고, 새벽 4시경에는 성문을 여는 파루罷漏 종소리를 33번 울렸다. 오늘날 제야의 종을 33번 치는 것 역시 한 해를 새롭게 맞이한다는 의미가 담겨 있다.

한양 도성 성북동 구간

태조는 한양의 자연조건을 활용해 튼튼한 도성의 축조를 계획했다. 《태조실록太祖實錄》에는 도성 축조 당시의 상황을 담은 기록이 자주 나타난다. 1395년 윤9월 10일 도성의 터를 순시한 태조는 9월 13일 도성 조축도감을 두고 정도전에게 명해 성터를 정하게 했다.

이듬해 1월에는 경상, 전라, 강원도와 서북면 안주 이남과 동북면 함주 이남의 민정民丁 11만 8,070여 명을 징발해 도성을 쌓게 했다. 이때 전체 성벽을 600척 단위로 나누어 전체 97구간을 작업하게 했는데, 각 구간마다 천자문으로 일련번호를 매긴 점이 흥미롭다. 백악의 동쪽은 천자문의 시작인 천天 자로 시작하고, 백악의 서쪽은 조弔 자에서 그치게 했다. 각 도 백성의 많고 적음을 헤아려, 천天 자부터 일日 자까지는 동북면, 월月 자에서 한寒 자까지는 강원도, 내來 자에서 진珍 자까지는 경상도, 이李 자에서 용龍 자까지는 전라도, 사師 자에서 조弔 자까지는 서북면 사람들이 맡게 했다.

이처럼 천자문 순서대로 성곽 공사를 구획한 것이 돌에도 그대로 새겨져 있는데, 이 기록을 통해 성곽과 관련된 다양한 정보를 얻을 수 있다. 예를 들어 성벽 돌 가운데 쓰인 곤자육백척崑字六百尺이라는 글자를 통해 이 성벽이 백악에서 2만 8,200척 떨어진 곳임을 알 수 있다. 곤崑은 천자문 중 47번째 자이므로 여기에 600척을 곱하면 2만 8,200척이 되기 때문이다. 또 성벽 중에 흥해시면興海始面이라고 새겨진 글자에서 경상도 흥해(현재의 포항시) 지역의 인부들이 공사한 지역임을 알 수 있다. 이것은 천자문의 내 자에서 진 자까지는 경상도가 맡았다는 실록 기록과도 정확히 일치한다. 성벽에 새겨진 글자 하나에서도 조선 초기의 행정 시스템이 얼마나 체계적으로 운용되고 관리되었는지 확인할 수 있다.

한양 도성 건설이 즉위 초부터 가장 역점을 둔 사업이었던 만큼 태조는 건설 과정 전반에 각별한 관심을 보였다. 1396년 1월 9일, 도성의 기초를 닦고 백악과 오방신五方神에게 제사하는 축성제를 올리고, 이후에도 자주 도성에 나가 공사 현장을 둘러보았다. 공사는 여름에 잠시 중단했다가 날씨 좋은 가을에 속개했다.

태조는 공사 과정에서 애민愛民의 면모를 보이기도 했다. 밤낮을 가리지 않고 공사를 재촉하는 공사 감독자를 만류하고 밤 공사는 못 하게 막았고, 1394년 2월에는 "백성들을 징발하여 도성을 수축하게 했는데, 부역을 치르러 나온 뒤에 혹은 나무와 돌을 운반하거나 혹은 질병으로 인하여 목숨이 끊어진 사람이 있었으니, 내가 매우 민망하게 여긴다. 도평의사사에 명하여 소재관所在官으로 하여금 3년 동안 그 집의 호역戶役을 면세해주고, 이내 이름을 갖추어 아뢰게 하라"⁵라는 명을 내리기도 했다.

태조 때 그 원형을 갖춘 한양의 성곽들은 1399년(정종 1) 즉위한 정종이 한양을 떠나 수도를 다시 개성으로 옮김으로써 한동안 방치되어 있었다. 도성의 상당 부분도 파손되었다. 그러나 이방원이 태종으로 즉위한 후인 1405년(태종 5) 도읍은 다시 한양으로 옮겨졌고, 도읍의 완비와 함께 성곽의 개축도 논의되었다. 1413년(태종 13)부터 도성을 개축해야 한다는 건의가 잇따랐으나 구체적인 실천에는 들어가지 못했다.

태조 이후 도성 수축을 진두지휘한 인물은 세종이었다. 세종은 태조의 한양 도성 건설 성과를 이어받아 32만여 명을 동원해 1422년(세종 4) 공사를 마쳤다. 당시 한양의 인구가 10만 명이 채 되지 못했던 상황을 고려하면 엄청난 인력이 도성 공사에 동원되었음을 알 수 있다. 조선 후기 숙종 때에도 대대적인 수축 공사가 있었다. 숙종은 1704년(숙종 30)부터 1709년(숙종 35)까지 훈련도감, 어영청, 금위영의 각 군영이 방어하고 있던 구역의 도성을 수축했다. 이후 순조 때에도 대규모 수축 공사가 이루어졌다. 현재의 한양 도성에서는 태조, 세종, 숙종, 순조 때 쌓은 각기 다른 돌의 모습을 살펴볼 수 있다.

02
조선의 사상과 이념을 담은 경복궁

조선이 건국되고 3년이 지난 1395년(태조 4) 9월 29일, 한양의 백악산 아래 넓은 터에는 755칸 규모의 새 궁궐이 들어섰다. 이 궁궐이 바로 200년 가까이 조선왕조에서 법궁의 지위를 유지한 경복궁이다.

경복궁 건설에는 성리학 이념에 입각해 건국한 나라인 만큼 왕실이 솔선수범하여 검소한 모습을 보여야 한다는 정신이 반영됐다. 실제로 《태조실록太祖實錄》에 따르면 경복궁 전체 규모는 755칸, 경복궁의 중심을 이루는 전각은 365칸 정도였다고 하는데, 1868년 흥선대원군이 중건한 경복궁의 규모가 7,200여 칸임을 고려하면 처음 창건

된 경복궁의 규모는 그리 크지 않았던 셈이다. 태조의 최측근 정도전 또한 "궁원宮苑의 제도는 사치하면 반드시 백성을 수고롭게 하고 재정을 손상시키는 지경에 이르게 될 것이고, 누추하면 조정에 대한 존엄을 보여줄 수가 없게 될 것이다. 검소하면서도 누추한 지경에 이르지 않고, 화려하면서도 사치스러운 지경에 이르지 않도록 하는 이것이 아름다운 게 되는 것"[6]이라 하여 검소함을 강조했다.

새 궁궐의 영건을 축하하며 잔치를 베푸는 자리에서, 거나하게 취한 태조는 참모 정도전에게 궁궐과 각 전각의 이름을 짓도록 명했다. 당시 조선에서는 궁궐의 이름을 굉장히 중요하게 생각했다. 왕조 국가의 상징적 공간인 궁궐의 이름에는 그 시대의 사상과 이념이 고스란히 담겨 있기 때문이다. 그렇다면 궁궐 이름에 나타난 태조 대 조선의 사상과 이념은 무엇이었을까?

조선 건국의 최고 공신이었던 정도전은 경복궁 창건에 누구보다 앞장선 인물이다. 도읍지의 선정, 궁궐의 배치 등 모든 면에 그의 손길이 닿지 않은 부분이 없었다. 태조는 경복궁이라는 명칭 역시 정도전에게 맡겼다. 태조가 "지금 도읍을 정해 종묘에 제향을 올리고 새 궁궐의 낙성을 고하게 되매, 가상하게 여겨 군신群臣에게 여기에서 잔치를 베푸노니, 그대는 마땅히 궁전의 이름을 빨리 지어서 나라와 더불어 한없이 아름답게 하라"[7]며 정도전에게 분부를 내렸다. 이에 정도전은 태조가 잔치를 베풀어 술에 취한 모습에 착안해 《시경詩經》〈주아周兒〉 편에 나오는 "이미 술로 취하고 이미 덕으로 배부르니, 군자께서는 만년토록 큰 복을 누릴 것입니다"라는 구절을 인용해 궁궐의 이름을 경

조선왕조의 법궁 경복궁

복궁으로 정했다고 한다. 이처럼 경복궁 이름에는 새로 개창된 나라가 대대손손 큰 복을 누려 번영하기를 바라는 소망이 반영돼 있다.

정도전은 이후 정전正殿인 근정전, 편전便殿인 사정전, 침전寢殿인 강녕전康寧殿 등의 이름도 잇달아 지었다. 근정전은 인왕산과 백악산을 병풍 삼아 우뚝 솟은 경복궁에서 제일 웅장한 건물이다. 여기서는 왕의 즉위식이나 법령 반포, 외국 사신 접견 등과 같은 중대한 의식을 거행했다. 정도전이 붙인 근정勤政이라는 이름은 부지런하게 정치하라는 뜻이다. 예로부터 나라를 통솔하는 자에게는 부지런함이 요구되었다. 이는 《서경書經》에 "편안히 노는 자로 하여금 나라를 가지지 못하게 하라" 하고, 문왕文王이 "아침부터 날이 기울어질 때까지

밥 먹을 시간을 갖지 못하며 만백성을 다 즐겁게 했다"라고 한 데에서
도 알 수 있다. 정도전 역시 편안히 쉬기를 오래 하면 교만하고 안일
한 마음이 쉽게 생기기 때문에, 임금은 무릇 부지런해야 한다고 주장
했다. 그런데 정도전은 모든 일에 부지런해야 함을 말한 것이 아니라,
부지런할 바를 알아서 부지런히 정치해야한다고 말했다. 정도전은 왕
이 부지런히 해야 할 것으로 "아침에는 정사를 듣고, 낮에는 어진 이
를 찾아보고, 저녁에는 법령을 닦고, 밤에는 몸을 편안하게 하는 것"[8]
을 들었다.

　근정전이 국가의 공식 행사를 치르는 정전의 기능을 했다면, 그 뒤
편에 있는 사정전은 왕이 신하와 경연을 하고 정무를 보는 집무실 역
할을 했다. 여기에서 사정思政이란 생각하고 정치하라는 뜻이다. 정
도전은 《서경》에 생각하면 슬기롭고, 슬기로우면 성인이 된다고 했으
니, 생각이라는 것은 사람에게 있어서 그 쓰임이 지극한 것"[9]이라고
말했다. 이어서 그는 백성 중에는 슬기롭고 어리석고 어질고 불초한
사람이 섞여 있고, 모든 일에는 옳고 그르고 이롭고 해됨이 섞여 있어
서, 임금이 된 자가 깊이 생각하고 세밀하게 살펴야지만 인재를 등용
하고 일을 마땅히 처리할 수 있다고 했다. 따라서 정도전은 이 건물에
서 왕이 매일 아침 정사를 보고 조칙을 내려 지휘할 때, 한 번 더 생
각하기를 바라며 사정전이라 이름하기를 청한 것이다.

　편전인 사정전의 뒤쪽으로는 왕이 식사를 하고 잠을 자는 등 일상
생활을 하던 사적인 공간이 자리하고 있다. 왕의 침전인 이곳은 강녕
전으로, 평안하고 건강하라는 의미를 담고 있다. 《서경》〈홍범구주洪

範九疇〉에는 사람이 살면서 누릴 수 있는 다섯 가지 복이 나열되어 있는데, 이 중에서 세 번째가 바로 강녕이다. 장수〔壽〕, 부귀〔富〕, 평안〔康寧〕, 덕을 좋아함〔攸好德〕, 천명을 다함〔考終命〕의 오복은 그 중간인 강녕을 들어서 다 차지할 수 있다고 여겨졌다.

정도전은 한가하고 편안하게 혼자 거처할 때에도 마음을 바르게 해야 왕의 자리가 세워지며 오복을 누릴 수 있다고 말했다. 이때 위衛나라 무공武公을 예로 들었는데, 무공은 다른 사람이 보지 않는 곳에서도 부끄러움이 없도록 행동해 90세가 넘도록 오복을 누린 인물이다. 강녕전이라는 이름에는 왕의 사적인 공간에서도 스스로 경계하며 마음을 바로잡기를 바라는 마음이 배어 있다. 이처럼 경복궁의 전각 이름에는 성리학을 이념으로 조선이라는 새 왕조를 세운 태조 이성계와 이를 수행한 정도전의 꿈과 이상이 고스란히 담겨 있다.

1398년(태조 7) 태조의 둘째 아들 정종定宗(1357~1419, 재위 1398~1400)
이 왕위에 올랐다. 그해 7월 제1차 왕자의 난을 주도한 실권자 이방원
李芳遠이 장자 승계를 명분으로 형 이방과李芳果로 하여금 왕의 자리
에 오르게 한 것이다. 뜻하지 않게 왕이 된 데다 실권도 없었던 만큼
정종은 재위 기간도 짧았다.

　1400년(정종 2) 제2차 왕자의 난이 일어난 후 정종은 동생인 방원에
게 왕위를 양보하고 상왕으로 물러났다. 정종은 재위 기간 수도를 한
양에서 개성으로 다시 옮겼다. 개성과의 인연이 컸기 때문일까? 그의
무덤 후릉厚陵은 현재 북쪽 땅인 개경에 조성되어 있다.

03
정종과 개경 환도,
그리고 후릉

1398년 8월 26일, 이방원이 정도전을 제거하는 사건이 일어났다. 방
원은 정도전을 제거한 후 세자였던 이복동생 방석芳碩을 강화도로 유
배를 보냈다가 처형했다. 역사에서는 방원이 방석을 제거한 이 사건
을 왕자의 난이라고 한다. 정확하게는 1400년에 방원이 형 방간芳幹
과 박포朴苞의 난을 진압한 제2차 왕자의 난과 구분하여 제1차 왕자
의 난이라고 부른다. 제1차 왕자의 난 이후 방원은 태조를 압박해 둘

째 형 방과로 하여금 후계를 잇게 했다. 조선의 제2대 왕 정종이 탄생한 순간이다.

정종은 태조와 신의왕후神懿王后 사이에서 태어난 둘째 아들로, 이름은 방과였다. 원래 정치에 큰 관심이 없었으나 1398년 8월에 방원이 주도한 왕자의 난은 그의 운명을 바꾸어 놓았다. 태조가 방석을 세자로 책봉한 것이 발단이 되어 방원이 방석과 방석의 정치적 후견인 정도전을 제거한 것이다. 방원은 "정도전과 남은南誾 등이 어린 서자庶子를 세자로 꼭 세우려고 하여 나의 동모 형제들을 제거하고자 하므로, 이로써 약자가 선수를 쓴 것"[10]이라며 거사의 정당성을 거듭 강조했다.

정변의 성공으로 방원은 실질적인 최고 권력자가 되었지만 바로 왕이 되지는 않았다. 난을 일으킨 명분이 적장자로 하여금 후계를 계승하게 하자는 것이어서 그 명분을 따르면 방과가 후계자가 되는 것이 합당했기 때문이다. 태조의 장자인 방우芳雨는 1393년(태조 2)에 이미 사망하여 방과가 실질적인 장자였다. 《태조실록》에는 방원이 백관을 거느리고 태조에게 둘째 형 방과를 세자로 삼으라는 상소를 올리는 장면이 기록돼 있다.

적자를 세자로 세우면서 장자로 하는 것은 만세萬世의 상도常道인데, 전하께서 장자를 버리고 유자幼子를 세웠으며, 도전 등이 세자를 감싸고서 여러 왕자들을 해치고자 하여 화가 불측한 처지에 있었으나, 다행히 천지와 종사의 신령에 힘입게 되어 난신이 형벌에 복종하고

참형을 당했으니, 원컨대 전하께서는 적장자인 영안군 永安君(정종)을 세워 세자로 삼게 하소서.[11]

방원의 의지가 워낙 강경해서인지 태조는 결국 방과의 세자 책봉을 허락했다. 태조는 "내가 일찍이 나라를 세우고 난 후에 장자를 버리고 유자를 세워 이에 방석으로써 세자로 삼았으니, 이 일은 다만 내가 사랑에 빠져 의리에 밝지 못한 허물일 뿐만 아니라, 정도전·남은 등도 그 책임을 피할 수가 없을 것이다[12]"라고 하여 자신이 신덕왕후 神德王后 때문에 방석을 세자로 책봉한 잘못을 인정하고, 정도전과 남은에게도 책임이 있다고 선언했다.

방과의 세자 책봉은 태조를 강제로 하야시키는 수순으로 이어졌다. 세자로 책봉된 지 불과 10일 만인 1398년 9월 5일, 세자 지위에 있던 정종은 태조의 양위를 받아 근정전에서 즉위식을 올리고 '원치 않았던' 왕의 길을 걷게 되었다.

방원의 적극적인 지원과 장자 계승의 명분 속에 왕이 되었지만 정종은 모든 것이 편치 않았다. 무엇보다 새 수도 한양은 정종에게 불편한 공간이었다. 어린 시절부터 개경에서 자란 정종은 모든 것이 익숙한 개경으로 돌아가고 싶어 했다.

도성민들도 개경 환도에 적극 찬성했다. 기록에 따르면 "'송도松都는 궁궐과 여러 신하의 제택第宅이 모두 완전합니다' 하니, 드디어 송경松京에 환도하기로 의논을 정했다. 애초부터 도성 사람들이 모두 구도舊都를 생각하고 있었으므로, 환도한다는 말을 듣고 서로 기뻐하

개성 남대문

여 손에 손을 잡고 이고 지고 하여 길을 가득 메웠다"[13]고 한다. 결국 1399년(정종 1) 3월 13일, 정종이 수창궁에 돌아옴으로써 한양에서 개경으로의 천도가 이루어졌다.

그러나 상왕 이성계는 개경 천도를 지지하지 않았다. 새 왕조에 걸맞은 수도 건설을 위해 한양 천도를 적극적으로 추진했던 이성계의 입장에서 개경 환도는 불만스러울 수밖에 없었다. 이성계가 "내가 한양에 천도하여 아내와 아들을 잃고 오늘날 환도했으니 실로 도성 사람에게 부끄럽도다. 그러므로 출입을 반드시 밝지 않은 때에 해서 사람들로 하여금 보지 못하게 해야겠다"[14]라고 한 기록에서 개경에 돌아온 상황을 매우 불편해했던 그의 진심을 읽을 수 있다. 정종은 한양에 있던 종묘의 신주도 모셔 오자고 제안했지만 신하들의 반대로 좌절되었다.

개경 천도에 성공한 후 정종은 왕으로서 정치력을 발휘하기보다는 교외에서 격구나 사냥을 즐기는 등 한가로운 생활을 했다. 실제로《정종실록定宗實錄》에는 "과인이 병이 있어 수족이 저리고 아프니, 때때로 격구를 하여 몸을 움직여서 기운을 통하게 하려고 한다"[15], "조온趙溫, 정남진鄭南晉, 조진趙珍이 날마다 모시고 격구를 했으므로, 각각 말 1필을 하사했다"[16]는 등 격구 관련 기록만 16건이나 된다. 2년여의 짧은 재위 기간을 고려하면 굉장히 많은 편이다. 사냥에 대한 기록도 자주 등장하는데 이처럼 정종이 격구나 사냥을 즐긴 것은 그가 동생인 방원에게 왕위를 물려줄 적절한 시기만을 기다리고 있었기 때문이라고 풀이된다.

1400년 1월 28일, 박포가 방간을 충동하여 군사를 일으켰다. 방원은 방간의 난을 진압하는 데에도 결정적인 역할을 해 권력을 공고히 했다. 그해 2월 1일, 참찬문하부사 하륜 등은 "정몽주鄭夢周의 난에 만일 정안공靖安公(이방원)이 없었다면, 큰 일이 거의 이루어지지 못했을 것이고, 정도전의 난에 만일 정안공이 없었다면 또한 어찌 오늘이 있었겠습니까? 또 어제 일로 보더라도 천의天意와 인심을 또한 알 수 있는 것입니다. 청하건대 정안공을 세워 세자를 삼으십시오"[17]라고 건의했고 정종은 이를 수락했다. 동생에게 왕위를 물려줄 시점을 기다리던 정종 입장에서는 바라던 바였을 것이다. 한편 위 기록을 통해 최후의 고려인이었던 정몽주와 최초의 조선인이었던 정도전이 모두 이방원에 의해 최후를 맞았음을 확인할 수 있다.

1400년 11월 11일, 정종은 마침내 세자인 방원에게 왕위를 물려주는 선위 교서를 반포했다. "내가 어려서부터 말달리고 활 잡기를 좋아하여 일찍이 학문을 하지 않았는데, 즉위한 이래로 혜택이 백성에게 미치지 못하고 재앙과 변괴가 거듭 이르니, 내가 비록 조심하고 두려워하나 어찌할 수 없다. 세자는 어려서부터 배우기를 좋아하여 이치에 통달하고 크게 공덕이 있으니, 마땅히 나를 대신하도록 하라"[18]면서 세자 방원에게 선위 교서를 받아들일 것을 명했다. 세자는 처음에는 울면서 사양했으나 결국은 이를 받아들여 태종으로 즉위했다.

왕위에서 물러난 후 정종은 격구와 사냥을 즐기며 더욱 자유로운 노년을 보냈다. 그는 학문이나 정치보다는 말달리고 사냥하기를 좋아하는 풍류남이었다. 젊은 시절 다진 운동 능력 때문인지 정종은 조선 왕 중에서는 비교적 장수하여 세종 때인 1419년(세종 1) 63세의 나이로 승하했다.

개경에 도읍을 옮긴 인연으로 그의 무덤은 개경 인근에 조성되었다. 현재 황해도 개풍군에 조성되어 있는 후릉에는 정종보다 앞서 1412년(태종 12)에 승하한 왕비 정안왕후定安王后가 먼저 묻혔고, 1419년 정종이 이곳으로 왔다.

조선 왕과 왕비의 무덤인 왕릉은 총 42기가 있는데, 이 가운데 40기만 유네스코 세계유산에 지정됐다. 2기가 제외된 것은 북한에 소재해 있기 때문이다. 태조의 첫 번째 왕비 신의왕후의 무덤인 제릉齊陵과 정종 부부가 묻힌 이곳 후릉이 북한 개성 지역에 있는 왕릉 2기다.

후릉 이전에 조성된 태조의 건원릉과 신의왕후의 제릉, 신덕왕후 정릉貞陵이 모두 단릉單陵으로 조성되어 왕과 왕비가 서로 떨어져 있는 반면, 후릉은 정종과 정안왕후의 쌍릉雙陵으로 조성됐다. 생전에 정종은 후궁과의 사이에서 17남 7녀를 두었지만, 정작 정안왕후에게 서는 자식을 보지 못했다. 그러나 왕릉 형식으로만 보면 정종과 정안 왕후定安王后는 사후 금슬이 매우 좋은 부부다.

정종의 양위를 받는 형식으로 조선의 제3대 왕이 된 태종太宗
(1367~1422, 재위 1400~1418)은 1405년(태종 5), 수도를 다시 한양으로
옮기고 경복궁을 보완할 이궁離宮으로 창덕궁을 조성했다. 경복궁에
서 왕자의 난이 일어난 것을 명분으로 삼았지만 왕권 강화에 대한 구
상도 컸다.

그로부터 3년 후인 1408년(태종 8), 태종은 아버지 태조의 승하로 왕
릉 수축의 책임을 안았다. 당시 태종은 태조의 무덤인 건원릉健元陵을
현재의 동구릉東九陵 자락에 조성했다. 아버지 태조를 계모 신덕왕후
의 정릉에 함께 모시고 싶지 않았기 때문이다. 제1차 왕자의 난 이전부
터 이어진 태종과 신덕왕후의 뿌리 깊은 갈등이 표출된 사건이었다.

그후 10년이 지난 1418년(태종 18) 세종에게 왕위를 물려주고 상왕이
된 태종은 이듬해 한강변에 낙천정樂天亭이라는 정자를 지어 자주 이곳
에 머물렀다. 그후 이곳 낙천정은 연회와 휴양의 공간이자 상왕 태종이
주도한 대마도 정벌의 출정식이 거행된 장소로 역사에 이름을 남겼다.

04
태종, 창덕궁에서
새로운 시작을 꿈꾸다

1405년 한양으로 재천도한 태종은 창덕궁 건설을 명했다. 이미 경복

궁이 있음에도 창덕궁을 새로 건설하려는 까닭에 대해 태종은 "내가 어찌 경복궁을 허기虛器로 만들어서 쓰지 않는 것이냐? 내가 태조의 개창하신 뜻을 알고, 또 지리의 설이 괴탄怪誕한 것을 알지만, 술자術者가 말하기를, '경복궁은 음양陰陽의 형세에 합하지 않는다' 하니 내가 듣고 의심이 없을 수 없으며, 또 무인년戊寅年 규문閨門의 일은 내가 경들과 말하기에는 부끄러운 일이다. 어찌 차마 이곳에 거처할 수 있겠는가? 조정의 사신이 오는 것과 성절聖節의 조하朝賀하는 일 같은 것은 반드시 경복궁에서 하기 때문에 때로 수즙修葺하여 기울고 무너지지 않게 하는 것이다"[19]라고 대답했다.

여기서 무인년 규문의 일이란 1398년(태조 7) 태종이 제1차 왕자의 난을 일으켜 이복동생 방석을 희생시킨 사건을 말한다. 태종은 경복궁이 음양의 형세에 맞지 않는다는 점과 왕자의 난이 일어난 공간이라는 점을 창덕궁 건설의 이유로 밝혔다. 또 경복궁은 남북으로 이어지는 공간이 넓지만 동서 공간의 확보가 어렵고 휴식 공간인 후원이 넓지 못하다는 것도 태종이 창덕궁 건설에 매력을 가진 이유로 작용했다. 경복궁에 비해 창덕궁은 동서 공간이 넓고 후원 영역이 발달하여 왕들이 거처하기에 편안했기 때문이다. 실제로 창덕궁은 조선 역사상 가장 많은 왕들이 생활한 공간이 되었다.

창덕궁은 1405년 10월 19일 창건되어, 10월 25일 그 이름이 정해졌다. 태종이 한양 재천도를 단행한 것이 1405년 10월 11일이었음을 고려하면, 천도 이전에 이미 새 궁궐의 건설을 지시하였음을 알 수 있다. 즉 창덕궁 건설은 태종의 한양 재천도 추진과 더불어 추진된 사업이었던 것이다.

그로부터 1년 전인 1404년(태종 4) 10월, 무악毋岳으로 행차한 태종은 개성과 한양, 무악 중 어느 곳을 도읍으로 정할지 논의했다. 오늘날의 서울 신촌 일대인 무악은 태조가 처음 도읍을 정할 때 하륜이 명당이라고 주장했던 곳이었다. 《태종실록太宗實錄》에는 개성, 한양, 무악 중에서 도읍을 결정하기 위해 동전 던지기(척전擲錢)를 했던 상황이 기록되어 있다.

> 임금이 말하기를, "지금도 또한 척전이 좋겠다" 하고, 여러 신하를 거느리고 배례한 뒤에, 좌정승 조준趙浚, 대사헌 김희선金希善, 지신사 박석명朴錫命, 사간 조휴趙休 등을 거느리고 묘당廟堂에 들어가, 향을 올리고 꿇어앉아 이천우에게 명하여 반盤에 척전하게 하니, 신도 (한양)는 2길 1흉이었고, 송경(개성)과 무악은 모두 2흉 1길이었다. 임금이 나와 의논이 이에 정해지니, 드디어 향교동鄕校洞 동쪽가를 상지相地하여 이궁離宮을 짓도록 명하고, 어가를 돌이켜 광나루에 머물러 호종하는 대신과 더불어 말하였다. "나는 무악에 도읍하지 아니하였지만, 후세에 반드시 도읍하는 자가 있을 것이다."[20]

위에서 언급한 향교동 동쪽의 이궁이 바로 창덕궁이다. 창덕궁은 조선 초기의 대표 장인 박자청朴子靑의 설계와 주도하에 이루어졌다. 처음 정전 3간, 정침전正寢殿 3간, 수라간, 사옹방司饔房[21], 승정원청承政院廳 등의 건물이 완성되었다. 궁궐이 완성된 다음날인 10월 20일

창덕궁 인정전

에 태종은 이곳에 행차했다. 10월 29일에는 수창궁직壽昌宮直을 혁파하고 창덕궁직昌德宮直을 두어 개성에서의 생활을 청산하고 한양 도읍 체계를 수립했음을 보였다.

창덕궁에는 1406년(태종 6) 4월에 광연루廣延樓, 1411년(태종 11)에 진선문進善門과 금천교禁川橋 등이 건설되었다. 정문인 돈화문敦化門이 완성된 것은 1412년(태종 12)이었다. 돈화문의 2층 다락에는 큰 북을 달아 매일 정오正午와, 인정人定(밤 10시), 파루罷漏(새벽 4시) 때에 북을 울려서 시간을 알렸다.

창덕궁 건립 후 태종은 창덕궁과 경복궁을 옮겨 다녔다.《태종실록》에는 1413년(태종 13) 5월 "본궁으로 이어하니, 정비靜妃가 편안치 못하기 때문에 복자卜者의 도액度厄하라는 설을 따름이었다"²²라는 기록이 있고, 12일에는 "창덕궁에 행차하여 중전의 병을 문안했다"[23]는 기록이 나타난다. 그해 7월에는 "경복궁으로 이어한 것은 액막이가 아니라 대개 더위를 피해서였으니 하례하지 말라"[24]는 기록도 있다. 이를 통해 더위를 피하거나 액막이를 위해 거처를 옮기는 경우가 많았음을 알 수 있다.

태종 이후 창덕궁은 그 규모가 점차 확대되었다. 세조 때는 지금의 후원 터와 창경궁 지역까지 창덕궁 안에 포함시켰으며, 성종 때는 서거정徐居正으로 하여금 창덕궁에 포함된 문들의 이름을 짓게 하고 왕이 낙점했다. 선인문宣仁門, 건양문建陽門, 단봉문丹鳳門, 숙장문肅章門, 금호문金虎門, 요금문曜金門 등의 이름이 이때 정해졌고 문 위에 편액을 달았다. 태종의 창건 이후 여러 왕들의 노력으로 창덕궁은 이궁이면서도 정궁의 모습을 갖추어 나갔다.

1592년(선조 25) 임진왜란이 일어나면서 조선 전기 180여 년간 이어진 창덕궁의 역사는 불에 타 사라지는 듯했다. 하지만 폐허가 되었던 창덕궁은 임진왜란이 끝난 후 바로 중건되었다. 왜란 때 함께 소실된 경복궁이 흥선대원군 집권기인 1868년(고종 5)까지 복구되지 않은 탓에 창덕궁은 경복궁을 대신해 법궁으로 자리매김했다. 그리하여 조선 후기에는 창덕궁이 법궁 기능을 하고 창경궁과 경희궁이 이궁 역할을 하는 체제가 오래도록 유지되었다. 창덕궁은 조선 역사를 통틀어 가장 많은 왕들이 활동하고 주요한 역사 사건이 무수히 일어난 궁궐이었다. 조선 전기부터 후기까지의 역사를 고스란히 담고 있는 창덕궁은 조선 궁궐 중 유일하게 유네스코 세계유산으로 지정되었다.

창덕궁의 정전인 인정전仁政殿은 국보로, 편전인 선정전宣政殿과 희정당熙政堂은 각각 보물로 지정되었다. 창덕궁 인정문仁政門에서는 연산군, 효종, 현종, 숙종, 영조, 순조, 철종, 고종 등 8명의 왕이 즉위식을 올렸다. 연산군과 광해군이 반정으로 왕좌에서 쫓겨난 장소도 이곳 창덕궁이었다. 왕의 침전인 대조전大造殿에서는 인조와 효종이 승하했고, 효명세자가 태어났다. 인정전은 숙종이 인현왕후를 왕비로 맞이한 곳이었으며, 대조전의 부속 건물인 홍복헌興福軒은 1910년 강제 한일병합조약이 체결된 비극의 공간이다.

창덕궁은 조선의 궁궐 중 복원이 가장 잘된 곳인데, 조선 후기 창덕궁의 여러 전각과 후원의 아름다운 모습은 순조 때인 1820년대에 완성된 〈동궐도東闕圖〉에 잘 나타나 있다. 여기에는 여러 전각과 함께 궁궐의 나무, 장독, 소금 창고, 심지어 측간厠間 등으로 표기된 화장실까지 표시돼 있다. 창덕궁과 창경궁에는 총 21곳에 36칸 정도의 화장실이 있었던 것으로 확인된다.

창덕궁에서 가장 돋보이는 공간은 후원 영역이다. 궁궐 전각의 뒤쪽으로 북쪽의 북한산과 응봉鷹峯(약 236미터)에서 뻗어내린 자연스러운 구릉지가 넓게 펼쳐져 있어서 아늑함과 평화로움을 제공한다. 옛 기록에 따르면 창덕궁 후원은 북원北苑, 금원禁苑, 상림上林이라고 불렸다. 1980년대까지는 비원秘苑이라는 용어로 자주 지칭되었지만, 비원이란 명칭은 1904년(고종 41) 이후 일제가 주로 사용하여 현재는 사용을 자제하고 있다.

조선왕실에서는 창덕궁 후원에 자연과 조화시킨 연못과 정자 등을 적절히 배치하여 휴식 공간으로 활용했다. 이곳에는 조선 초기부터 100여 개 이상의 누각과 정자들이 세워진 것으로 나타나지만 현재는 40여 채 정도가 남아 있다. 조선시대 한성의 역사를 기술한《한경지략漢京識略》에는 세조 때 후원에 4개의 우물을 파고 각각 마니정摩尼井, 파려정玻瓈井, 유리정琉璃井, 옥정玉井이라는 이름을 붙였음이 기록되어 있다. 한편 이곳에는 왕들이 군사 훈련을 참관한 열무정閱武亭이 있었는데 정조 대에 이 자리에 봉모당奉謨堂이 들어섰다고 한다.

05
억새풀로 뒤덮인
태조의 무덤, 건원릉

조선왕조에서 왕릉이 가장 많이 조성된 길지는 어디일까? 바로 현재 경기도 구리시에 자리 잡고 있는 동구릉 지역이다. 이곳에는 조선의 첫 왕 태조의 무덤인 건원릉이 있다. 그런데 이곳 건원릉에는 왕비의 무덤은 없고 왕의 무덤만 덩그렇게 조성돼 있어 의문이 든다. 태조에게 왕비가 없었던 것도 아니다. 태조에게는 정비 신의왕후와 계비 신덕왕후, 두 명의 왕비가 있었다. 그럼에도 태조가 홀로 묻힌 까닭은 무엇일까?

유교사상이 국가이념으로 자리를 잡은 조선시대, 선왕에 대한 상례喪禮와 제례祭禮는 현왕이 최고의 정성을 다해야 할 의례였다. 왕릉 조성에 왕조의 모든 역량이 결집되었던 것 역시 유교적 예법을 다하려 했기 때문이었다. 그러나 결과적으로 첫 왕인 태조의 무덤부터 예를 다하지 못하는 상황이 전개되었다. 태조가 왕비 없이 혼자 묻히는 불운을 맞이한 것이다.

태조가 사후에 불운을 당한 배경은 조선 초기 태종과 태조의 계비 신덕왕후 강씨의 갈등까지 거슬러 올라간다. 조선 건국 당시 이미 58세의 고령이었던 태조는 후계자 선정을 서둘렀고 그가 택한 후계자는 막내아들 방석이었다. 태조는 향처鄕妻(시골의 부인)인 신의왕후 한씨와의 사이에서 방우, 방과, 방의芳毅, 방간, 방원, 방연芳衍의 여섯 아들을, 경처京妻(서울의 부인)인 신덕왕후 강씨와의 사이에서 두 아들 방번芳蕃과 방석을 두었다.[25] 그런데 태조가 신의왕후의 자식들을 제쳐두고 방석을 세자로 책봉한 것이다.

방원을 비롯한 신의왕후의 아들들은 격분했다. 급기야 1398년 방원의 주도로 제1차 왕자의 난이 일어났고, 방원은 방석을 제거하고 형 방과를 왕으로 올렸다. 사랑하는 막내를 잃은 태조가 태종과 불화하게 된 것은 당연한 일이었다.

이후 방원이 왕위에 오르자 두 부자의 갈등은 더욱 깊어졌다. 태조는 고향인 함흥으로 돌아갔고, 함흥차사 이야기가 널리 전해질 만큼 불화는 계속되었다. 태조 승하 전 두 사람은 가까스로 화해를 이루었지만, 태조의 왕릉 조성 과정에서 또 다른 갈등이 이어졌다. 태조의 무덤을 어디에 쓸 것인가가 관건이었다. 조선을 건국하기 전에 죽은 친모 신의왕후의 무덤은 개성에 있었고, 계모 신덕왕후 강씨의 무덤은 한양에 있었는데, 태종은 태조의 무덤을 신덕왕후 강씨의 능 옆에 조성할 마음이 추호도 없었다.

신덕왕후 강씨는 방석이 세자로 있던 1396년(태조 5)에 젊은 나이로 생을 마감했다. 태조는 그녀에게 신덕왕후라는 존호를 내리고 궁궐에서 잘 보이는 곳에 왕릉(정릉)을 만들도록 했다. 태조는 정릉의 아침 재齋를 올리는 것을 알리는 흥천사興天寺 종소리를 듣고서야 수라를 들 정도로 신덕왕후에 대한 사랑이 깊었다고 한다.

그러나 태종에게 경복궁에서 빤히 보이는 정릉은 매우 부담스러웠다. 태종은 1408년 건원릉을 조성한 후 본격적으로 정릉의 파괴와 이전을 지시했다. 이듬해 정릉은 도성 밖 양주 지방, 현재의 자리(서울 성북구)로 옮겨졌다. 이어 태종은 원래 정릉의 정자각을 헐고 봉분을 완전히 깎아 무덤의 흔적을 남기지 말도록 명했다. 이로써 본래의 정릉은 깨끗이 지워졌지만 원래 정릉이 있었던 자리에 정동貞洞이라는 이름이 붙어 신덕왕후릉의 자취를 보여주고 있다.

결국 태조의 무덤은 신의왕후나 신덕왕후의 무덤 곁에 조성되지 못했다. 신의왕후의 무덤이 있는 개성 역시 새 왕조 조선의 첫 왕이 묻힐 곳으로는 적절하지 못했기 때문이다. 이에 태종은 태조가 별전에서 승하하고 20일 정도 지난 1408년 6월 12일, 참모 하륜에게 산릉 자리를 찾아보라는 명을 내렸다. 이에 하륜은 가장 먼저 행주를 뽑아 올렸지만 태종이 다른 곳을 알아보라 지시했고, 6월 28일 마침내 태조의 산릉을 양주의 검암으로 정한다.

산릉의 위치가 정해지자 조묘도감에서 바로 공사를 시작해 석실

石室을 만들었다. 이어서 산릉의 재궁齋宮에 개경사開慶寺라는 이름이 내려졌다. 당시 태종은 개경사에 노비 150구와 전지 300결을 소속시키고는 황희黃喜에게 "불씨佛氏의 그른 것을 내 어찌 알지 못하랴마는 이것을 하는 것은 부왕의 대사를 당해 시비를 따질 겨를이 없다. 내 생전에 마땅히 해야 할 일을 자세히 제정해 후손에게 전하겠다"[26]라고 했다. 유교 국가 태조의 장례에 불교적 요소가 다분했던 것이다. 이는 생전에 회암사檜巖寺와 같은 대규모 사찰을 조성하고 그곳에 기거하려 했던 태조의 불심을 반영한 것으로 보인다. 이후 태종은 산릉의 수호군 100명을 두어 왕릉을 지키게 했으며 산릉 조성이 끝난 9월 9일, 영구靈柩를 받들고 건원릉에 가서 장사를 지내며 늦은 효도를 다했다.

태조를 향한 태종의 효심은 건원릉을 둘러싼 억새풀에서도 확인할 수 있다. 고향 함흥을 그리워하는 아버지를 위해 태종이 함흥의 억새풀을 가져와 봉분을 덮어준 것이다. "원래 태조의 유교遺敎에 따라 북도北道의 청완靑薍(억새)을 사초로 썼기 때문에 지금까지도 다른 능과는 달리 사초가 매우 무성했습니다"[27]라는 기록에서도 태종이 태조의 유언에 따라 함흥의 억새풀을 가져와 동구릉의 사초로 썼음이 나타난다. 생전에 태조와 수많은 갈등을 겪었던 태종은 무덤마저도 아버지가 원치 않는 곳에 조성했지만 아버지의 마지막 유언만은 거절하지 못했다. 건원릉의 억새풀에는 아버지가 원치 않았던 곳에 무덤을 만든 불효를 조금이라도 만회하고자 했던 태종의 마음이 표현되어 있다.

06
풍류와 역사의 공간, 한강 주변의 정자들

서울은 한성백제시대 500년간 수도였고, 1394년(태조 3) 조선왕조의 수도로 결정된 이후 현재 대한민국의 수도로까지 이어진 역사적인 도시다. 한양이 조선의 수도로 결정되는 데 있어서 가장 중요한 역할을 한 것은 바로 한강 물길이 지난다는 점이었다. 1394년 10월, 태조 이성계는 한양 천도를 결정하면서 한강과 서해의 조운을 활용한 세곡의 운송이 한양이 수도가 되어야 하는 중요한 이유임을 설명했다.

북한강과 남한강으로 나누어진 물길은 양수리 부근에서 합쳐져 한강이 된다. 한강은 팔당, 덕소, 하남 등 경기도 지역을 거쳐 서울을 관통하는데 이때 관문이 되는 곳이 현재의 서울 광진구 일대다. 광진교 아래에서부터 양화대교 부근 양화나루까지를 따로 경강京江이라고 부른 것에서도 그런 사실을 알 수 있다.

한강에는 일찍부터 북쪽과 남쪽을 배로 연결시켜 주는 나루들이 있었다. 광나루, 삼밭나루, 서빙고나루, 동작나루, 노들나루, 삼개나루, 서강나루, 양화나루 등이 대표적이다. 이들 나루가 있던 지역에 광진교, 동작대교, 한강대교, 서강대교, 양화대교 등이 설치된 것에서도 예나 지금이나 이곳이 교통의 요지임을 짐작하게 한다. 한편 한강 주변에는 세금을 보관하는 용산창, 광흥창 등 큰 창고들이 설치돼 국가의 재원을 보관하는 데 사용되었다.

한강의 이점으로 빼놓을 수 없는 것은 휴식 공간으로서의 가치다. 실제로 조선시대 내내 한강 곳곳, 경치가 빼어난 곳에는 왕실과 개인 소유의 정자들이 세워졌다. 낙천정, 화양정華陽亭, 제천정濟川亭, 망원정望遠亭은 왕실에서 세운 정자였고, 압구정狎鷗亭, 천일정天一亭, 추흥정秋興亭, 담담정澹澹亭은 개인이 세운 정자였다.

태종 역시 한강에 정자를 짓고 유람하기를 즐겼다. 그중 낙천정은 태종의 지시로 한강 북쪽 현재의 잠실대교 서쪽 대산臺山에 세운 정자다. 지금은 평지로 변했지만 44미터 정도의 야산으로 살짝 솟은 지역에 위치하여 한강을 조망하기 좋은 곳이었다. 세종에게 왕위를 물려주고 상왕으로 있던 태종은 1419년(세종 1), 광진 주변에 정자를 짓고 좌의정 박은朴訔에게 이름을 짓게 하니 낙천樂天이라 하였다.

태종이 한강변에 지은 정자 낙천정

변계량卞季良이 쓴 〈낙천정기樂天亭記〉에는 낙천정의 유래가 상세히 기록되어 있다. 여기에 따르면 "낙천정은 우리 상왕(태종) 전하께서 때때로 유람하시는 곳이다. 전하께서 왕위에 있은 지 19년(1418) 가을 8월에 우리 주상(세종) 전하에게 왕위를 물려주시고, 이에 농한기에 동교東郊에 거둥하시어 유람하였다. 한 언덕이 있는데 높고 둥그스레한 모양이 가마를 엎어놓은 것 같은데 이름이 대산이다. 거기에 올라서 사방을 돌아보니 큰 강과 둘러싼 연못이 얽힌 채 넘실대며 흐르는데, 연이은 봉우리와 겹쳐진 멧부리가 차례로 나타나고 겹겹이 나와 언덕을 고리처럼 둘러 조회朝會하는 듯하고 뭇 별이 북신北辰을 둘러싼 듯하여, 과연 하늘이 만든 훌륭한 곳이었다"라고 한다.

낙천정이 완성된 후 태종은 자주 이곳에 머물렀다. 《세종실록世宗實錄》에는 '상왕이 낙천정에 거둥했다'는 기록이 자주 보인다. 세종은 내시를 시켜 상왕에게 술과 안주를 올리도록 했으며, 직접 이곳을 찾아와 문안을 올리기도 했다. 1419년 4월 2일에는 "상왕(태종)이 노상왕(정종)과 더불어 동교에 나가 매사냥을 구경하는데, 임금(세종)도 시종하여 낙천정에서 잔치를 베푸는데, 여름 잔치에 쓰는 익은 고기로 찬을 장만하여 호종한 종척과 대신이 차례로 잔을 올렸다. 날이 저물어서 돌아왔다"28라는 기록이 있다. 태종과 세종이 낙천정에서 함께 잔치를 베풀며 부자의 정을 나누는 모습이 그려지는 장면이다.

낙천정은 대마도 정벌이 결정된 역사적인 공간이기도 했다. 왜구를 소탕하기 위해 추진한 대마도 정벌은 세종이 왕으로 있던 시기, 상왕 태종이 주도한 사업이었다. 태종과 세종은 낙천정에 머물면서 왜구 토벌을 논의했고, 1419년 5월 13일, 한강 상류에서 누선樓船을 띄워 화포의 시험 발사를 했다. 5월 18일에는 두뭇개 백사정白沙亭까지 나가 도체찰사 이종무李從茂의 원정군을 환송했다. 세종 때 단행된 왜구 토벌의 대표적인 성과인 대마도 정벌이 낙천정을 중심으로 이루어진 점은 이곳이 역사적으로 중요한 공간임을 확인시켜준다.

현재의 서강대교 쪽에는 위치한 망원정은 세종 대에 만들어진 정자다. 《세종실록》에는 "왕이 서교西郊에 거둥하였을 때에 밀과 보리가 무성한 것을 보고 흔연히 기쁜 빛을 띠고 정자 위에 올라 막 잔치를 벌이는데, 마침 큰 비가 좍좍 내려서 잠깐 사이에 사방 들에 물이 흡족하니, 임금이 매우 기뻐서 그 정자의 이름을 희우정喜雨亭이라고 지었다"[29]라고 기록되어 있다. 희우정은 세종, 세조, 성종 등 역대 왕들이 거둥하여 전함을 살펴보고 화포 쏘기와 수전水戰을 관람하는 등 왕이 군사력을 점검하는 주요한 장소가 되기도 했다. 희우정은 효령대군孝寧大君의 별장이었으나 뒤에 월산대군月山大君(성종의 형)의 소유가 된 후에 망원정으로 이름이 바뀌었다. 현재의 마포구 망원동도 여기에서 유래한 것이다.

현재의 한남대교 근처에는 세조 때 지은 정자인 제천정이 있었다. 제천정은 세조 때부터 명종 때에 이르기까지 한강변의 정자 가운데 왕들이 가장 자주 찾은 곳이었다. 제천정을 특히 즐겨 찾은 왕은 성종이다. 성종은 제천완월濟川翫月(제천정에서의 달구경)을 한성십영漢城十詠(성종 때 한양을 대표하던 열 가지 볼거리)의 하나로 꼽기도 했다.

제천정은 중국에서 사신이 오면 꼭 들르는 곳이기도 했는데, 실제로 1459년(세조 5) 기록에 따르면 "왕이 제천정에 올라서 현판에 쓴 시들을 두루 살펴보고는 여러 재상들과 더불어 다례茶禮를 행하고 배를 타고 물 위에 띄웠다. 도감에서 잔치를 베풀고 사옹방에서 물고기를 잡아서 이바지하니 명나라 사신이 매우 즐거워하였다. 강물을 따라 내려와서 용산강에 이르니 윤자운尹子雲 등이 특별히 준비한 찐 양고기, 돼지, 기러기, 오리를 제공하였다"[30]라고 하여 제천정에서 왕과 신하가 명나라 사신들과 어울렸던 모습을 생생히 그리고 있다.

1418년(태종 18) 14년간 세자 자리에 있던 양녕대군讓寧大君이 폐위되었다. 태종은 장자 상속의 원칙 대신에 어진 사람을 고르는 택현擇賢을 명분으로 셋째 아들 충녕대군忠寧大君을 후계자로 지목했고, 두 달 후 태종이 상왕으로 물러나면서 충녕대군이 왕위에 올랐다. 그가 바로 세종世宗(1397~1450, 재위 1418~1450)이다.

충녕대군보다 왕위 계승 순위가 높았지만 선택받지 못한 태종의 둘째 아들 효령대군은 불교에 심취하여 사찰을 건축하고 불교 행사를 지원하는 데 일생을 다했다. 그리하여 조선 후기에는 동생을 위해 기꺼이 왕위를 양보한 양녕과 효령의 덕을 추모하는 사당인 지덕사至德祠와 청권사淸權祠가 세워졌다.

왕위에 오른 세종은 1420년(세종 2) 집현전을 본격적인 연구 기관으로 자리 잡게 하고, 이곳을 인재 등용의 산실로 삼았다. 또 집현전 학자들을 대상으로 오늘날 유급 휴가 제도의 기원이 되는 사가독서賜暇讀書 제도를 실시하기도 했다.

07

왕도 대신 불도를 택한
왕자 효령대군

군호에서 드러나듯이 효령대군은 어려서부터 아버지 태종과 어머니

원경황후元敬王后에 대한 효성이 지극했다. "효령과 충녕이 조석으로 드나들며 혼정신성昏定晨省 했는데"[31]라는 태종의 말이나 "효령대군은 온아溫雅하고 문명文明한 자질을 가진 데다가 효제孝弟와 충신忠信의 행실에 독실하며, 숭고한 지위에 있으면서도 배우기를 좋아해 게을리 하지 않고 자신의 몸가짐을 겸손하게 해 털끝만큼도 교만한 기색이 없으니, 그처럼 훌륭할 수 없다"[32]라는 변계량卞季良의 말은 효령의 인물됨을 잘 보여준다.

상왕이 된 태종은 사신의 접견과 같은 중요한 국가 행사에 꼭 효령대군을 배석시켜 그에 대한 신뢰를 표했다. 세종 또한 불교에 깊은 관심을 보인 형의 행동을 크게 질책하지 않았다. 효령이 어느 정도의 선을 지키면서 자신의 입장을 밝혔기 때문일 것이다. 효령대군은 세종, 문종, 단종, 세조, 예종, 성종의 6대왕에 이르기까지 왕실과 국가의 원로로서 최대한의 예우를 받으며 평안한 일생을 보냈다.

그런 탓에 《성종실록成宗實錄》에 정리된 효령대군의 졸기는 그를 칭송하는 내용으로 가득하다. 다만 "이보李補(효령대군)는 불교를 심하게 믿어서 머리 깎은 사람들의 집합 장소가 되었으며, 무릇 중외의 사찰은 반드시 수창해 이를 영건했다. 세조가 불교를 숭신하여 중들로 하여금 거리낌 없이 제멋대로 다닐 수 있도록 했으니, 반드시 이보의 권유가 아닌 것이 없었다"라고 하여 그가 불교를 맹신한 점은 강하게 비판했다.

실제로 불교에 심취해 있던 효령대군은 불교 중흥에 온 힘을 쏟았다. 관악사冠岳寺를 옮겨 짓고 약사여래상, 미륵존상 및 삼층석탑을 조성했으며, 월출산 무위사無爲寺의 중창을 지휘하고 만덕산 백련사白蓮寺 중창의 시주가 되었다. 세조가 원각사圓覺寺를 창건한 것도 효령대군의 건의가 있었기 때문이다. 또 회암사檜巖寺의 중수를 건의하고 수많은 불사를 개최했다. 이외에도 효령대군은 불교 경전의 언해 사업에 적극 참여했다. 조선 전기에 불교가 그나마 명맥을 유지할 수 있었던 데에는 효령대군이 역할이 컸다.

불교에 너무 빠져 있었던 모습에 형인 양녕대군은 효령을 보살이라고 추켜세우기도 했다. 《성종실록成宗實錄》에는 "이보가 일찍이 절에 예불하러 나아갔는데, 양녕대군 이제李禔가 개를 끌고 팔에는 매를 받치고는 희첩姬妾을 싣고 가서 절의 뜰에다 여우와 토끼를 낭자하게 여기저기 흩어 놓으니, 이보가 마음에 언짢게 여겨 이에 말하기를 '형님은 지옥이 두렵지도 않습니까?' 하니 이제가 말하기를, '살아서는 국왕의 형이 되고 죽어서는 보살의 형이 될 것이니, 내 어찌 지옥에 떨어질 이치가 있겠는가?' 했다"[33]는 이야기가 전한다.

왕의 형으로서 평생을 불교에 바친 효령대군은 1486년(성종 17) 91세 나이로 세상을 떠났다. 조선 역대 왕의 평균 수명이 47세인 점을 고려하면 이례적인 장수다. 조선의 대표적인 장수왕으로 손꼽히는 영조보다도 8년이나 더 오래 살았다. 효령의 이례적인 장수는 권력에 대한 미련을 버리고 불교에 심취해 전국의 명산을 두루 돌아다닌 덕분인 것으로 보인다. 국정 스트레스로 비교적 이른 나이에 세상을 떠난 세종의 왕의 길보다는 좋아하는 일을 하면서 평안한 여생을 누린 효령대군의 왕자의 길이 현대인들에게 더 의미 있게 다가온다.

효령대군을 모신 사당 청권사

　서울 지하철 2호선 방배역 옆에는 효령대군을 모신 청권사라는 사당이 있다. 이 사당은 효령대군 타계 직후가 아닌 후대에 조성되었다. 숙종 대에 양녕을 모신 사당인 지덕사가 조성된 것을 전범으로 영조 대인 1736년(영조 12)에 효령대군의 묘역이 있던 곳에 청권사를 세운 것이다. 청권이라는 이름은 《논어論語》〈미자微子〉 중 주나라 태왕太王의 세 아들의 행적 중 둘째인 우중虞仲의 처신이 청도清道에 맞았고, 스스로 폐한 것이 권도權道에 맞았다는 '신중청身中清 폐중권廃中權'의 고사에서 따온 것이다.

　효령대군이 왕위를 욕심냈다면 아버지 대의 비극이었던 왕자의 난이 다시 벌어질 수도 있었을 것이다. 그러나 효령대군은 다른 선택을 했다. 그는 동생이 왕으로서 안정적인 정치를 펼 수 있도록 일찌감치 왕위에 대한 미련을 버리고 불교 진흥에 평생을 바쳤다. 이처럼 세종이 조선 역사상 가장 뛰어난 성군이 될 수 있었던 것에는 효령대군의 보이지 않는 역할이 있었다.

08
세종 대 정치와 학문의 중심
집현전

정치·교육·경영 등 여러 분야에서 고금을 관통하는 논리는 인재 등용의 중요성이다. 세종을 우리 역사 속 최고의 리더로 꼽는 이유 중 하나도 인재 양성에 탁월한 역량을 발휘한 데 있다. 장영실 같은 천민 출신 과학자를 등용하고 자신의 즉위를 반대한 황희를 재상으로 앉힌 것, 음악가 박연朴堧, 국방 전문가 김종서金宗瑞와 최윤덕崔閏德을 양성하고, 유효통兪孝通·노중례盧仲禮 같은 의학 전문가를 발탁한 것은 세종의 인재 등용의 면면을 잘 보여준다. 세종이 이처럼 훌륭한 인재들을 발탁할 수 있었던 데에는 1420년 집현전을 확충해 만든 인재 등용 시스템의 영향이 적지 않았다.

오늘날 옛 집현전 건물은 남아 있지 않다. 대신 고종 대 경복궁을 중건하면서 집현전 자리에 설치한 수정전修政殿 건물이 남아 있어 그 옛날 집현전의 향기를 느껴볼 수 있다. 수정전은 경복궁 내에서도 국왕이 조회하고 정사를 보는 근정전, 사정전과 매우 가까운 곳에 위치

옛 집현전 자리에 위치한 수정전

해 있다. 이는 그만큼 세종이 집현전에 각별한 관심을 기울였음을 의
미한다. 세종이 집현전을 자주 방문해 학자들을 격려했음은, 늦은 밤
까지 공부하다 잠든 신숙주에게 세종이 입고 있던 용포龍袍를 덮어
주었다는 일화[34]에서도 확인된다.

세종은 즉위와 함께 집현전을 완전한 국가기관으로 승격시켜 학문
의 중심 기구로 삼았다. 집현전이라는 명칭은 고려 인종 때 처음 사용
되었고, 조선 정종 때도 집현전이 있었다. 그러나 실제 학문 연구 기관
으로 기능하기 시작한 것은 세종 때부터다. 세종은 집현전에 재행연
소자才行年少者, 즉 재주와 행실이 뛰어난 젊은 인재들을 모았다. 이에
신숙주申叔舟, 성삼문成三問, 정인지鄭麟趾, 최항崔恒, 최만리崔萬理 등

세종 시대를 대표하는 학자들이 속속 집현전에 모여들었다.

1420년 3월 16일, 집현전의 직제가 정비되었다. 집현전을 궁중에 두고, "문관 가운데서 재주와 행실이 있고, 나이 젊은 사람을 택해 집현전에 근무하게 해, 오로지 경전과 역사의 강론을 일삼고 왕의 자문에 대비했다"고 《세종실록太宗實錄》은 기록하고 있다. 집현전이 폐지된 것은 그로부터 36년 뒤인 1456년(세조 2)이었다. 당시 단종 복위 운동을 주도한 성삼문, 박팽년朴彭年 등이 대부분 집현전 출신이었기 때문에 세조가 집현전을 반대 세력의 온상이라고 판단하고 폐지를 명했던 것이다.

세종 대부터 폐지되기 전까지 집현전에는 총 96명의 학자가 거쳐 갔다. 조선시대 문과 합격자 명단을 기록한 《국조방목國朝榜目》 기록을 보면 집현전 학자 전원이 문과 급제자 출신임이 나타난다. 그중에서도 수석인 장원 급제자가 정인지를 비롯한 16명, 2등이 6명, 3등이 신숙주 등 11명, 4등이 7명 등으로 전체 집현전 학자 중 절반에 가까운 46명이 5등 안에 합격한 그야말로 국가의 최고 인재들이었다.

이들에게 세종이 부여한 임무는 독서와 학문 연구, 그리고 이를 바탕으로 한 정책 결정과 국가 주요 간행물의 편찬 사업이었다. 존속 기간이 그리 길지 않았음에도 불구하고 집현전이 많은 사람들에게 학문의 산실로 기억되는 것은 이곳에서 세종 대 학문·문화 활동의 대표적인 업적들이 이루어졌기 때문이다.

집현전에서는 주로 고제古制를 해석하고 정치 현안의 정책 과제를 연구했다. 주택 관련 고제 조사, 중국 사신의 접대 방안, 염전법에 관한 연구, 외교문서의 작성, 조선의 약초 조사 등 다양한 연구와 편찬 활동이 이곳 집현전을 중심으로 전개되었다. 그리고 집현전에 소속된 학자들은 왕을 교육하는 경연관, 왕세자를 교육하는 서연관, 과거시험의 시관, 역사를 기록하는 사관의 임무도 동시에 부여받았다. 세종은 집현전 학자들의 연구 성과에 귀를 기울이고 이를 적극적으로 반영함으로써 집현전 학자들을 국가의 기둥으로 키운 것이다.

집현전에서는 역사서, 유교 경서, 의례서, 병서, 법률 및 천문학 관련 서적 등 각종 편찬 사업이 활발하게 이루어졌다. 국가에 필요한 서적 편찬 과제가 부여되면 집현전 학자들은 과거의 법제와 학문을 연구해 그 결과를 세종에게 올렸다. 세종은 집현전의 서적 편찬의 완수 시점을 당대로 한정하지 않았다. 일례로 《고려사高麗史》와 같이 전대의 역사를 정리한 편찬 사업은 문종 대까지 이어지기도 했다. 그만큼 긴 안목으로 편찬 과제를 부여하고 시행했던 것이다.

세종은 집현전 학자들에게 많은 특전을 베풀었다. 집현전 관원들이 상참常參(편전에서 임금에게 정사를 아뢰는 일)에 얼마나 근면하게 참여하는지 조사하게 해 달라는 사헌부의 요청에 "집현전은 대궐 안에 있으니 그 출근하고 않는 것을 모두 나에게 아뢰게 하고, 역시 규찰하지는 말라"[35]는 지시를 내려 집현전에는 감찰 업무를 하지 않도록 배려했다. 그만큼 집현전 학자들이 학문에만 전념할 수 있도록 배려한 것이다.

또한 당시에는 최고로 귀한 음식이었던 귤을 하사해 집현전 학자들의 사기를 높여주기도 했다. 실제로 《성종실록》에는 세종 때 세자

(문종)가 집현전 학자들에게 동정귤洞庭橘 한 쟁반을 하사한 것을 회고한 기록이 보인다. 글을 쓴 서거정은 "그때 과연 동정귤 한 쟁반이 집현전 여러 유신들에게 나왔는데, 반면盤面에 어서御書로 '향나무는 코에만 마땅하고 기름진 음식은 입에만 마땅하다. 가장 좋아하는 동정귤은 코에 향기롭고 입에도 달다'고 쓰여 있었다"[36] 라고 했다.

집현전에 대한 세종의 극진한 예우는 성현成俔이 쓴 《용재총화慵齋叢話》에도 드러난다. 여기에는 "집현전에서는 일찍 출근해 늦게야 끝나서 일관日官이 시간을 아뢴 연후에 나가게 했고, 아침과 저녁에 밥을 먹을 때에는 내관으로 하여금 손님처럼 대하게 했으니, 그 우대하는 뜻이 지극했다"라고 증언했다.

그러나 집현전은 다른 조직에 비해 근무 연한이 길어 승진이 늦었던 탓에 학자들 사이에 불만이 쌓였다. 실제로 정창손鄭昌孫이 22년, 최만리崔萬理가 18년, 박팽년이 15년, 신숙주가 10년을 근무하는 등 집현전은 근무 연한이 특히 길어서 다른 부서로 옮기기를 원하는 학자들도 있었다. 이에 세종은 "근자에 들으니 집현전 관원들이 모두 이를 싫어하고, 대간臺諫과 정조政曹에의 전출을 희망하는 자가 자못 많다는 것이다. 나는 집현전을 극히 중한 선발로 알고 특별한 예대禮待를 가해 대간과 다를 것이 없는데도, 일을 싫어하고 천전遷転을 희망함이 오히려 이와 같다면, 하물며 서관庶官들이겠는가. 인신人臣으로서 그 직임을 봉행하는 뜻이 과연 이 같은 것인가. 그대들은 태만한 마음을 두지 말고 학술을 전업으로 해, 종신토록 이에 종사할 것을 스스로 기약하라"[37]며 집현전 학자들에게 사명감을 가지고 학문 활동에 임해줄 것을 수시로 당부했다.

물론 집현전 학사들을 제도적으로 배려하는 조치도 뒤따랐다. 세종은 집현전 학자들을 위해 사가독서, 즉 왕이 하사하는 유급 휴가 제도를 실시했다. 심신이 지친 학자들에게 재충전의 기회를 준 것이다. 사가독서는 1426년(세종 8) 12월 집현전 학사 권채權探, 신석견辛石堅, 남수문南秀文 등을 집에 보내 3개월간 독서하도록 한 것에서 비롯되었다. 처음에는 집으로 보내 쉬게 했으나 이후에는 도심에서 떨어진 북한산 진관사津寛寺에 학자들을 보내 연구에 전념하도록 했다.

《연려실기술燃藜室記述》에는 "임금이 집현전을 설치하고 문학하는 선비를 모아 수십 년 동안 길러서 인재가 배출되었다. 그러나 아침에는 관청에서 일하고 저녁에는 숙직해 공부에 전념하지 못할 것을 오히려 우려해 나이가 젊으며 재주 있고 몸가짐이 단정한 몇 사람을 뽑아 긴 휴가를 주어 번을 나누어 들어와 숙직하게 하며, 산에 들어가 글을 읽게 하고 관에서 그 비용을 제공했다. 경사經史·백가百家와 천문·지리와 의약·복서卜筮 등을 마음껏 연구해, 학문이 깊고 넓어 통하지 못한 것이 없게 함으로써 장차 크게 쓰일 기초를 이룩했으니, 인재를 많이 양성했기 때문에 집현전에 뽑히는 것을 영주瀛洲(신선이 사는 곳)에 오른 것에 견주었다"[38]고 해 사가독서제가 인재 양성에 크게 기여했음을 기술하고 있다.

문종文宗(1414~1452, 재위 1450~1452)은 조선 왕 중에서도 늘 애틋함이 남아 있는 왕이다. 29년의 세자 생활을 하는 동안 부왕 세종을 잘 보필했고, 1450년 조선 왕 가운데 최초로 적장자 출신으로 왕위에 올랐다. 그러나 문종은 연이은 국상의 후유증으로 즉위한 지 2년 3개월 만에 세상을 떠났다. 그의 뒤를 이은 적장자 단종 또한 수양대군에게 왕위와 목숨을 뺏기는 비운을 당했다.

짧은 재위 기간과 아버지 세종의 화려한 업적에 가려졌지만 문종 개인의 업적도 적지 않다. 훈민정음 창제와 반포에 참여했고, 4군 6진 개척 시에는 직접 화차를 발명하기도 했다. 측우기의 발명과 같은 과학적 성과도 문종의 손에서 나왔다. 세종 때 편찬을 시작한《고려사》와 《고려사절요高麗史節要》의 편찬을 완성한 것도 문종이었다. 그런 문종의 흔적들은 세자 시절 세종을 지원하며 활동했던 경복궁 동궁東宮의 곳곳에 남아 있다.

09
세자를 위한 공간
자선당과 계조당

2020년 3월, 문화재청에서는 일제강점기에 훼손된 계조당繼照堂 복원 공사에 착수한다고 밝혔다. 계조당은 세종이 앞으로 왕이 될 세자가

세자를 위한 공간이었던 경복궁 자선당

미리 정치와 학문 수업을 받을 수 있도록 따로 동궁을 만들면서 지은 건물이다. 동궁이라는 명칭은 떠오르는 태양인 세자의 그 거처를 동쪽에 두었다는 데서 비롯됐다. 동궁은 춘궁春宮이라고도 불렸는데, 이는 세자가 사계절 가운데 봄을 상징하기 때문이다.

동궁에는 계조당뿐 아니라 세자의 서연 장소인 자선당資善堂과 세자를 보좌하는 기관인 첨사원詹事院 등 다양한 건물들이 세워졌다. 아버지 세종의 기대를 받던 세자(문종)는 이곳에서 다양한 활동을 하며 많은 흔적들을 남겼다.

세자를 위한 건물이었지만 세종은 자선당에서도 자주 정사를 보았다. 세종은 이곳에서 종종 타구打毬도 즐겼는데, "임금이 자선당에서 타구를 하니 여러 종친들이 입시했다"[39]라는 기록이 그 사실을 뒷받침한다. 자선당은 문종이 휘빈 김씨와 순빈 봉씨 등 2명의 세자빈과는 생별生別을, 세자빈 권씨(현덕왕후顯德王后)와는 사별을 한 곳이기도 하다. 휘빈 김씨는 세자의 사랑을 얻기 위해 세자가 좋아했던 궁녀들의 신발을 태운 재를 가지고 있던 것이 밝혀지면서, 순빈 봉씨는 여종과 동성애 관계를 맺은 것으로 밝혀져 폐출되었다. 이후 1441년(세종 23)에는 세자빈 권씨가 이곳 자선당에서 원손인 단종을 출산하고 얼마 지나지 않아 출산 후유증으로 사망했다. 이에 세종은 자선당이 세자빈들과 좋은 인연이 없다고 판단했기 때문인지 승정원에 지시해 자선당 밖에 세자의 거처를 따로 만들도록 했다.

1443년(세종 25) 세종은 문종의 대리청정을 지시하면서 세자가 신하들의 조회를 받을 건물로 계조당을 세웠다. 이듬해 1월부터는 세자가 조참朝參을 받도록 했으며, 1448년(세종 30)에는 의정부에 교지를 내려, "일찍이 세자가 서향西向하는 제도를 정했으나 이미 섭정攝政했고, 또 경내가 모두 신이라고 일컬으니, 원나라 조정의 법과 시왕時王의 제도에 의해, 조참과 시사視事와 서연에 있어서 모두 다 남향南向하라"40고 명했다. 세자의 위상을 왕과 같이 하여 차기 왕으로서 세자의 입지를 굳히기 위한 조치였다.

계조당은 문종의 유언으로 단종 때 철거되었다. 더는 세자가 신하들의 조회를 받을 필요가 없다고 판단했기 때문이다. 이후 역사 속에서 사라졌던 계조당은 1868년 고종 때 경복궁을 중건하면서 부활했다. 고종은 계조당을 재건하면서, "동궁(순종)이 후일에 우러러 모훈謀訓을 준수해 아름다운 법전을 갖게 되기를 내 깊이 바라는 바이다"41라며 문종이 세종의 가르침을 준수한 전통이 자신에게서 순종으로 이어지기 바란다는 뜻을 밝혔다.

그러나 1910년(순종 3) 국권이 침탈되면서, 자선당과 계조당을 비롯한 동궁 영역은 완전히 파괴되었다. 이후 오쿠라 기하치로大倉喜八郎라는 일본 사업가가 자선당 건물을 입수해 일본으로 가져갔는데, 1923년 관동대지진으로 건물이 대부분 소실되고 기단과 주춧돌만 남았다고 한다. 이것을 1993년 당시 문화재 위원으로 있던 목원대 김정동 교수가 찾아내 1995년 기증 형식으로 돌려받았다. 이 기단과 주춧돌은 원형이 많이 훼손되어 자선당 복원에는 활용되지 못했고, 경복궁 녹산鹿山 지역에 초라한 형태로 남았다. 그러나 최근 계조당 복원 계획이 발표되어 문종이 세자 시절을 보낸 공간들이 모두 복원될 것이라는 기대를 모으고 있다.

문종은 29년간 세자로 있으면서 말년에 건강이 좋지 않았던 세종을 보좌하며 많은 성과들을 이루었다. 부왕 세종을 도와 훈민정음 창제 사업에 힘썼고, 4군 6진 개척 때에는 직접 화차를 발명했으며, 최근 연구에서는 측우기의 발명 또한 문종의 업적임이 밝혀졌다.

문종은 지극히 모범적인 세자 시절을 보냈다. "동궁에 있을 때 날마다 서연을 열어서 강론하기를 게을리 하지 않았으며, 모든 동작을 한결같이 법도에 따라 했다. 희노를 얼굴에 나타내지 않고 성색聲色을 몸에 가까이하지 않으며, 항상 마음을 바르게 해 몸을 수양했다"[42]는 기록이 그러한 사실을 뒷받침한다.

세자 시절의 왕성한 업적과 활동에도 불구하고, 정작 문종은 왕으로 재위한 기간은 지극히 짧았다. 즉위한 지 2년 3개월 만에 세상을 떠났기 때문이다. 문종 승하의 가장 결정적인 이유는 아이러니하게도 그의 지극한 효심이었다. 문종은 궁궐에 직접 앵두나무를 심고 거기서 수확한 앵두를 아버지 세종에게 올릴 만큼 효심이 지극했다. 문종이 올린 앵두를 받은 세종은 "외간外間에서 올린 것이 어찌 세자가 손수 심은 것과 같을 수 있겠는가?"[43]라면서 진상품으로 올라오는 앵두보다 세자가 직접 심은 앵두가 더 맛있다고 화답했다.

지극한 효심이 문종의 건강을 해친 것은 어머니 소헌왕후昭憲王后가 승하한 1446년(세종 28)부터였다. 문종은 어머니의 삼년상에 온 정성을 다했다. 그 후 잠시 건강을 챙기며 국정을 운영했던 문종은 1450년(세종 32) 2월, 아버지 세종의 승하를 맞았다. 이번에도 문종은 삼년상에 모든 정성을 다했고, 이것이 건강 악화로 이어졌다. 그와 같은 정황은 "세종이 병환이 나자 근심하고 애를 써서 그것이 병이 되었으며, 상사喪事를 당해서는 너무 슬퍼해 몸이 바싹 여위셨다. 매양 삭망절제朔望節祭에는 술잔과 폐백을 드리고는 매우 슬퍼서 눈물이 줄줄 흐르니 측근의 신하들은 능히 쳐다볼 수가 없었다"[44]라는 《문종실록文宗實錄》기록에서 확인할 수 있다.

"문종이 동궁으로 있으면서 세종의 대통을 이어받은 그 시대가 모든 제도와 문물, 법식이 가장 융성했던 때"[45]라고 꼽았던 고종의 표현처럼, 세종에서 문종으로 이어지던 15세기 전반기는 조선 최고의 전성기였다. 문종과 세 세자빈의 불운이 얽힌 자선당과 문종의 업무 공간이었던 비현각조顯閣, 그리고 앞으로 복원될 계조당 등 경복궁 내 동궁 건물에도 세종과 문종의 학문적 향기가 진하게 남아 있다.

단종端宗(1441~1457, 재위 1452~1455)은 조선 왕 중에서 가장 비극적인 최후를 맞이한 왕이다. 단종은 문종에 이어 적장자 출신으로 왕위에 올랐지만 숙부인 수양대군의 정치적 야욕에 희생되었다.

1453년(단종 1)수양대군은 계유정난을 성공하면서 완전히 권력을 장악했고, 결국 1455년(단종 3) 단종의 양위를 받는 형식으로 왕이 되었다. 당시 경회루에서 거행된 단종의 양위 의식에서 성삼문은 옥새를 전해주는 예방승지 직책에 있었다. 이날 성삼문은 박팽년과 함께 단종 복위를 위해 함께할 것을 맹세한다.

한편 1454년(단종 2) 왕비 교서를 받은 정순왕후定順王后는 1457년(세조 3) 단종의 강등과 함께 군부인郡夫人으로 격하되었다가 이내 관비로 전락했다. 그해 10월, 남편 단종이 사약을 받고 세상을 떠났으나 정순왕후는 60여 년을 더 살았다. 정순왕후가 어린 나이에 남편을 잃고 담담하게 삶을 이어간 공간들은 오늘날에도 여전히 남아 그날의 비극을 전한다.

10
비극의 시작,
계유정난의 공간들

1452년 문종이 승하하고 왕위는 12세의 세자 단종에게 계승되었다.

왕이 20세 전에 즉위할 경우 대비가 수렴청정하면서 후견인 역할을 하는 것이 원칙이었지만 단종에겐 어머니가 없었다. 문종은 김종서金宗瑞, 황보인皇甫仁 등 고명대신誥命大臣(왕의 유지를 받드는 대신)들에게 세자의 보필을 부탁했고, 이로써 단종 즉위 후 대신들의 권력이 크게 강화되었다. 대신들이 관리를 추천할 때 미리 노란색 점을 찍어 단종으로 하여금 그대로 임명하게 한 황표정사黃標政事가 당시 대신들의 권력 강화와 왕권의 추락을 보여주는 대표적인 예다.

왕권 약화에 가장 분노한 인물은 세종의 둘째 아들 수양대군이었다. 수양은 특히 김종서 등이 권력 기반을 강화하기 위해 동생인 안평대군과 손잡는 것을 경계했다.

그러나 수양대군은 신중한 행보를 보였다. 그는 명나라 황제에게 단종의 즉위를 인정받는 사은사를 자청하여 단종에게 충성을 다하는 모습을 보였다. 김종서 등 상대편의 견제를 풀게 할 의도였다. 한편 한명회韓明澮, 권람權擥, 신숙주 등의 책사들과 양정楊汀, 홍달손洪達孫, 유수柳洙 등 무사들을 심복으로 끌어들인 수양대군은 귀국 후 한명회를 활용하여 김종서와 황보인의 집에 염탐꾼을 들여 정보를 입수하는 등 체계적으로 거사를 준비해나갔다.

1453년 10월 10일, 수양은 안평대군이 김종서와 손을 잡고 불궤不軌한 짓을 저지른다는 것을 명분으로 직접 거사에 나섰다. 계유정난癸酉靖難이었다. 계유정난은 계유癸酉(1453)년에 '어려운 상황을 다스렸다〔靖難〕'는 뜻으로 승리자인 수양대군의 관점에서 기록된 용어다. 당시 책사 한명회가 사전에 포섭한 무인들은 거사의 든든한 후원군이었다.

제거 대상 1호는 신권의 대표주자인 김종서였다. 거사 직전 수양대군은 심복들에게, "지금 간신 김종서 등이 권세를 희롱하고 정사를 오로지하여 군사와 백성을 돌보지 않아서 원망이 하늘에 닿았으며, 비밀히 이용李瑢(안평대군)에게 붙어서 장차 불궤한 짓을 도모하려 한다. … 내가 이것들을 베어 없애서 종사를 편안히 하고자 한다"[46]라고 하여 김종서에 대한 강한 적개심을 드러냈다.

수양대군은 직접 김종서의 집을 방문했다. 일부 심복들만 대동했기 때문에 김종서는 크게 경계하지 않았다. 수양은 김종서에게 청을 드릴 것이 있다며 편지를 건넸고, 김종서가 편지를 보려고 고개를 숙이는 순간 수양의 노비 임어을운林於乙云이 재빨리 철퇴를 휘둘렀다. 기습 공격을 받은 김종서가 쓰러지자 그의 아들 승규承珪가 아버지의 몸을 덮쳤다. 그러나 수양의 심복 양정이 다시 칼을 휘둘렀고 두 사람은 쓰러졌다.

이때 겨우 목숨을 건진 김종서는 상처를 입은 후 여복女服을 입고 아들 승벽承璧의 처가에 피신했지만 결국은 처형되었다. "김종서가 상처를 싸매고 여복을 입고서, 가마를 타고 돈의문·서소문·숭례문 세 문을 거쳐 이르렀으나 모두 들어가지 못하고, 돌아와 그 아들 김승벽의 처가에 숨었다. … 이튿날 아침에 군사가 들어가 잡으니, 김종서가 갇히는 것이라 생각하여 말하기를 '내가 어떻게 걸어가겠느냐? 초헌軺軒을 가져오라' 하니 끌어내다가 베었다"[47]라는 기록에서 김종서의 최후를 확인할 수 있다.

수양은 단종을 압박해 왕명으로 황보인을 비롯한 조정 대신들을 불러들이게 했다. 그리고 한명회 등에 의해 작성된 생살부生殺簿에 따라 반대 세력 제거에 나섰다. 황보인, 조극관趙克寬, 이양李穰 등 살부殺簿에 포함된 인사들은 대부분 처형되었고 재산은 모두 몰수되었다. 《단종실록端宗實錄》1453년 10월 10일자 기록에는 "친히 순졸巡卒 수백 인을 거느려 … 조극관, 황보인, 이양이 제3문에 들어오니 함귀咸貴 등이 철퇴로 때려 죽였다"라고 쓰여 있어 쿠데타 당일 수양대군이 직접 부하들을 지휘한 정황을 알 수가 있다.

수양대군의 반대편에 섰던 인사의 가족들은 계유정난으로 공신이 된 집안의 노비가 되는 치욕을 당하기도 했다. 왕족 가운데 수양의 가장 큰 경쟁자였던 안평대군은 강화로 유배된 후 사약을 받고 죽었다.

오늘날 서울시 종로구 재동齋洞의 명칭은 이 계유정난에서 유래했다. 수양대군은 계유정난 때 희생된 사람들의 시신으로 피비린내가 진동하자, 이곳을 재로 덮어서 냄새가 나지 않도록 했다고 한다. 이때부터 이곳은 잿골로 불렸고, 잿골을 한자로 표현한 것이 재동이다. 조선 후기 서울의 모습을 그린 〈수선전도首善全圖〉에는 이곳이 회동灰洞으로 표기되어 있어서 재와 관련된 기억들이 후대에까지 지속된 것을 알 수 있다. 현재 재동의 중심부에는 헌법재판소가 위치해 있다.

계유정난이 있던 날 단종은 수양에게 모든 군국軍國의 일을 맡겼다. 영의정과 이조, 병조의 책임을 모두 주어 정권과 병권을 완전히 장악하게 한 것이다. 단종이 책봉하는 형식을 취했지만 43명의 정난 공신靖難功臣 또한 수양의 뜻대로 이루어졌다. 수양은 자신을 포함하여 거사에 가담한 정인지, 한명회, 권람 등 12명을 일등공신에 포함시

계유정난의 현장을 지켜본 재동 백송

컸다. 공신에는 무인 19명, 환관 2명, 천민 1명이 포함되었다. 신분이 낮은 이들까지 조직적으로 동원했던 것이다.

11
삼촌이 조카의 왕위를 뺏은 그곳, 경회루

1455년(단종 3) 단종이 수양대군에게 왕위를 양보하던 날 경복궁 경회루에서는 성삼문과 박팽년의 안타까운 사연이 그려졌다. 단종이 상왕으로 물러날 때, 예방승지 성삼문은 그 직책으로 인해 어쩔 수 없이 경회루에서 수양대군에게 옥새를 전달했다. 《연려실기술》에는 그 날의 상황이 자세히 기록되어 있다.

그때, 단종이 환관 전균田鈞을 시켜 우의정 한확韓確 등에게 전교하기를, "내가 어려서 안팎의 일을 알지 못하여, 간악한 무리가 나도 모르는 사이에 생겨 반란의 싹이 끊임없이 일어나니, 이제 장차 대임大任을 영의정(수양대군)에게 전하려 하노라" 했다. 한확이 깜짝 놀라 아뢰기를, "지금 영상이 나라 안팎의 모든 일을 모두 총관하는데, 다시 무슨 대임을 전한다는 말입니까" 했다. 균이 그 말대로 아뢰니, 임금이 이르기를, "내가 전날부터 이미 이 뜻이 있어서 이미 계책이 정해졌으니 바꿀 수 없다. 빨리 모든 일을 준비하라" 했다. 한확 등이 동시에 아뢰면서 결정을 바꾸기를 강력하게 청하고, 세조가 또한 울며 굳게 사양했다. 균이 들어가 아뢰니 조금 있다가 다시 전지를 내리기를 "상서시尙瑞寺 관원에게 옥새를 가지고 들어오게 하라" 하매, 여러 대신이 서로 돌아보고 실색했다. 또 동부승지 성삼문에게 상서원에 가서 빨리 옥새를 내어오도록 명하고 균을 시켜 경회루 아래로 받들고 나오라 하고, 임금이 경회루 아래에 나와서 세조를 불렀다. 세조가 들어가니, 승지와 사간이 따랐다. 임금이 일어서니, 세조가 꿇어 엎드려서 울며 굳이 사양했다.[48]

수양대군은 단종이 건넨 옥새를 울며 사양하는 모습을 취했지만 진심은 아니었을 것이다. "세조가 선위를 받을 때에 자기는 덕이 없다고 사양하니, 좌우에 따르는 신하들은 모두 실색하여 감히 한마디도 내지 못했다. 성삼문이 그때에 예방승지로서 옥새를 안고 목 놓아 통곡하니, 세조가 바야흐로 부복하여 겸양하는 태도를 취하다가 머리를 들어 빤히 쳐다보았다"[49]는 이후의 기록에서도 세조와 성삼문의 갈등을 엿볼 수 있다. 단종은 결국 옥새를 건넸고, 선위 후 즉위하는 교서를 올리게 했다. 경복궁 근정전에 헌가軒架를 설치하고, 세조가 익선관과 곤룡포를 갖추고 백관을 거느리고 대궐 뜰에 나가서 선위를 받았다. 세조는 일단 사정전에 들어가 단종을 뵙고 근정전에서 즉위식을 올렸다.

1453년 10월 10일 수양대군이 계유정난을 일으켜 김종서, 황보인 등을 제거하고 권력을 잡았을 때, 성삼문은 정난공신 3등에 임명되었다. 계유정난에 소극적으로 동조했던 성삼문이 단종을 상왕으로 몰아내고 왕이 된 세조의 가장 큰 정적이 된 것이다.

성삼문이 수양대군에게 옥새를 전달했던 그날, 성삼문의 친구 박팽년은 울분을 참지 못하고 경회루에서 뛰어내리려 했으나 성삼문이 후일을 도모하자며 만류했다고 한다. "이날 박팽년이 경회루 못에 임하여 빠져 죽으려 하매, 성삼문이 기어이 말리며 말하기를, '지금 왕위는 비록 옮겨졌으나 임금께서 아직 상왕으로 계시고 우리들이 살아 있으니 아직은 일을 도모할 수 있다. 다시 도모하다가 이루지 못하면 그때 죽어도 늦지 않다' 하매, 박팽년이 그 말을 따랐다"[50]는 기록에서 두 사람의 비장한 각오를 엿볼 수 있다.

성삼문과 박팽년이 눈물을 흘리며 수양대군에게 복수를 다짐했던 경회루는 1405년(태종 5) 개성에서 한양으로 다시 도읍을 옮긴 태종이 경복궁에 새롭게 조성한 공간이었다. 1411년(태종 11) 경복궁 안 서쪽에 연못을 판 후 이듬해 4월 《주역周易》의 36궁을 모방하여 36칸에 46주의 돌기둥을 버텨놓은 경회루를 완성하여 군신의 연회 및 외국 사신의 접대 장소로 삼았다.

그러나 경회루가 완성된 후 40여년이 지난 1455년 이곳은 두 신하가 세조에게 죽음으로 맞서기를 다짐하는 공간이 되었다. 성삼문과 박팽년의 안타까운 사연을 알고 경회루를 돌아보면 더는 경회루가 화려한 잔치의 공간으로만 느껴지지는 않을 것이다.

이후 왕위에 오른 세조는 집권의 명분과 도덕성의 부족을 극복하기 위하여 민본정치, 부국강병책, 왕권의 재확립에 힘쓰고, 《경국대전經國大典》, 《국조보감國朝寶鑑》, 《동국통감東國通鑑》 등의 편찬과 같은 학술·문화 정비 사업에 진력했고, 이는 조선 전기 정치·문화를 완성하는 원동력이 되었다. 집권 이후 세조는 왕으로서 많은 업적을 남겼지만 쿠데타로 집권한 왕이라는 그림자는 평생 떼어내지 못했다.

12
단종의 왕비 정순왕후를 기억하는 곳

단종비 정순왕후定順王后(1440~1521)는 18세에 남편을 잃고 힘든 삶을 살아간 불운한 왕비로 기억된다. 1440년(세종 22) 전라도 태인에서

아버지 송현수宋玹壽와 어머니 여흥 민씨 사이에서 태어난 정순왕후
는 1454년 15세의 나이로 14세의 단종과 혼인했다. 이로써 정순왕후
는 왕비 교서를 받고 봉영奉迎 의식을 치른 최초의 왕비가 되었다.

그러나 그녀의 왕비 생활은 너무나 짧았다. 남편 단종이 노산군魯
山君으로 강등된 데 이어 유배지 영월에서 세상을 떠났기 때문이다. 그
러나 모진 삶은 길고도 길어서 정순왕후는 사별의 아픔을 딛고 82세
까지 장수했다. 그 덕에 한양 도성 주변 곳곳에 그녀의 흔적을 보여
주는 공간들이 남았다.

문종 승하 후 12세의 나이로 왕위에 올랐을 당시 단종은 아직 혼
인하지 않은 상태였다. 왕의 삼년상 기간에는 관례상 혼인하지 않기
때문에 단종은 왕위에 오른 후에도 한동안 왕비를 맞지 않았다. 이런
상황에서 1453년 10월, 수양대군이 단종을 보필하던 신하들을 제거
하는 계유정난이 일어났다. 이후 수양대군은 영의정 등의 직책을 차
지하고 실질적인 권력의 중심이 되었지만 여전히 단종의 신하를 자임
했다.

문종의 삼년상이 끝나기도 전에 단종에게 왕비를 들이도록 적극
권유한 사람도 수양대군이었다. 훗날 조카의 왕위를 찬탈하고 죽음
에 이르게 한 처사를 생각하면 언뜻 이해하기 힘든 행동이었다. 그러
한 모습은 수양대군이 명에 단종의 즉위를 알리는 사은사를 자청한
데에서도 드러났다. 단종을 적극 지원하는 모습을 보임으로써 반대파
의 정치적 견제를 피하고자 한 것이다.

수양대군은 여러 종친들과 함께 "지금 신민臣民이 복이 없어 세종,

문종께서 모두 승하하시고 전하께서 어리신 몸으로 즉위하시어, 위로
는 모후의 보호하시는 힘이 없고, 아래로는 어진 왕비의 조심스러운
도움이 없으시니, 어찌 국사國事의 큰 변례가 아니겠습니까? 이때에
왕비를 맞아 들여 후사를 구하셔서 선왕의 혈통을 이으시고 억만세
국기國基를 여심이 무엇보다 중하지 않습니까?"[51]라며 단종의 혼인을
강하게 요청했다.

그리하여 단종이 맞이한 부인이 바로 정순왕후였다. 1454년 1월 8일,
창덕궁에서 실시된 왕비 간택에는 효령대군, 임영대군臨瀛大君, 영응
대군, 정인지, 한확 등이 참여해, 송현수, 권완權完, 김사우金師禹의 딸
을 뽑았다. 왕비로 간택된 처녀는 송현수의 딸 정순왕후였다. 1월 22
일 정순왕후는 경복궁 근정전에서 왕비로 책봉되었고, 1월 24일 왕
이 왕비를 맞아들이는 봉영 의식이 거행됐다.

1454년에 완성된 《세종실록》〈오례五禮〉 중 가례嘉禮 의식에 따르
면, 왕의 혼례 때는 왕명을 받은 사자使者를 보내 왕비를 맞아들이는
봉영 의식을, 왕세자의 혼례 때는 세자가 직접 세자빈을 맞이하는 친
영親迎 의식을 해야 한다고 규정하고 있다. 이에 따라 정순왕후는 조
선 역사상 최초로 왕비 간택을 받고, 봉영 의식을 치른 왕비가 되었
다. 세자빈으로 출발하는 대부분의 왕비들보다 높은 위상을 가지고
왕실에 입성한 것이다. 그러나 계유정난 이후 이미 왕권까지 넘보고
있던 시숙부 수양대군의 존재로 인해 그녀의 운명에도 큰 위기가 예
고됐다.

왕비로 봉해진 지 불과 1년 5개월 만인 1455년 윤6월, 정순왕후의

왕비 생활은 끝이 났다. 수양대군의 압박을 받은 단종이 수양대군에게 왕위를 양보하게 된 것이다. 단종이 상왕이 되면서 정순왕후 역시 형식상의 대비인 의덕왕대비懿德王大妃가 되었다. 16세의 나이로 조선 역사상 최연소 대비가 된 것이다.

이후의 삶은 단종의 수난과 그 궤적을 같이 한다. 1456년(세조 2), 사육신을 중심으로 한 상왕 복위 운동이 발각된 데 이어 송현수와 권완의 역모 사건이 더해지자 세조는 단종을 노산군으로 강봉降封하고 유배를 명한다. 단종이 유배된 후에도 경상도 순흥에 유배되었던 금성대군이 단종 복위를 꾀하는 역모를 도모하면서 세조는 단종의 존재에 더욱 부담을 느끼고 결국 단종의 처형을 명했다.

1457년(세조 3) 6월 상왕 단종이 노산군으로 폐위되면서 정순왕후 역시 부인으로 강봉되었고, 그해 10월 단종이 역모의 죄로 죽자 정순왕후 역시 관비 신세로 전락했다. 역모 죄인의 아내이니 천민 신분으로 떨어지는 것은 당연한 일이었다.

궁궐에서 쫓겨난 정순왕후는 동대문 밖에서 거처하며 불교에 의지한 채 외롭고 고달픈 삶을 이어 갔다. 현재 종로구 창신동에 소재한 자지동천紫芝洞天 바위 글씨가 그 흔적을 보여주는데, '자줏빛 풀이 넘치는 샘물'이라는 뜻의 자지동천은 정순왕후가 생계를 위해 이곳에서 흰 옷감을 자줏빛으로 염색했다는 이야기를 담고 있다. 일순간 왕비에서 천민으로 전락한 정순왕후의 고단한 삶의 흔적이 서려 있는 공간이다.

한편 동대문 근처에 형성된 여인시장의 유래에 대해서도 정순왕후

단종의 왕비 정순왕후가 묻힌 사릉

가 초근목피로 연명하며 어렵게 산다는 이야기를 들은 여인들이 정
순왕후에게 채소라도 공급해주기 위해 만든 것이라는 이야기가 전해
진다. 《한경지략》에는 "동문 밖 관왕묘 앞에는 여인들이 채소를 파는
시장이 있는데 세상에 전하기를, 정순왕후가 정업원淨業院에 있을 때
동교에 사는 여인들이 정업원 앞에 시장을 열고 채소를 거두어들여
공급했다"라고 기록하고 있다. 당시에도 불운한 왕비를 돕기 위한 움
직임이 있었던 것이다.

마음의 상처를 달래기 위해 정순왕후는 불교에 크게 의지했던 것
같다. 궁궐에서 나온 여인들이 자주 찾은 절인 정업원은 그녀에게 마

음의 안식처가 되었다. 정업원이 있던 자리에는 영조가 친필로 쓴 정업원구기淨業院舊基 비석이 남아 있으며, 인근의 산봉우리는 정순왕후가 동쪽인 영월을 바라보며 단종의 명복을 빌었다고 하여 동망봉東望峰으로 불린다.

정순왕후는 1457년 단종과 사별한 후 숱한 시련 속에서도 64년을 더 살았고, 중종 때인 1521년(중종 16) 82세를 일기로 생을 마감했다. 세종 때 태어난 그녀는 문종, 단종, 세조, 예종, 성종, 연산군, 중종까지 무려 여덟 왕의 치세 동안 살았던 셈이다.

무덤은 정순왕후의 시양자侍養子가 된 경혜공주(단종의 누이)의 아들 정미수鄭眉壽 집안의 선산에 대군부인묘로 모셔졌다. 이곳이 현재 경기도 남양주시 진건읍에 위치한 사릉思陵이다. 정순왕후가 왕비의 위상을 찾은 것은 그녀 사후 177년이 지난 1698년(숙종 24)이었다. 이때 단종이 복권되면서 그녀 역시 왕후의 이름을 되찾았고 그녀의 무덤 역시 대군부인묘에서 능으로 승격됐다. 사릉이라는 이름은 긴 시간 동안 남편을 생각했다는 뜻이다. 조선의 왕과 왕비 중 그 무덤이 가장 멀리 떨어진 예가 단종의 장릉과 정순왕후의 사릉이다. 1999년에는 두 사람의 안타까운 사연을 조금이라도 위로하기 위해 사릉의 소나무를 장릉으로 옮겨 심는 행사가 벌어지기도 했다.

1455년 수양대군이 조선의 제7대 왕 세조世祖(1417~1468, 재위 1455~1468)로 즉위했다. 수양대군은 1453년(단종 1) 계유정난으로 실권을 잡았으나 바로 왕이 되지 않고 때를 기다렸다. 그로부터 2년 후, 정치적 압박을 견디지 못한 단종이 스스로 왕위에서 물러나면서 수양대군은 비교적 평화롭게 왕위를 계승할 수 있었다.

그러나 세조 즉위에 대한 반발도 거셌다. 곳곳에서 세조를 폐위하고 상왕 단종을 복위하려는 역모의 움직임이 포착됐다. 결국 세조는 1457년(세조 3) 단종의 죽음을 명했다. 세조가 내린 사약을 받고 최후를 맞이한 단종의 마지막 모습은 강원도 영월에 소재한 관풍헌觀風軒과 청령포淸泠浦, 그리고 장릉莊陵 곳곳에 남아 있다. 권력은 잡았지만 세조는 평생을 어린 조카를 죽인 비정한 숙부라는 굴레 속에 살았다. 그런 이유로 세조는 재위 기간 내내 왕으로서 좋은 이미지를 각인시키려 애썼다. 속리산 입구에 있는 정이품송正二品松과 오대산 상원사上院寺의 문수전文殊殿은 세조의 그런 행보와 인연이 깊은 곳이다.

13
사정전,
사육신의 절개가 깃든 공간

왕과 신하가 함께 공부하고 정사를 돌보던 사정전思政殿. 세조가 즉위한 지 1년 만에 이곳은 일순간 고문과 비명의 아수라장이 되었다. 단종 복위 운동을 펼치다가 실패해 체포된 인사들이 이곳에서 세조가 직접 주관하는 국문을 당했기 때문이다.

1456년(세조 2) 6월, 성삼문, 박팽년 등 단종 복위 운동을 계획했던 이들에게 절호의 기회가 찾아왔다. 명나라 사신을 접대하는 자리에 세조를 호위하는 별운검을 세우기로 했는데, 성삼문의 아버지인 성승成勝과 유응부兪應孚가 적임자로 지목된 것이었다. 가까이에서 세조를 죽일 기회를 잡은 그들은 세조와 세자 및 세조의 측근들을 제거하기 위해 보다 치밀하게 거사를 준비해갔다.

그런데 일이 꼬이기 시작했다. 한명회는 연회 장소인 창덕궁 광연전廣延殿이 좁고 더위가 심하다는 이유로 별운검을 세우지 말고 세자도 오게 하지 말자고 청했고, 세조가 이를 수락한 것이다. 이에 거사 주모자들은 당황했다. 유응부 등은 일이 누설될 가능성을 염려하여 계획대로 일을 추진하자 했고, 성삼문과 박팽년은 하늘의 뜻이니 후일을 기약하자고 했다.

결국 거사가 연기되면서 유응부의 우려대로 내부에 밀고자가 생겼다. 거사에 가담했던 김질金礩이 장인인 정창손鄭昌孫에게 거사 계획을 알린 것이다. 즉시 성삼문 등에 대한 체포령이 내려져 단종 복위 운동에 참여한 인물들이 줄줄이 압송되었다.

세조는 경복궁 사정전에서 친히 그들을 국문하면서 협박하고 회유하려 했다. 그러나 사육신은 세조의 왕위 찬탈의 부당성을 공격하면서 그 뜻을 굽히지 않았다. 특히 국문 과정에서 성삼문은 세조를 왕으로 인정하지 않고 나으리라고 칭해 세조를 자극했다. 또한 성삼문은 자신은 세조의 신하가 아니기 때문에 세조가 준 녹봉을 먹지 않고 창고에 쌓아 두었다고 말했다. 이에 세조는 크게 노했고, 달구어진 쇠로 더욱 모진 고문을 가했다. 이날의 상황이 《연려실기술》에 자세하게 실려 있다.

세조가 말하기를, "너희들이 어찌하여 나를 배반하는가" 하니, 성삼문은 소리를 높여 말하기를, "옛 임금을 복위하려 함이라, 천하에 누가 자기 임금을 사랑하지 않는 자가 있는가. 어찌 이를 모반이라 말하는가. 나의 마음은 나라 사람이 다 안다. 나으리가 남의 나라를 도둑질하여 뺏으니, 성삼문이 신하가 되어서 차마 군부君父의 폐출되는 것을 볼 수 없기 때문에 그러한 것이다. 나으리가 평일에 곧잘 주공周公을 끌어댔는데, 주공도 이런 일이 있었는가. 성삼문이 이 일을 하는 것은 하늘에 두 해가 없고, 백성은 두 임금이 없기 때문이라" 했다. … 성삼문이 말하기를, "상왕이 계신데, 나으리가 어떻게 나를 신하로 삼을 수 있는가. 내가 또 나으리의 녹을 먹지 않았으니, 만일 믿지 못하거든 나의 집을 적몰籍沒하여 따져보라. 나으리의 말은 모두 허망하여 취할 것이 없다" 했다. 세조가 극도로 노하여 무사로 하여금 쇠를 달구어 그 다리를 뚫고 그 팔을 끊으나 얼굴빛이 변하지 않고 쇠가 식기를 기다려 말하기를, "다시 달구어 오게 하라. 나으리의 형벌이 참 독하다" 했다.[52]

사육신의 절개가 깃든 경복궁 사정전

박팽년 역시 세조를 나으리라고 칭했고 세조가 준 녹을 받지 않았다. 이는 그가 국문 과정에서 "상왕의 신하로 충청감사가 되었고, 장계에도 나으리에게 한 번도 신이라 일컫지 않았으며 녹도 먹지 않았다"[53]고 말한 것에서 알 수 있다. 박팽년은 장계에 신이라 일컫지 않았다고 했는데, 실제로 그 장계를 대조하여 보니 과연 신臣 자는 하나도 없었고 모두 그와 비슷한 거巨 자로 기록되어 있었다. 이처럼 성삼문과 박팽년은 사정전 앞에서 세조에 의해 고문을 당하면서도 그 뜻을 굽히지 않았고, 결국 처참한 최후를 맞이했다.

세조가 사육신 등에게 친국親鞫을 가하던 현장이기도 했던 사정전의 앞마당에서는 평시에는 다양한 행사가 자주 벌어졌다. 세조는 사정전에서 종친들을 모아 연회를 베풀었을 뿐만 아니라 공을 치는 놀이인 타구打毬를 즐겼다.《세조실록世祖實錄》1455년 9월 8일자의 "사정전에 임어하여 종친들의 봉희棒戲를 관람했다"는 기록 등을 비롯해 세조와 세종이 타구를 즐기거나 관람한 기록들이 자주 보인다. 이처럼 사정전은 세종과 세조가 타구를 즐긴 평화로운 모습과 함께, 비정한 군주 세조에게 엄청난 고문을 당한 사육신의 비극이 교차하는 공간이다.

14
단종 비극의 현장
영월 청령포

집현전 학자들의 상왕 복위 운동이 실패로 돌아간 후 단종에 대한 세조의 경계심은 더욱 커졌다. 살아있는 상왕 단종의 존재 자체가 역모의 구심점이 된 것이다. 이에 세조는 1457년 6월, 마침내 단종의 유배를 결심한다. 유배지로 결정된 곳은 강원도 영월이었다. 첩첩산중으로 둘러싸인 오지인데다가 청령포 지역은 사면이 강과 산으로 막혀 있어 유배지로 삼기에 적합했다.

단종은 1457년 6월 22일, 창덕궁을 출발했다. 제일 먼저 도착한 곳은 현재의 서울시 광진구 화양동에 위치한 화양정華陽亭 터였다. 화양정은 세종의 별장이 있던 곳으로, 세조가 내시 안로安璐를 통해 조촐한 잔치를 마련해 단종을 배웅했다고 한다.

조선시대 고지도와 전해지는 이야기들을 종합하면 단종은 화양정을 거쳐 광나루에서 배를 타고 여주의 이포나루에 도착한 것으로 추정된다. 이후의 여정은 여주에서 원주, 영월로 이어지는 길을 택했을 가능성이 높다. 여주시 대신면의 단종어수정端宗御水井(단종이 물을 마신 샘물), 원주시 부론면 단강초등학교에 남아 있는 단정지端亭址(단종이 쉬어간 정자) 등도 단종과 관련된 유적이다.

창덕궁을 출발한 지 6일 만인 6월 28일, 단종은 마침내 청령포에 도착했다. 청령포는 동남북 3면이 남한강의 지류인 서강西江의 강줄기로 둘러싸여 있고 서쪽은 기암절벽이어서 마치 사방에 요새를 설치한 모양이다. 육지인데도 마치 섬처럼 외부와 완전히 단절된 곳이다. 세조에게는 단종의 재기를 막는 최고의 유배지였다. 서쪽에서 동쪽으로 흐르는 강물이 앞자락의 넓은 백사장을 휘감아 굽이치는 청령포는 아름다운 관광지의 모습이지만 단종에게는 탈출구가 완전히 봉쇄된 감옥이었다.

청령포 안에는 지금도 단종의 유배 생활을 짐작하게 하는 600년 된 소나무 관음송觀音松이 있다. 600년 전 단종이 유배 생활의 아픔을 잊기 위해서 매일 찾았다는 이 소나무는 단종의 처절한 유배 생활을 지켜본 유일한 목격자다. 날마다 단종의 유배 생활을 지켜보고〔觀〕 단종의 오열을 들었다〔音〕는 뜻에서 붙여진 관음이라는 이름이 그 사연의 증거다.

청령포 서쪽에는 단종이 한양을 바라보며 외로움을 달랬다는 노산대魯山臺가 자리잡고 있다. 높이 80미터 정도의 낭떠러지인 노산대는

단종의 유배지인 영월 청령포

서강과 층암절벽이 내려다보이는 빼어난 경치로도 유명하다. 노산대 위쪽에 위치한 망향탑望鄕塔은 단종이 한양에 두고 온 부인 정순왕후를 그리며 하나둘 쌓아 만든 돌탑이라고 한다.

청령포에는 이 외에도 영조 때에 세운 금표비禁標碑와 단묘유지비端廟遺址碑가 남아 있다. 단묘유지비는 1763년(영조 39) 영조가 원주 감영에 명하여 세운 것으로, 비 앞면에 단묘재본부시유지端廟在本府時遺址라는 글자가 새겨져 있다. 이 글자는 '단종이 이곳에 계실 때의 옛터'라는 뜻으로 영조의 친필이다.

단종이 영월에 유배된 지 3개월여 후 정국은 또다시 들끓었다. 이미 단종 복위 운동을 시도했다가 순흥으로 유배되었던 금성대군(세종의 여섯째 아들)이 다시 단종 복위를 꾀하다가 발각되었기 때문이다. 조정에서는 금성대군의 처벌은 물론 단종의 처벌까지 주장했다. 왕실 종친들과 효령대군, 양녕대군까지 단종의 처벌을 강력히 주장하고 나섰다. 결국 세조는 1457년 10월 21일, 단종의 처형을 명한다.

《세조실록》에는 단종이 스스로 목을 매어서 죽었다고 기록했지만, 세조가 직접 죽음을 지휘한 정황이 여러 기록에서 발견된다. 인조 때 나만갑羅萬甲이 지은 《병자록丙子錄》에는 세조가 보낸 사약을 가지고 간 금부도사 왕방연王邦衍이 차마 어명을 전하지 못하고 주저하자, 단종 스스로 활시위를 목에 감고 옆에 심부름하던 사람을 시켜 활시위를 당겼다고 한다.

단종은 결국 영월부 관아의 객사인 관풍헌観風軒에서 죽음을 당했다. 권력에 의해 기획된 죽음이었던 만큼 단종의 시신은 제대로 수습되지 못했다. 후환이 두려웠던 것이다. 이때 영월호장 엄흥도嚴興道가 한밤중에 몰래 시신을 거두어 도망쳤다. 전해오는 이야기에 따르면 산 속을 헤매던 엄흥도는 노루 한 마리가 있는 곳을 발견하고 이곳에 단종의 시신을 묻었다고 한다.

이렇게 만들어진 단종의 무덤은 1517년(중종 12) 왕명으로 찾을 때까지 세상에 알려지지 않고 이곳에 계속 방치되었다. 숙종 대에 복권되기 전까지 단종은 왕으로 인정받지 못했기 때문에 그의 무덤 역시 왕자 시절 호칭인 노산군묘로 불렸다.

그러나 비운의 왕 단종에게도 희망의 빛은 있었다. 그 빛을 비춘 인물이 숙종이다. 숙종 시대는 조선 사회의 지배 이념인 성리학이 사회 곳곳에 스며든 시기였다. 국가적으로도 성리학의 의리와 명분에 맞게 과거사 정리에 나섰다. 노산군으로 강등되었던 단종의 왕위를 회복하고 사육신을 복권한 것은 그 대표적인 조처였다. 왕실이 주체가 되어 충忠의 이념을 회복시키고자 한 것이다.

1698년(숙종 24) 11월 6일, '예를 지키고 의를 잡는다'는 뜻에서 단종端宗이라는 묘호廟號가 올려졌다. 단종이 역사 속으로 다시 들어온 순간이었다. 왕위 회복과 함께 노산군 묘는 장릉莊陵이 되었고, 《노산군일기魯山君日記》는 《단종실록端宗實錄》으로 그 위상을 되찾았다. 사육신과 금성대군의 희생을 비롯해 16세기 사림파의 끈질긴 저항까지, 수많은 희생을 딛고 230여 년 만에 찾은 역사 바로 세우기였다.

15

미담으로 민심을 흔든 세조의 행차길

왕위에 오른 세조는 무엇보다 왕권 강화에 주력했다. 태종 때 시행했던 육조직계제를 부활시킨 것이나 현직 관리에게만 토지를 분급하는 직전법을 실시한 것, 고대 왕의 권위를 강조하는 역사서인《동국통감東國通鑑》편찬에 착수한 것은 모두 왕권 강화 의지와 관련이 깊다.

세조는 왕권 강화를 위해서는 유교뿐만 아니라 불교와 도교도 필요하다고 인식했다. 특히 세조는 불교에 깊은 관심을 갖고 속리산 복천사福泉寺, 오대산 상원사 등의 사찰을 자주 찾았다. 정이품송 소나무, 상원사 문수보살과의 인연은 세조가 사찰을 찾아가는 행차 과정에서 생겨난 이야기다.

세조는 재위 기간 내내 원인 모를 피부병으로 고생했다. 그가 1468년(세조 14) 52세의 이른 나이에 죽음을 맞이한 원인에도 피부병이 있었다. 야사에 따르면 세조의 피부병은 그의 꿈에 나타난 현덕왕후(단종의 어머니)가 세조에게 침을 뱉어 생긴 것이라고 한다. 발생 원인이 무엇이었든 세조는 부처의 힘으로 피부병을 고치기 위해 전국의 유명 사찰을 찾아 치성을 드렸다. 세조가 오대산 상원사를 찾은 이유 중 하나도 그 때문이었다.

실제로 상원사에는 세조의 피부병과 관련된 이야기가 전해지는데, 상원사 입구에 위치한 묘한 형태의 석조 구조물이 그와 관련 있다. 이

구조물은 세조가 피부병 치료를 위해 물 좋은 상원사 계곡에서 목욕할 때 의관을 걸어둔 곳을 기념해 만든 것으로 관대석冠帶石 또는 관대걸이, 갓걸이라고도 한다.

이 계곡에는 어린 동자가 세조의 등을 밀어준 일화가 전한다. 당시 세조가 시원하게 등을 밀어준 동자를 기특하게 여겨 "어디에서든 왕의 등을 밀어주었다는 소문을 내지 말라"고 당부했고, 동자가 이 말을 받아 "그러면 왕께서는 문수보살이 와서 등을 밀어주었다는 소문을 내지 마십시오"라고 화답했다고 한다. 이 일화에서는 이후 세조의 피부병이 완치되었다고 하지만 이는 역사적 사실과 다르다. 세조는 그때 만난 동자승을 나무에 조각하게 했는데 이 조각상이 국보 221호인 상원사 목조문수동자좌상木造文殊童子坐象이다. 상원사에는 문수동자좌상과 함께 문수보살좌상이 모셔져 있는데, 상원사에서 이처럼 문수보살을 각별히 모신 것은 세조와의 인연 때문이다.

기록에는 "왕이 상원사에 거동할 때에 관음보살이 현상現相하는 이상한 일이 있었기 때문에 백관들이 전箋을 올려 진하陳賀하고, 교서를 내려 모반謀叛, 대역大役, 모반謀反, 자손이 조부모와 부모를 모살謀殺하거나 구매毆罵한 것, 처첩이 남편을 모살한 것, 노비가 주인을 모살한 것, 고의로 사람을 모살한 것, 군령軍令과 강도強盜를 범한 것 외에는 죄를 용서하도록 했다"[54]는 기록이 나오는데, 문수보살이 아닌 관음보살로 기록되어 있기는 하지만 세조가 상원사에 행차했을 때 보살을 친견했다는 이야기와 일치한다.

한편 목조문수동자좌상을 모신 상원사 문수전文殊殿 계단 옆에는

세조와 관련된 일화가 전해오는 오대산 상원사 문수전

세조의 목숨을 구한 고양이들을 기념하기 위해 조성했다는 고양이 석상 한 쌍이 있다. 전해오는 이야기에 따르면 세조의 왕위 찬탈에 불만을 품은 자객 하나가 세조의 행차를 노리고 문수전에 잠복해 있었다. 그런데 세조가 이곳에 들어서려는 순간 난데없이 고양이가 튀어나와 소리를 지르고 세조의 옷자락을 잡아당기는 통에 이를 수상하게 여긴 세조가 법당 안을 뒤지게 하여 자객을 찾아냈다는 이야기다.

　1984년 목조문수동자좌상의 복장腹藏 유물들이 발견되면서 상원사에 얽힌 세조의 이야기는 조금 더 그럴듯해졌다. 여기에서 "1466년(세조 12) 2월에 사리와 함께 봉안했다"는 유물 봉안기와 함께 부처의 진신사리, 세조의 둘째 딸 의숙공주懿淑公主가 왕세자의 만수무강과 아버지 세조의 쾌유를 빈 기원문, 세조가 입었던 것으로 추정된 베적삼 두 점, 다라니 및 불경 열세 권이 발견된 것이다. 세조의 베적삼에는 피와 고름의 흔적이 남아 있어서 세조가 말년에 피부병으로 무척 고생했음을 확인할 수 있다.

1464년(세조 10) 2월, 세조는 충청도 속리산 일대를 둘러보는 행차에 나섰다. 실록에는 "왕이 속리사俗離寺에 행행하고 또 복천사에 행행하여, 복천사에 쌀 300석, 노비 30구, 전지 200결을, 속리사에 쌀과 콩 30석을 하사하고 신시申時에 행궁으로 돌아왔다"[55]고 간략히 기록하고 있다. 복천사는 신라 때 창건한 절로, 조선 세종의 신임을 받던 승려 신미信眉가 문종 때 중창한 것이고, 속리사는 법주사法住寺의 옛 이름이다.

천연기념물로 유명한 정이품송은 1464년 2월에 행해진 세조의 속리사 행차와 관련이 깊다. 전설에 따르면 당시 속리사로 향하던 어가 행렬은 병풍송屛風松이라 불릴 만큼 소나무가 빽빽이 둘러친 지역을 통과하느라 애를 먹고 있었다. 그러던 중 왕의 가마가 소나무 가지에 걸렸는데 그 소나무가 돌연 가지를 번쩍 들어올렸다고 한다. 이에 세조가 그 소나무에 판서 직급에 해당하는 정2품 품계를 내려 정이품송이 되었다는 이야기다.

실록에는 "거가車駕(가마)가 보은현 동평을 지나 저녁에 병풍송에 머물렀다"[56]라고만 되어 있을 뿐 품계에 대한 언급은 없다. 사실 여부와 상관 없이 이 이야기는 백성들 사이에 널리 퍼져 세조 집권의 정당성을 부여하는 데 큰 도움이 됐다. 한편 정이품송 앞마을의 이름이 진허陣墟인 것도 당시 세조를 수행하던 사자위, 장용대 소속 군사들이 진을 치고 머물렀던 것에서 연유했다고 한다.

세조는 잦은 행차를 왕권을 과시하고 군사력을 점검하는 기회로 삼기도 했다. 특히 세조는 행차 중 신하들을 격려하고 위로한다는 명목으로 자주 술자리를 베풀었다. 《조선왕조실록》 전체에서 술자리와 관련된 기록이 총 974건인데 이 중 세조와 관련된 기록만 무려 467건에 달한다. 세조가 이토록 잦은 술자리를 가진 데에는 술을 통해 신하들의 충성심을 확인하고 왕권을 강화하고자 하는 정치적 의도가 짙게 깔려 있었다.

세조의 차남 예종睿宗(1450~1469, 재위 1468~1469)은 1468년 9월 즉위
하여 1년 2개월의 짧은 재위 기간을 마치고 승하했다. 그런 탓에 예
종이 왕으로서 남긴 업적은 그리 많지 않다. 세종의 왕릉(영릉)을 경
기도 여주로 옮긴 것이 그중 가장 큰 업적이다.

　예종은 세조의 정치적 유산을 계승하는 방식으로 짧은 치세를 유
지했다. 그런 예종 대의 정치상을 압축적으로 드러낸 사건이 바로 청
년 장군 남이南怡의 역모 사건이다. 예종 대 정치 세력 간의 기득권
투쟁에서 말미암은 이 사건은 조작된 고변으로 유능한 인재를 희생시
킨 조선사의 큰 오점이었다.

16

남이 장군 무덤,
조선의 별이 잠든 곳

남이는 1441년(세종 23), 서울 낙산 아래에서 군수 남빈南彬과 현감 홍
여공洪汝恭의 딸 사이에서 태어났다. 어머니가 태종의 넷째 딸인 정선
공주貞善公主라는 설도 있으나 그녀가 1424년(세종 6)에 이미 사망했
음을 고려하면 정선공주는 남이의 할머니일 가능성이 크다. 즉 남이
는 왕가의 외손이라는 고귀한 신분으로 태어난 것이다. 이후 남이는
세조 대의 대표적 권신이었던 권람權擥의 딸과 혼인하여 그의 태생만

큼이나 지체 높은 처가를 얻었다.

그러나 남이의 비범한 능력은 그의 화려한 사회적 신분을 뛰어넘었다. 17세에 무과 1등으로 급제해 세조의 총애를 받은 것을 시작으로, 27세 되던 1467년(세조 13) 이시애李施愛의 난을 진압하는 데 큰 공을 세워 적개공신敵愾功臣 일등에 책봉되었고, 이듬해 군권의 최고 직책인 병조판서 자리에 올랐다. 파죽지세의 승진이었다.

당시 정국은 한명회로 대표되는 원로 훈구파와 구성군龜城君으로 대표되는 종친 세력, 그리고 이시애의 난 진압 후 입지가 커진 남이와 같은 신흥 무장 세력 간에 권력 투쟁의 양상이 나타나고 있었다. 재위 말년의 세조는 이들 정치세력 간의 화해와 균형을 유지하고자 했지만 정국을 완전히 수습하지 못한 채 사망했다.

세조의 뒤를 이어 1468년 9월 세조의 차남인 예종이 왕위에 올랐다. 세조의 장남 의경세자懿敬世子가 1457년(세조 3)에 사망한 탓에 세자로 책봉된 차남 해양대군海陽大君이 예종으로 즉위한 것이다. 예종 즉위 후 신숙주와 한명회 등 원로대신들은 이시애의 난 이후 주류 세력으로 떠오른 인물들의 견제에 나섰다. 특히 젊은 나이에 병권을 장악한 남이는 제거 대상 1호였다.

예종 역시 남이에게 부담을 느끼고 있던 터여서 한명회와 신숙주의 입장에 동조했다. 결국 남이는 "사람됨이 병사兵事를 맡기기에는 마땅치 못하다"[57]는 이유로 탄핵을 받고, 병조판서에서 해직되어 한직인 겸사복장兼司僕將으로 밀려났다. 겸사복장은 조선시대에 말을 관리하던 관청인 사복시司僕寺의 겸직 장수라는 뜻이다.

이후 한직으로 밀려나 궁궐에서 숙직하던 남이가 혜성이 나타난 것을 보고 "혜성이 나타남은 묵은 것을 없애고 새 것을 나타나게 하는 징조"라고 말한 것을 병조참지 유자광柳子光이 엿듣고 남이를 역모죄로 고변하는 사건이 발생한다. 이것이 바로 《연려실기술》에 '남이의 옥사獄事'라고 기록된 사건이다.

대장부의 패기를 표현한 것으로 유명한 "백두산 돌은 칼을 갈아다 없애고 / 두만강 물은 말을 먹여 없어졌네. / 사나이 스무 살에 나라 평정 못 한다면 / 뒷세상에 그 누가 대장부라 이르리오" 하는 남이의 시 역시 역모의 정황 증거로 제시됐다. 이처럼 역모를 증명할 뚜렷한 물증이 없었음에도 불구하고 남이는 국문 끝에 결국 처형되고 말았다. 훗날 조선 중기의 학자 이수광李睟光은 《지봉유설芝峰類説》에서 "말뜻이 발호해 평온한 기상이 없으니 화를 면하기가 어려웠다"고 평가해 남이의 죽음과 이 시가 밀접한 관련이 있음을 밝혔다.

그러나 남이의 옥사에는 유자광의 고변에 의한 단순 사건으로 치부하기 힘든 측면이 많다. 이 사건의 이면에는 예종 즉위 후 추진된 일련의 왕권 강화 정책과 이에 대한 원로 대신들의 반발이 숨어 있다. 예종은 세조의 승하로 빚어진 정치적 권위의 공백을 극복하고자 즉위와 더불어 왕권 강화책을 시행했다. 그중 대표적인 것이 선전관을 재상가宰相家에 보내 불시에 분경奔競을 적발하도록 한 것이다.

분경은 원래 '분주하게 다니면서 이권을 경쟁함'을 뜻하는 분추경리奔趨競利에서 비롯된 말로, 정치권의 실세들을 찾아다니며 관직을 부탁하는 인사청탁을 지칭한다. 1468년 10월 19일, 예종은 삼정승과

판서, 종친 등을 대상으로 불시 단속을 해 종친인 구성군과 원로대신 신숙주, 김질 등의 집에서 분경범들을 체포했다. 그러나 예종은 정작 분경의 당사자인 훈구 대신들은 처벌하지 못한 채 애먼 대간들을 힐책하는 선에서 사건을 마무리 지었다.

그러나 이 사건으로 훈구 대신들은 위기감을 느꼈다. 특히 이시애의 난 이후 새롭게 권력의 중심에 떠오른 남이가 견제의 대상이 됐다. 남이가 세조 말년에 구성군을 중용하지 말 것을 건의하는 등 전부터 훈구파와 종친 세력에 대한 불만을 표현해 왔기 때문이다. 남이 역시 불안하기는 마찬가지였다. 세조의 절대적인 총애와 신임을 받던 그였으나 예종 즉위 후에는 권력 중심에서 멀어졌다. 그에 대한 불만이 훈구와 종친 세력에 대한 불만으로 표출된 것이다.

남이 공격을 주도한 인물은 서얼 출신 유자광이었다. 《예종실록》에는 《연려실기술》의 기록과 달리 유자광의 고발에 대해, "남이는 지금 왕이 분경을 엄히 단속할 적에 일을 꾸미며 김국광, 노사신 등을 처단하고자 했으며 아울러 한명회를 제거하려 했다"[58]고 기록해 훈구파에 대한 남이의 도전을 직설적으로 언급했다. 남이 역시 권력 투쟁에서 호락호락 당하고 있지만은 않았음을 보여주는 대목이다.

이처럼 남이 옥사의 발단은 신숙주, 한명회로 대표되는 세조 대의 훈신들과, 이시애의 난 이후 새롭게 성장한 무인들 간의 정치적 반목에서 비롯되었음을 알 수 있다. 예종 즉위 후 시행된 분경금지법으로 훈신들이 정치적 압박을 받고 있던 과정에서 빚어졌다는 점에서 신흥 무인 세력에 대한 보수 훈신 세력의 반격으로 이해할 수 있다. 결국 이 사건으로 남이와 함께 이시애 난을 평정한 뒤 적개공신에 책봉되었던 강순康純, 정숭로鄭崇魯 등 무인들이 옥사에 연루되어 처형되었다. 세조 대 훈신들이 승리한 것이다. 남이의 옥사 이후 정치 일선에서 물러났던 한명회가 영의정으로 복귀한 점도 그러한 사실을 뒷받침한다.

남이는 사후 400여 년이 지난 1818년(순조 18) 우의정 남공철南公轍의 주청으로 관작이 복귀되었다. 시호는 충무忠武다. 이후 남이는 경상도 창녕의 구봉서원龜峯書院, 서울 용산의 용문사龍門祠 및 성동의 충민사忠愍祠에 배향되었다.

그렇다면 남이의 묘는 어디에 있을까? 우선 춘천 인근의 관광지로 유명한 남이섬에 남이가 묻혔다는 전설이 담긴 돌무더기가 있다. 남이섬이라는 이름도 여기에서 유래된 것이다. 인근 주민들 사이에서는 그 돌을 함부로 가져가면 집안에 우환이 생긴다는 이야기가 전해져 왔다. 섬을 유원지로 개발하면서 지금은 돌무더기 위에 흙을 덮어 봉분이 만들어졌고 둘레 또한 잘 치장되어 있다.

그런데 경기도 화성시 비봉면에도 남이 장군 묘라고 알려진 무덤이 있다. 게다가 이 무덤은 장군과 부인을 함께 모신 쌍분묘 형태다. 주변에 조성된 석물은 문인석 외에는 대부분 현대에 세운 것이지만 무덤 앞에 국한문으로 생애를 정리한 월두형月頭形 묘비와 상석床石도 있다. 어느 쪽이 진짜일까? 안타깝게도 그 여부는 확인하기 어렵다. 대역죄인은 무덤을 만들 수 없도록 했기 때문에 누가 시신을 수습해서 어디에 무덤을 만들었는지 알 수 없기 때문이다.

춘천 남이섬 내에 조성된 남이 장군 무덤

남이를 추모하는 흐름은 사후에도 꾸준히 이어졌다. 현재 서울시 용산구 용문동에는 남이 장군을 모신 사당인 용문사가 조성되어 있다. 남이 장군이 이곳에서 군사 훈련을 실시했고 한강변 새남터에서 화를 당했다고 전해지기 때문이다. 원래 남이 장군의 사당은 인근의 거제산(당고개)에 있었는데, 1900년대 초에 마을 사람들 꿈에 남이 장군이 나타나 사당을 현재의 위치로 옮겼다는 이야기가 전한다. 비극적 최후를 맞이한 인물을 신격화하고 사당에 모신 점은 고려 말 최영 장군의 사당이 전국 곳곳에 조성된 흐름과도 그 맥락을 같이 한다.

남이 장군의 억울한 죽음을 달래기 위한 추모제인 사당제祠堂祭도 매년 진행된다. 매년 10월 1일 전야제 행사에 큰 굿을 하는데, 이 굿은 1999년에 서울특별시 무형문화재 20호로 지정되었다. 산천동 당집에서 사당까지 행진해 제를 올리는데 장군 행렬은 신꽃을 들고 마을을 한 바퀴 돌아 신의 마을 행차 방식을 취한다. 악공들의 음악에 맞추어 제례를 지내고 이어 무당의 굿이 진행된다. 이것은 강릉단오제나 은산별신제에서 행하는 제례와도 유사하다. 현재에도 그 원형을 그대로 유지하고 있는 사당제는 청년 장군 남이의 비극적인 죽음과 짧았던 예종 대의 역사를 증언하고 있다.

1469년 예종의 뒤를 이어 성종成宗(1457~1494, 재위 1469~1494)이 즉위했다. 13세의 어린 나이였다. 예종의 후사로 제안대군齊安大君이 있었지만 4세밖에 되지 않아 너무 어리다는 이유로 왕이 되지 못했다. 다음으로는 의경세자의 장자인 월산군月山君이 있었으나 차자인 잘산군이 왕위를 이었다. 잘산군의 장인이 한명회였기 때문이었다. 이렇듯 잘산군, 즉 성종의 치세는 장인 한명회와 그를 왕으로 선택한 대비들의 그늘 아래에서 시작됐다.

왕이 된 성종은 대비들을 위한 공간인 창경궁昌慶宮을 조성하여 효를 다하는 왕의 모습을 보였다. 또한 성종은 경연을 어느 왕보다 성실히 수행함으로써 공부하는 왕의 면모를 보였다. 《경국대전》, 《동국통감》, 《동국여지승람東國輿地勝覽》 같은 책들의 편찬 사업도 마무리 지었다. 또 세종 대에 실시된 사가독서제를 지원하기 위해 독서당을 세워 젊은 문신들을 적극적으로 양성하기도 했다.

17
대비와 왕비의 공간
창경궁

조선시대 궁궐 중에서 성종과 가장 관련이 깊은 궁궐을 꼽자면 단연 창경궁이다. 창경궁을 짓도록 명한 이가 바로 성종이기도 하고, 성종

성종이 세 대비를 위해 마련한 궁궐 창경궁

의 태를 묻은 태실胎室 역시 이곳에 남아 있다.

　1482년(성종 13) 성종은 세종이 상왕인 태종을 위해 지었던 수강궁
壽康宮을 확장하고 수리하라는 명을 내렸다. 성종은 수강궁을 확장해
당시 생존해 있던 세 대비, 즉 세조비 정희왕후貞熹王后와 예종의 계비
안순왕후安順王后, 친모인 소혜왕후昭惠王后(인수대비)의 처소를 마련
하고자 했다. 이는 왕위 계승 순위에서 밀렸던 그를 왕으로 만들어준
데 대한 보답이었다. 그리하여 1485년(성종 16) 수리가 끝난 수강궁은
창경궁이라는 이름으로 다시 태어났다.

　그렇다면 한 왕이 세 대비를 모시는 특별한 상황은 어떻게 생겨난

것일까? 그 원인은 세조의 두 아들인 의경세자와 예종이 모두 단명한 데에 있다. 세조의 장자이자 성종의 아버지인 의경세자는 세자로 책봉된 지 2년 만에 20세의 젊은 나이로 사망했다. 세조의 뒤를 이어 둘째 아들 예종이 즉위했지만 예종 역시 재위 14개월 만에 덕종과 같은 20세 나이로 사망했다. 비극은 여기서 끝나지 않았다. 예종과 장순왕후의 첫 아들인 인성대군 역시 3세 되던 해 죽고만 것이다. 그리하여 왕위는 의경세자의 둘째 아들인 성종으로 계승되었다. 그런 탓에 성종이 즉위했을 때에는 왕실 최고 어른인 세 대비가 모두 살아 있었고 이들이 거처할 궁궐 공간이 필요했다.

창경궁의 주요 건물 이름은 서거정이 지었다. 《창경궁지昌慶宮志》에 따르면 왕이 "서거정에 명해 전각의 이름을 짓게 했는데, 전은 명정明政, 문정文政, 수령壽寧, 환경歡慶, 경춘景春, 인양仁陽, 통명通明이고. 당堂은 양화養和, 여위麗暉이며, 합閤은 사성思誠이고, 정亭은 환취環翠이다"라고 전한다. 이로써 창경궁이 처음 완성되었을 때의 건물 명칭을 알 수 있다.

창경궁의 정문은 홍화문弘化門이고 법전은 명정전이다. 창경궁의 정문 이름이 홍화문으로 정해지면서 원래 홍화문으로 불리던 동소문東小門이 그 이름을 혜화문惠化門으로 바꾸었다. 한편 명정전은 경복궁의 법전인 근정전이나 창덕궁의 법전인 인정전에 비해 그 규모가 작고 남향이 아닌 동향을 하고 있다. 이처럼 창경궁이 크기나 품격에서 경복궁이나 창덕궁에 비해 한 등급 낮은 형태를 취한 것도 이곳이 왕이 아닌 왕실 여인들을 위한 공간으로 지어졌기 때문이다.

그러나 창경궁은 다른 궁궐에 비해 왕과 왕비의 주거 공간이 풍부한 편이다. 창경궁에는 중궁전인 통명전을 비롯해 환경전, 경춘전, 자경전 등 왕과 왕비의 생활공간이 크게 발달했고, 북쪽으로 넓게 펼쳐진 후원은 창덕궁 후원과 구분 없이 사용되었다. 결국 창경궁은 명목상으로는 독립적인 궁궐이지만 실질적으로는 주거 및 생활공간이 부족한 창덕궁을 보완하는 궁궐이었다. 창경궁이 창덕궁과 한데 묶여 동궐東闕로 인식되었던 것은 이러한 사정 때문이다.

창경궁 경춘전은 소혜왕후, 인현왕후仁顯王后, 헌경왕후獻敬王后, 정순왕후貞純王后 등 조선을 대표하는 왕비들과 인연이 깊은 공간이었다. 경춘전에서 제일 먼저 생활했던 여인은 성종의 어머니 소혜왕후(인수대비)다. 그녀는 학식이 깊어 정치에 많은 자문을 했고, 부녀자들이 지켜야 할 도리를 담은 《내훈內訓》을 간행하기도 했다. 그러나 말년에 손자 연산군과의 불화가 화근이 되어 1504년(연산군 10) 4월, 68세를 일기로 이곳 경춘전에서 승하했다.

창경궁에는 성종이 출생했을 때 태를 봉안한 태실도 자리하고 있다. 조선시대에는 왕자녀가 태어나면 풍수지리상 명당을 선정해 태실을 조성했다. 조선 왕실의 태실이 가장 많이 조성된 곳은 경북 성주군 월항면으로, 문종을 제외한 세종의 왕자 18명과 손자 단종을 포함한 태실 19위가 선석산 자락에 위치해 있다. 성종의 태실은 원래 경기도 광주시 경안면에 있었는데 일제강점기에 전국에 산재한 태실을 모두 서삼릉西三陵으로 옮기는 과정에서 성종의 태실만 이곳 창경궁으로 옮겨졌다. 성종이 창경궁을 조성한 왕이라는 점이 반영된 것이다.

창경궁은 임진왜란 때 경복궁, 창덕궁과 함께 완전히 불타 없어졌으나 광해군 대에 수리되어 어느 정도 모양새를 갖추었다. 이후에도 창경궁은 여러 차례 화마에 시달렸다. 1624년(인조 2) 이괄의 난 때 궁궐 건물 상당 부분이 훼손되자, 인조 연간에 복원공사에 들어갔다. 1633년(인조 11) 창경궁 공사가 본격화되자 인조가 창덕궁에서 창경궁으로 거처를 옮기기도 했다. 이로써 창경궁은 창덕궁을 보완하는 궁궐이 아닌 조선시대를 대표하는 또 하나의 궁궐로 자리를 잡아갔다. 창경궁은 임진왜란 때 소실된 경복궁을 대신하여 창덕궁, 경희궁과 함께 조선 후기를 대표하는 궁궐이 되었다.

그러나 구한 말 일제의 세력이 확장되면서 창경궁은 다시 한번 수난을 겪게 된다. 1909년(순종 2) 일제는 창경궁을 창경원으로 격하시키고, 동물원과 식물원을 조성했다. 이후 1983년 창경궁이 이름을 되찾음과 동시에 동물원은 이듬해 과천으로 옮겨졌다. 1986년 복원된 창경궁은 다시 궁궐로서 개방을 시작해 최근까지 이어지고 있다.

18
조선 관리들의 휴가처
독서당

1426년(세종 8) 12월, 세종은 집현전 학자들 가운데 젊고 재주 있는 자들을 골라 집에서 학문 연구에 전념하게 하는 사가독서제를 실시했다. 오늘날 관공서나 대학교 등에서 진행되는 연구년과 유사한 제도다. 세종 대 초기에는 집에서 독서하게 했다가 1442년(세종 24)에 북한산 진관사에 별도의 시설을 갖추어 이곳에서 휴가를 보내도록 하는 상사독서를 실시했다.

이후 성종은 아예 국가에서 사가독서를 지원하고 관리할 수 있도록 용산 지역에 독서당을 건립했다. 일종의 국가공무원인재개발원이나 기업체의 연수기관과 같은 성격의 공간을 마련한 것이다.

성종은 증조부 세종과 닮은 점이 많았다. 성종 역시 세종처럼 학문을 즐겼고 경연을 중시하여 자주 신하들과 의견을 나누었다. 세종이 집현전을 설치해 학문 연구의 중심 기관으로 삼은 것처럼 성종 또한 홍문관을 본격적인 연구 기관으로 자리매김하게 했다.

1456년(세조 2)에 집현전이 폐지되고 1463년(세조 9)에 양성지梁誠之의 건의에 따라 장서각藏書閣이 홍문관으로 개칭됐다. 이때의 홍문관은 서적을 보관하는 기관이었을 뿐이었는데, 1478년(성종 9) 성종이 홍문관을 학술·언론 기관으로 승격시킨 것이다. 성종 때 조선 전기의 문물과 제도를 정비하는 대규모 편찬 사업들이 완성된 것도 세종 대의 정책을 계승한 사례로 볼 수 있다.

성종은 집현전을 계승해 홍문관을 발전시킨 것처럼 세종의 사가독서 제도를 발전적으로 계승했다. 사가독서를 체계적으로 시행할 별도의 공간으로 독서당을 세운 것이다. 성종 때 처음 독서당을 지은 이유에 대해서는 성종 때의 학자 조위曺偉가 쓴 〈독서당기讀書堂記〉를 통해 알 수 있다.

커다란 집을 짓는 자는 먼저 경남梗楠(가시나무와 녹나무)과 기재杞梓(소태나무와 가래나무)의 재목을 몇 십 백 년을 길러서 반드시 공중에 닿고 구렁에 솟은 연후에 그것을 동량棟梁으로 쓰게 되는 것이요, 만 리를 가는 자는 미리 화류驊騮(주나라 목왕이 타던 준마)와 녹이騄駬(목왕이 타던 준마의 종자)를 구해 반드시 꼴과 콩을 넉넉히 먹이고, 그 안장을 정비한 연후에 가히 연나라와 초나라의 먼 곳에 닿을 수 있는 것이니, 국가를 경영하는 자가 미리 어진 재주를 기르는 것이 이와 무엇이 다르리오. 이것이 곧 독서당을 지은 까닭이다.[59]

위 기록에는 성종 때 독서당을 설치한 유래와 취지가 잘 드러나 있다. 재목을 미리 심어두어야 집을 짓고 말을 미리 준비해 놓아야 먼 길을 가는 것처럼 국가를 다스리기 위해서는 어린 인재들을 잘 길러야 한다는 것이다. 성종은 이를 위해 독서당을 지었다. 젊은 문관 중에서 재주가 뛰어난 사람을 뽑아 휴가를 준 세종 대 사가독서의 전통을 계승하는 전문 연수 기관을 설립한 것이다.

1492년(성종 23) 성종은 지금의 마포 한강변에 있던 폐사廢寺를 수리해 독서당을 건립했다. 조선시대에는 불교 탄압 정책으로 폐사된 곳이 많았는데 고려시대까지 불교가 숭상되었던 만큼 폐사지는 여러모로 여건이 좋은 곳이었다. 최초의 서원인 영주 소수서원紹修書院이 들어선 자리도 원래는 숙수사宿水寺라는 절이 있던 곳이었다. 건립을 추진한 지 두 달 만에 완성된 독서당은 20칸 정도의 규모였으며, 서늘한 마루와 따뜻한 방이 갖추어졌다.

독서당은 학문 탄압이 심했던 연산군 대에 와서 수난을 당했다. 1504년(연산군 10)에 갑자사화의 여파로 폐쇄되었다가 중종 대에 다시 부활했다. 중종은 독서당 제도를 활성화시켜 도성 내에 있던 비구니 사찰인 정업원을 독서당으로 만들었다. 그러나 정업원이 독서에 전념하기에 마땅한 장소가 아니라는 주청이 끊이지 않아 1517년(중종 12)에 한강 두모포에 있던 정자를 고쳐 독서당을 설치하고 동호독서당東湖讀書堂이라 했다. 이는 성종 대 서울 남쪽에 있던 독서당을 남호독서당南湖讀書堂이라고 불렀던 데에서 기인한 것이다.

동호독서당은 임진왜란으로 소각될 때까지 75년간 도서 열람과 학문 연구의 중심으로 기능하며 집현전, 홍문관 못지않은 평가를 받았다. 그리하여 성종 이후 역대 왕들은 독서당 운영에 깊은 관심을 보이며 운영비를 모두 지원했을 뿐 아니라 독서당에 궁중 음식과 명마名馬, 옥으로 장식한 수레와 안장을 하사하는 등 특별한 배려를 아끼지 않았다.

성종은 독서당의 권위를 높이기 위해 엄격한 선발 규정을 적용했다. 대개 한 기수에 6인 내외의 인원을 선발했고, 젊은 문신을 뽑는 것을 원칙으로 삼았으나 40세가 넘어서 선발되는 경우도 있었다. 후에는 박민헌朴民獻, 이덕형李德馨처럼 당상관 직책에 있으면서 독서당에 들어가는 경우도 있었다. 그리하여 1426년(세종 8)부터 1773년(영조 49)까지 350여 년간 총 48차례에 걸쳐 320인이 사가독서제의 혜택을 받았다. 이 중에는 신숙주, 주세붕周世鵬, 이황李滉, 이수광李睟光, 이산해李山海, 이이李珥, 정철鄭澈, 유성룡柳成龍 등 조선을 대표하는 학자 대부분이 포함되어 있다. 일례로 이이가 동호독서당에서 사가독서 하던 시절 저술한 책이 바로《동호문답東湖問答》이다.

이처럼 독서당은 조선시대 관리들에게 심신의 휴양을 위한 휴가지로 기능함과 동시에 오롯이 학문에만 몰두할 수 있는 학업의 장소로도 기능하여 수많은 인재들을 배출했다. 세종 대 사가독서제를 발전적으로 계승하여 최초의 독서당을 설립한 성종의 노력이 인재 양성과 학문 발전이라는 구체적인 성과로 드러난 것이다.

2부

사림의 대두와
양난 극복의 공간

연산군燕山君(1476~1506, 재위 1494~1506)은 문종, 단종에 이은 세 번째 적장자 출신 왕이다. 오랜만에 등장한 적장자 연산군은 왕실의 기대를 한 몸에 받았다. 그러나 연산군은 그 기대를 왕은 무엇이든 할 수 있다는 독재의 권한으로 여겼다. 연산군은 즉위 후 경연을 폐지함으로써 비판과 견제의 목소리를 차단했다.

그 빈자리는 임사홍任士洪과 임숭재任崇載, 장녹수張綠水 등이 채워 연산군에게 독재와 사치, 향락을 부추겼다. 연산군은 경복궁에서 경치가 가장 뛰어난 공간인 경회루에 기생들을 불러 잔치를 베풀며 타락한 군주의 전형을 보여주었다. 그러나 흥청망청의 시간은 그리 길지 않았다. 1506년(연산군 12) 9월 중종반정이 일어나면서 폐위된 연산군은 강화도 북쪽의 교동도로 유배되었고, 유배 2개월 만에 31세의 생을 마감했다. 연산군 대에 궁궐 기녀를 흥청興淸이라 부른 것에서 시작해 오늘날까지 회자되는 용어 흥청망청은 역사의 준엄함이 얼마나 큰 것인가를 잘 보여준다.

한편 연산군 시대에는 1498년(연산군 4)의 무오사화戊午士禍, 1504년(연산군 10)의 갑자사화甲子士禍로 많은 사림파 학자들이 희생되었다. 그러나 최후의 승리자는 화를 당한 사림파였다. 도동서원道東書院과 남계서원灆溪書院은 연산군 때의 피해자 김굉필金宏弼과 정여창鄭汝昌의 학덕과 충절을 지금까지도 기억하게 한다.

19

경회루,
흥청망청의 공간이 되다

태조가 처음 경복궁을 창건한 1395년(태조 4)에는 경회루 자리에 서루西樓라는 작은 누각이 세워져 있었을 뿐이었다. 그러다 1412년(태종 12) 태종이 개성에서 한양으로 다시 천도한 후 외국 사신을 접견할 공간을 마련하기 위해 기울어지고 위태했던 누각의 수리를 지시했다. 당시 공사 감독을 맡은 공조판서 박자청은 경복궁 서쪽 땅이 습한 것을 염려해 주변에 못을 파고 가운데에 누각을 세웠다.

누각이 완성되자 조선 초의 명신인 하륜이 태종의 명을 받아 누각에 경회慶會라는 이름을 붙였다. 공자와 노나라 애공哀公의 대화 가운데 '임금과 신하가 서로 덕으로써 만나는 것'을 의미하는 말이었다.[60] 이후 경회루는 임금과 신하가 덕으로 만난다는 뜻에 맞게 사신 접견 외에 왕이 신하들에게 연회를 베푸는 공간으로도 자주 활용되었다. 때로는 이곳에서 기우제나 무과 시험이 치러지기도 했다.

경회루는 그 빼어난 경관과 아름다움으로 다양한 일화를 남겼다. 일례로 조선 전기의 학자 구종직丘從直은 과거에 합격해 규장각 교서관으로 있을 때 경회루 경치가 뛰어나다는 말을 듣고 가보고 싶어 하다가[61] 하루는 궁에서 숙직하게 되어 몰래 경회루 연못가를 산보했다고 한다. 그런데 갑자기 환관 몇 명을 대동한 왕(세종)이 가마를 타고 경회루에 이르렀다. 왕이 사연을 물으니 구종직은 "신이 일찍이 경회루는 옥계요지玉桂瑤池라 바로 천상선계天上仙界라는 말을 들었습니다. 오늘 밤 다행히 예각芸閣(규장각 교서관)의 숙직을 하게 되었사온데, 예각은 경회루와 그리 멀지 아니한 까닭으로, 초야의 천한 것이 감히 몰래 구경하고 있었습니다"[62]라고 대답했다. 왕이 다시 경전을 외는가 물었고 구종직이 《춘추春秋》를 잘 기억한다고 하자 왕은 구종직에게 《춘추》를 외게 했다. 그가 막힘없이 한 권을 마치자 왕이 그를 종9품 말단직에서 종5품 부교리로 파격 승진을 시켰다는 이야기다.

성종 대에는 경회루를 수리하면서 돌기둥에 구름과 용, 화초의 형상을 새겨 넣었다. 1477년(성종 8)에 이곳을 방문한 유구국琉球國 사신은 "경회루 돌기둥에 종횡으로 그림을 새겨서 나는 용의 그림자가 푸른 물결 붉은 연꽃 사이에 보였다 안 보였다 하니, 이것이 한 가지 장관"[63]이라며 경회루 용 그림자를 조선에서 본 3가지 장관 중 하나라고 극찬했다. 깊고 넓은 연못과 그 위에 수놓아진 연꽃, 그 사이를 헤엄치는 용 그림자가 어우러진 경회루는 신선 세계와도 같은 곳이었다.

연산군에게 궁궐은 사치와 쾌락의 공간이었다. 천상의 아름다움을 자랑하던 경회루 역시 마찬가지였다. 연산군은 연회의 흥을 돋우기 위해 전국 각지에서 기녀를 선발해 궁궐 기녀로 삼았다. 이때 기녀 선발을 맡은 사람들은 채홍사採紅使로, 뽑힌 기녀들은 운평運平, 가흥청假興淸, 흥청으로 불렸다. 후궁 지위에까지 올랐던 장녹수 또한 흥청 출신이었다. 왕이 흥청을 끼고 노는 것을 한탄한 백성들은 흥청망청이라는 말을 퍼뜨려 연산군의 실정을 은근슬쩍 조롱했다.

《연산군일기燕山君日記》에는 연산군이 경회루에서 자주 잔치를 베

연산군이 흥청망청의 공간으로 전락시킨 경복궁 경회루

푼 모습이 나타난다. 그 예로 연산군이 "경회루 연못가에 만세산萬歲
山을 만들고, 산 위에 월궁月宮을 짓고 채색 천을 오려 꽃을 만들었는
데, 백화白花가 산중에 난만해 그 사이가 기괴 만상이었다. 그리고 용
주龍舟를 만들어 못 위에 띄워 놓고, 채색 비단으로 연꽃을 만들었다.
그리고 산호수도 만들어 못 가운데에 푹 솟게 심었다. 누각 아래에는
붉은 비단 장막을 치고서 흥청과 운평 3,000여 인을 모아 노니, 생황
과 노랫소리가 비등했다. 또 횟불 1,000자루를 늘어 세워 밤이 낮처럼
밝은데, 흥청 수백 명이 늘어 앉아 풍악을 연주했다"[64]라는 기록이 전
해진다. 한편 "군인을 뽑아서 서호西湖에 있는 배 수십 척을 끌어 경
회지慶會池에 띄웠다. 배 한 척을 육지로 운반하는데, 민정 500여 인

이 들었으므로 호야呼耶(나무나 돌을 여럿이 운반하면서 내는 소리)하는 소리가 성안을 진동했다"[65]는 기록에서는 개인의 욕망을 위해 국고를 탕진하는 왕의 모습이 그려진다. 연산군은 창덕궁 후원에 설치한 서총대瑞蔥臺와 현재의 세검정 인근에 만든 탕춘대蕩春臺에서도 사치와 향락을 즐겼다.

20
폭정의 시대
사화의 희생자들을 기리는 곳

연산군 시대는 그야말로 폭정의 시대였다. 감정에 치우친 왕의 변덕스러운 판단으로 많은 사람들이 희생되었다. 1498년의 무오사화와 1504년의 갑자사화는 연산군의 광기와 폭정을 대변하는 사건이다. 이 사화로 촉망받는 인재 다수가 유배되거나 처형되었다.

그러나 최후의 승리자는 사화의 희생자들이었다. 1506년(연산군 12) 중종반정으로 쫓겨난 연산군은 지금도 폭군의 대명사로 기억되는 반면, 김굉필, 정여창 등 연산군 시대에 사화로 희생된 인물들은 중종대에 대부분 복권되었고 그들의 충절과 의리, 학자적 양심을 보여주는 도동서원과 남계서원은 후대에도 귀감이 되고 있다.

한훤당寒暄堂 김굉필은 김종직金宗直의 수제자로 영남 사림의 학맥을 계승했다. 김굉필은 김종직에게 성리학의 핵심 내용을 담은《소학小學》을 배운 후 이를 평생의 지침서로 삼았다. 실제로 김굉필은 소학 동자'로 불릴 만큼 《소학》을 중시했다고 한다. 무오사화로 평안도 희천에 유배되었을 때 그를 찾아온 제자 조광조에게 가장 강조한 책도 《소학》이었다. "글을 업으로 삼아도 오히려 천기를 알지 못했더니 / 소학 책 속에서 그 전의 잘못을 깨달았네"라고 쓴 시는 소학에 대한 그의 신념을 잘 보여준다.

영남 사림의 중심인물로 성장해 가던 김굉필에게 1498년 정치적으로 큰 위기가 닥쳤다. 무오사화였다. 사관 김일손金馹孫이 김종직의 〈조의제문弔義帝文〉을 사초에 실은 것이 발단이 되어 일어난 이 사건에 대부분 김종직의 제자였던 영남 사림들이 대거 연루되었다. 당시 연산군은 언관이나 사관 직에 진출하여 자신의 정치 행태를 비판하는 사림파를 제거할 빌미를 찾고 있었고, 이 과정에서 김일손의 사초가 걸려든 것이었다.

무오사화의 여파로 김일손, 권경유權景裕, 권오복權五福 등이 처형되고, 김굉필, 정여창, 최부崔溥 등은 유배길에 올랐다. 김굉필은 김종직의 문도門徒로 붕당을 만들었다는 죄목으로, 장 80대와 원방부처遠方付處의 형을 받고 평안도 희천에 유배되었다. 김굉필이 희천에 유배되었다는 소문을 들은 조광조의 아버지 조원강趙元綱은 김굉필에게 아들을 부탁한다는 서신을 보내왔다. 청천강변에 소재한 산중 고을 희천은 김굉필과 조광조의 운명적인 만남의 공간이 되었고, 영남 사림의 학문은 그렇게 기호 사림에 전수되었다.

그로부터 6년 후인 1504년, 무오사화보다 더 많은 희생자를 낳은 갑자사화의 여파로 김굉필은 새 유배지 순천에서 사약을 받고 생을 마감했다. 세월이 흘러 선조 즉위 후 사림파에 대한 재평가 작업이 이루어지면서 김굉필을 신원하는 조치도 내려졌다. 경상도 현풍에 도동서원을 건립한 것이 대표적이다. 김굉필은 서울에서 태어났으나, 증조부가 현풍 곽씨 집안에 장가든 연유로 현풍에서 성장했기 때문이다.

도동서원은 1568년(선조 1)에 경상도 달성의 현풍 비슬산 아래에 세운 서원으로, 처음 쌍계서원雙溪書院이라 했다. 1605년(선조 38)에 학이 앉은 명당이라 하여 현재의 달성 구지면으로 옮겼고, 1607년(선조 40)에 도동道東이라는 편액을 하사받고 도동서원이 되었다. 도동서원의 건립을 주도한 인물은 이황과 정구鄭逑로서, 서원의 이름에는 '성리학의 도가 동쪽으로 왔다'는 자부심이 담겨 있다. 1678년(숙종 4)에는 정구를 추가로 배향했다.

도동서원은 동북향인 경사진 언덕에 서원 터를 마련하여 앞으로는 강이 흐르고 강과 언덕 사이에 넓은 마당이 있는 것이 특징이다. 서원의 정문인 수월루水月樓는 1855년(철종 6)에 새로 세워졌다. 계단의 디딤돌을 7단으로 쌓을 만큼 높은 기단 위에 세워진 강당인 중정당中正堂은 정면 5칸, 측면 2칸의 맞배지붕 양식이다. 중정당은 서원을 감싸는 담장과 더불어 보물 제350호로 지정되어 있다. 중정당 좌우에는 기숙사인 동재東齋와 서재西齋가 있다. 도동서원은 흥선대원군 집권 시기 대대적인 서원 철폐령에도 훼철되지 않고 그 원형을 보존하고 있다.

남계서원灆溪書院은 함양 출신의 성리학자 일두一蠹 정여창을 배향한 서원이다. 정여창의 호 일두는 '한 마리 좀벌레'란 뜻으로, 송나라 학자 정이천程伊川이 자신을 낮추어 '천지간의 한 좀벌레'에서 따온 것

사화의 희생자 김굉필을 배향한 도동서원 현판

이다. 정여창은 영남 사림의 학통을 계승하여, 함양 지역을 중심으로 후학들을 양성했다. 1498년 무오사화로 함경도 종성에 유배되었다가 1504년 갑자사화로 희생되었다.

《연려실기술》에 "포은圃隱(정몽주) 이후 우리나라 성리학은 실로 김 굉필로부터 주창되었는데, 뜻을 같이한 이가 곧 공(정여창)이다. 김굉 필은 이理에 밝고 공은 수數에 밝았는데, 불행한 때를 만나 비명에 죽 었으니 애석하도다. 푸르른 하늘이라 어떻다 말하랴"[66]라고 한 것이 나, "공은 친구들과 사귀어 노는 것을 그리 좋아하지 않았으나, 오직 김굉필과는 지기知己로 삼아 늘 도학을 논의하고 글을 강론하며 서로 떠나지 않았다"[67]라고 한 것에서 정여창이 김굉필과 각별한 관계를 유지했음을 알 수 있다.

정여창은 성종 때 관직에 진출하여 왕세자 연산군의 스승인 설서 직에 있으면서 충고를 거듭하여 연산군의 미움을 샀다. 이후 정여창 은 지방으로 나갈 것을 스스로 청하여 경상도 안음현감으로 나갔다. 이때 광풍루光風樓와 제월당霽月堂을 세웠다.

무오사화로 귀양길에 오를 때는 "'환난은 성인도 면할 수 없는 일이 다' 하며 조금도 마음이 동요되지 않았고, 함경도 종성에서 7년간 유배 생활을 하는 동안에도 태연히 자신의 소임을 다했다"[68]고 한다. 특히 화로를 돌보는 소임을 맡았을 때는 대학자라는 자존심을 벗어던지고 공관에 불 피우는 심부름을 공손하게 잘했다는 일화가 전해온다.

정여창 사후 연고지에는 그의 위패를 모신 서원들이 세워졌다. 고향 인 경상도 함양에 위치한 남계서원은 경상도 영주의 소수서원에 이어 두 번째로 세워진 유서 깊은 서원이다. 1552년(명종 7) 함양의 유림들 이 주도하여 남계서원을 세웠으며, 1566년(명종 21)에는 사액서원으로 승격되었다. 남계서원은 임진왜란과 정유재란 당시 함양 지역 의병 활 동의 중심지였다. 1595년(선조 28) 왜군에 의해 전소됐으나 1603년(선조 36) 바로 재건되었다.

이외에 경상도 함양 안의에 용문서원龍門書院, 전라도 나주에 경현 서원景賢書院, 경상도 합천 야로에 이연서원伊淵書院, 경상도 상주에 도남서원道南書院 등 정여창의 연고지마다 서원이 세워져 그의 학덕을 기렸다. 한편 소설 토지의 무대로 잘 알려진 경상도 하동의 평사리 초 입에 위치한 악양정岳陽亭은 정여창이 제자들을 가르치던 곳이다.

이후 1610년(광해군 2)에 정여창과 김굉필은 성균관 문묘文廟에 종사되었다. 공자를 모신 사당인 문묘에 함께 향사된다는 것은 조선시대 학자에게는 최고의 영광이었다. 당시 오현五賢으로 문묘에 종사된 인물은 김굉필, 정여창, 조광조, 이언적, 이황이었다.

하동 정씨 집성촌인 경상도 함양군 개평마을에는 정여창의 고택이 남아 있다. 지형이 댓잎 4개가 붙어 있는 개介 자 형상이라 개평이라는 이름이 생겼다고 한다. 마을에는 돌담길의 담장이 길게 늘어서 있고, 개울을 따라 전통 한옥들이 서로 기대어 다정하게 자리 잡고 있다. 이곳에서 가장 중심이 되는 높은 자리에 정여창 고택, 즉 일두고택一蠹古宅이 자리 잡고 있다.

고택을 구성하는 대부분의 건물은 조선 후기에 중수한 것이다. 고택의 솟을대문에는 정려 편액이 5개나 걸려 있다. 사랑채에는 문헌세가文獻世家, 충효절의忠孝節義, 백세청풍百世淸風 등을 써 붙인 현판 글씨가 눈에 들어온다. 정여창이 실천했던 성리학의 의리와 충절 정신을 계승하여 집안에서 다수의 효자와 학자를 배출한 마을의 자부심이 드러나 있다.

1506년 중종中宗(1488~1544, 재위 1506~1544)이 반정으로 왕위에 올랐다. 그러나 중종은 즉위 초반 제 목소리를 내지 못했다. 반정 과정에 어떤 기여도 없이 신하들에게 업혀 와 왕이 되었기 때문이다. 그리하여 중종 집권 초기에는 반정공신 3인방(박원종, 성희안, 유순정)의 위세가 컸다. 그러나 공신 3인방의 사망 후 차츰 힘을 키운 중종은 공신 정치를 타파하고 사림 정치를 열어 자신만의 치세를 만들고자 했다.

바로 그 시점에 중종을 사로잡은 인물이 조광조였다. 바른 몸가짐과 흔들림 없는 이론, 불같은 열정으로 정치 개혁을 주장하는 신진 사림 조광조는 당시 중종의 의중에 정확히 부합하는 인물이었다. 이후 조광조는 '왕의 남자'가 되어 성리학의 이상 정치를 실천하는 정치 개혁을 적극 추진했다. 그러나 중종과 조광조의 동지적 관계는 그리 오래 가지 않았다. 1519년(중종 14) 일어난 기묘사화己卯士禍로 유배된 조광조는 곧 사약을 받고 생을 마감했다. 그러나 그후에도 조광조의 유산은 끊어지지 않고 이후 역사에 적지 않은 영향을 미쳤다.

한편 중종 대에 개성을 중심으로 활동한 학자 서경덕徐敬德은 구왕조의 수도이자 다양한 사상에 개방적이었던 개성 지역 특유의 학문적 전통에 기반하여 자신만의 학문 체계를 완성했다. 서경덕은 서얼, 상인, 기생 할 것 없이 다양한 신분의 제자를 받아들여 화담학파를 형성했으며, 이로써 16세기 성리학 정착에 중요한 역할을 했다.

21

조광조를 계승하는
사림 정치의 공간들

조광조가 기묘사화로 사망하고 복권된 후 그를 기리는 서원이 전국 곳곳에 설립되었다. 서울의 도봉서원道峰書院, 용인의 심곡서원深谷書院, 화순의 죽수서원竹樹書院 등이 모두 조광조를 배향한 서원이다. 조광조의 정신을 계승하려는 사림과 후학들의 활동도 활발했다. 영남 사림의 중심인물인 이황과 조식 등이 지역사회에서 조광조의 정신을 실천하고자 애썼고, 호남 사림 양산보梁山甫 또한 스승 조광조의 정신을 담아 소쇄원을 세웠다.

선조 즉위 후 사림 정치가 본격적으로 실시되면서 조광조에 대한 복권이 추진되었다. 1568년(선조 1) 조광조는 영의정으로 추증되고 이듬해 문정文正이라는 시호를 받았다. 이어서 1570년(선조 3) 능주(전남 화순)에 죽수서원이 설립되고 같은 해 사액이 내려졌다.《대동야승大東野乘》에 수록된 〈기묘록보유己卯錄補遺〉 기록에 따르면 능성현 사람들이 이곳에서 사약을 받고 죽은 조광조를 추모하여 죽수서원을 짓고 사액까지 받았다고 전한다.

실제로 죽수서원은 1613년(광해군 5) 중수되었고, 이후 1630년(인조 8) 김장생金長生 등 유림이 뜻을 모아 이곳에 양팽손梁彭孫을 추가로 배향했다. 조광조와 함께 생원시에 합격한 인연이 있는 양팽손은 기묘사화 때 조광조의 처벌을 반대하는 상소문의 소두疏頭(상소의 대표)

였던 죄로 파직당했다. 그후 고향인 능주로 돌아온 양팽손은 조광조가 능주에 유배된 지 한 달여 만에 사약을 받고 죽자 몰래 시신을 거두어 화순 쌍봉사雙峰寺 골짜기에 장사를 지냈다고 한다. 양팽손이 죽수서원에 배향된 것은 그때문이다.

죽수서원은 흥선대원군의 서원 철폐령(1868년)으로 철폐된 후에도 단壇을 마련하여 제향을 이어오다가 1971년 제주 양씨 후손들에 의해 화순군 도곡면 월곡리에 복원되었다. 그후 1983년 한양 조씨 후손들이 본래 위치인 화순군 한천면 모산리에 이전 및 복원을 추진하여 현재의 모습을 갖추었다고 한다.

1519년 양팽손이 수습한 조광조의 시신은 이듬해 봄 조광조의 선산이 있는 경기도 용인 심곡리로 옮겨졌다. 소 수레로 관을 운반하여 심곡리에 다시 장사지낸 것이다. 그런 연유로 용인에서는 일찍부터 조광조를 배향하는 서원을 세우기 위한 논의가 있었으나 재력이 넉넉하지 못하여 뜻을 이루지 못했다. 처음에는 심곡리 근처 모현면에 위치한 충렬서원忠烈書院에 입향했다. 정몽주를 배향한 서원이었다.

그러다가 1605년(선조 38) 조광조 묘소 아래 따로 서원을 세웠다. 그후 1631년(인조 9)에 용인 진사 유문서柳文瑞 등이 조광조를 배향한 서원에 사액을 청했고, 1649년(효종 즉위년) 용인 유생 심수경沈壽卿 등이 다시 상소하여 마침내 심곡深谷이라는 편액을 하사받게 되었다. 이곳 심곡서원에서도 후에 양팽손을 추가로 배향하였다. 심곡서원은 흥선대원군의 서원철폐령 당시 훼철되지 않고 존속한 47개 서원의 하나로서 해마다 2월과 8월 중정일中丁日에 향사를 지낸다.

도봉서원은 서울 도봉산 아래에 위치한 서원으로, 조광조와 송시열을 함께 배향한 서원이다. 이곳에서 조광조를 배향한 계기는 조광조가 어릴 때부터 도봉산 영국동寧國洞에 있는 천석泉石을 좋아하여 왕래하며 즐긴 연고가 있기 때문이다.[69] 영국동은 본래 이곳에 있었던 영국사寧國寺에서 유래한 이름이다. 그리하여 처음에는 영국서원寧國書院이라 했으나 선조 때 사액을 받아 도봉서원이 되었다.

조광조를 기억하는 또 다른 공간으로 담양에 소재한 소쇄원이 있다. 이곳은 조광조의 제자인 양산보가 스승의 죽음에 충격받고 은거하며 지은 정원이다. 양산보는 전라도 창평(담양) 출신으로 15세 되던 1517년(중종 12)에 아버지를 따라 상경하여 조광조의 제자가 되었다. 조광조는 양산보에게 공부에 뜻이 있는 자는 마땅히 《소학》으로 공부를 시작해야 한다며 《소학》을 내주었다. 조광조가 평안도 희천에 유배 와 있던 김굉필에게 학문을 배울 때 처음 받은 책이 《소학》이었던 인연 때문이었다. 양산보는 1519년 조광조가 개혁 정치의 일환으로 적극 추진했던 현량과에 응시할 정도로 조광조를 흠모했다. 나이가 어려서 합격하지는 못했지만 중종은 양산보의 재능을 아껴서 따로 종이를 하사했다고 전한다.

그러나 현량과가 실시된 지 불과 7개월여 만인 1519년 11월 15일, 기묘사화가 일어났다. 조광조는 11월 20일 능주로 유배되었다가 12월 20일 중종이 내린 사약을 받고 생을 마감했다. 스승의 죽음에 충격을 받은 양산보는 무등산 북쪽의 지석동으로 낙향했다. 그리고 이곳에 소쇄원을 짓고 관직에 나가지 않고 은둔하며 후학들의 학문 정진

조선 최고의 민간 정원 담양 소쇄원

을 위해 힘썼다.

　소쇄원은 1520년(중종 15)에 건립을 시작하여 1530년대에 본격적으로 착공되었다. 1540년대에는 원림園林의 모습을 갖추었다. '맑고 깨끗하게 한다'는 뜻의 소쇄원이라는 이름은 양산보가 지었다. 혼탁한 정치 현실에서 벗어나 맑고 깨끗한 마음으로 학문에 정진하고자 했던 뜻을 담은 것이다. 그런 양산보의 노력으로 자연과 인공을 매력적으로 조화시킨 이곳 소쇄원은 조선 최고의 민간 정원으로 자리 잡게 되었다.

　소쇄원은 양산보 개인에게는 은둔처였지만 당대 호남 사림들이 모여서 학문과 풍류를 즐기는 곳이기도 했다. 이곳에 송순宋純, 김인후金麟厚, 정철鄭澈, 고경명高敬命 등 호남을 대표하는 사림들이 모여들어 시문을 주고받으며 학문과 풍류를 즐겼다. 이들은 기본적으로 조광조의 학문과 사상을 계승하는 위치에 있었다. 이들 가운데 송순은 면앙정俛仰亭을 세운 경험을 바탕으로 소쇄원 조성에 도움을 주었고 증축 때는 재정적 지원을 아끼지 않았다.

　김인후는 소쇄원 완공을 기념하여 〈소쇄원사십팔영瀟灑園四十八詠〉을 남겼으며, 정철은 〈소쇄원제초정瀟灑園題草亭〉을 남겼다. 조선 후기를 대표하는 정치가이자 사상가인 송시열도 소쇄원에 들러 제월당霽月堂 현판과 담장에 흔적을 남겼다. 이처럼 소쇄원은 조선을 대표하는 민간 정원이자 조광조의 학문과 사상을 계승한 공간이라는 점에서 그 역사적 가치가 크다.

22

전 왕조의 수도
개성과 서경덕

황진이黃眞伊, 전우치田禹治, 한호韓濩(한석봉韓錫琫), 서경덕의 공통점은 무엇일까? 그것은 이들 모두 수많은 야사의 주인공이며 개성 출신이라는 점이다. 개성 출신 인물이 유독 야사의 주인공으로 널리 전해진 데에는 개성의 지역적 특수성이 미친 영향이 적지 않다. 475년간 존속한 고려왕조의 수도였던 개성은 조선 건국 후 한양이 수도가 되면서 그 위상이 급격히 추락했다. 그러나 중종 대에 서경덕과 같은 대학자가 출현하면서 개성은 그 자존심을 지켰고, 황진이와 전우치도 개성을 다시 기억하게 하는 데 일조했다.

개성은 전 왕조의 수도였던 탓에 조선시대 이후 여러 정치 탄압을 받았지만 학문 전통과 기반은 그대로 유지되었다. 그리고 그 학문 전통이 개방적인 지역 정서와 맞물리면서 성리학뿐 아니라 도가 사상 등 다양한 사상이 유행했다. 개성은 구 왕조의 수도로 학문과 문화의 진수를 계승했고, 한양과 근접한 지역으로 일찍부터 교통과 상업이 발달하고 중국 사신의 왕래가 빈번한 덕에 정보 교환이 용이하여 학문 발달의 잠재력을 지니고 있었다. 또 개성은 경기 북부 지역인 고양, 장단 등과 마찬가지로 육로뿐 아니라 임진강, 한강 등 수로로도 이어져 있어 한양과 하나의 학문 교유권을 형성하는 지역이었다.

이러한 학문적 기반 위에서 서경덕이 탄생했다. 조선 중기의 학자

이덕형李德泂이 개성의 인물과 문화에 대해 쓴 《송도기이松都記異》에는 "화담花潭 선생은 성은 서씨요, 이름은 경덕, 자는 가구可久다. 송도 사람으로 여러 대 가문이 한미하고 집이 본래 가난했다. … 선생은 태어날 때부터 영리해서 보통 아이와는 크게 달랐다. 점점 자라자 스스로 글 읽는 것을 알아 눈 가는 대로 문득 외었으며, 넓게 책을 보고 많이 기억했다"라고 기록돼 있다.

조선 후기의 학자 이중환李重煥은 《택리지擇里志》에서 "서경덕은 송도 사람으로 사마시에 합격했다. 일찍이 오관산五冠山 화담에 띠집을 짓고 궁벽하고 검소하게 살면서 학문의 연원을 탐구하여 그 조예가 매우 깊으니 진실로 유학자의 높은 발자취며, 번성한 시대에 숨어 있는 사람이었다. 전날 중종 때에 관직을 주어 불렀으나 나오지 않았다가 금상(명종) 때에 이르러 죽었다"라고 기록했다.

서경덕은 16세기 성리학 정착에 큰 역할을 한 학자로서, 후배 학자인 이이의 사상에도 많은 영향을 주었다. 율곡栗谷의 선대는 고려시대에 황해도 풍덕에 자리 잡아 대를 이어 살았는데, 이이가 학문의 중심지로 삼았던 임진강변의 화석정花石亭이 화담과 지근거리에 있다. 화석정은 북쪽으로 장단을 바라보며 깎아지른 듯한 봉우리에 올라서 있는데, 임진강을 건너기만 하면 서경덕이 거주했던 화담으로 갈 수 있다. 지역적 근접성은 이이가 서경덕의 학문을 접하는 데 주요한 기반이 되었다. 서경덕은 소옹邵雍, 장재張載 등 북송시대 성리학자들의 영향을 많이 받았으며, 이理보다는 기氣를 중시하여 주기론主氣論의 선구자도 꼽힌다.

한편 이 시기 개성 지역에서 도술로 이름을 떨쳤던 인물로 전우치가 있었다. 《송도지松都誌》에 의하면 전우치는 집이 개성의 영전影殿 옆에 있었다고 하며, 《어우야담於于野談》에도 송도 출신이라고 기록되어 있다. 전우치와 서경덕이 도술로 실력을 겨루었다는 일화도 전해지는데, 이것은 서경덕이 도가 사상을 적극 수용했음을 입증한다. 《해동이적海東異蹟》이나 《해동전도록海東傳道錄》과 같이 도가의 계보를 정리한 책에도 서경덕은 꼭 등장한다. 그의 문하에서 박지화朴枝華, 이지함李之菡 등 도가 사상에 일가견을 보이는 제자들이 배출된 것에는 스승의 영향이 있었다.

서경덕은 제자를 받아들이는 데 있어서 신분을 따지지 않았다. 서기徐起와 같은 서얼 출신이나 황원손黃元孫과 같은 상인도 그의 문인이 되었다. 기생 신분의 황진이와 서경덕의 사랑이 인구에 널리 회자된 것에도 신분보다는 능력을 존중한 서경덕의 처신에서 비롯된 것으로 보인다.

이덕형의 《송도기이》에는 황진이를 진랑眞娘으로 표현하고 있는데, "진랑이 비록 창류娼流로 있기는 했지만 성품이 고결하여 번화하고 화려한 것을 일삼지 않았다. 그리하여 비록 관부官府의 주석酒席이라도 다만 빗질과 세수만 하고 나갈 뿐 옷도 바꾸어 입지 않았다. 또 방탕한 것을 좋아하지 않아서 시정市井의 천예賤隷는 비록 천금을 준다 해도 돌아보지 않았으며, 선비들과 함께 놀기를 즐기고 자못 문자를 해득하여 당시唐詩 보기를 좋아했다. 일찍이 화담 선생을 사모하여 매양 그 문하에 나가 뵈니, 선생도 역시 거절하지 않고 함께 담소했으

124

니, 어찌 절대의 명기가 아니랴?"라고 기록하고 있다.

《홍길동전》의 저자 허균許筠도 아버지 허엽許曄이 서경덕의 수제자였던 만큼 화담학파로 분류되는 인물이다. 허균은 "송도는 산수가 웅장하고 꾸불꾸불 돌아서 인재가 무리를 지어 나왔다. 화담의 학문은 조선에서 첫째이고, 석봉의 필법은 내외에 이름을 떨쳤으며, 근일에는 차씨의 부자 형제가 또한 문장으로 명망이 있다. 황진이 또한 여자 중에 빼어났다"[70]고 하여 개성에 대한 애정을 표현했다.

개성은 시간이 갈수록 독특한 지역적 특성을 띠기 시작했다. 특히 상업도시로서의 성격이 짙어졌는데, 이는 조선 건국 후 지역적 차별로 인해 문과로의 관직 진출이 어려워진 탓이었다. 실제로 개성에서는 문과보다는 무과를 통해 관직을 얻는 사람이 많았고, 능력 있는 사람들이 학문을 하는 대신 상업에 진출했다.

실제로 《송도기이》의 앞부분에는 "세대가 멀어져서 고려조의 남은 풍속이 변하고 바뀌어 거의 없어졌는데 오직 장사하고 이익을 추구하는 습관은 전에 비하여 더욱 성해졌다. 그 때문에 백성들의 넉넉한 것과 물자의 풍부한 것이 가위 우리나라에서 제일이라 하겠다"라고 기록하여, 고려시대와 많이 달라진 개성의 모습, 특히 장사하고 이익을 추구하는 개성의 상업적 분위기를 소개하고 있다.

그런데 개성 지역의 상업 발달이 이 지역 인물을 널리 알리는 데 주요한 역할을 했음이 주목이 된다. 대개 유명 인물에 대해서는 그 지역을 중심으로 출생을 비롯한 어린 시절의 행적, 일화 등이 전해온다. 그런데 개성 출신 인물의 일화는 전국적으로 전파되었다는 점에서 차이가 있다. 개성 지역의 상업적 분위기는 수많은 행상을 낳았고, 거주지로부터 이동이 자유롭지 못했던 다른 지역 사람들과는 달리 전국을 돌아다닌 개성 상인들이 자기 지역의 자랑인 서경덕이나 황진이, 전우치, 한석봉의 이야기들을 곳곳에 전파시킨 것이다. 이처럼 개성을 대표하는 학자 서경덕의 유명세에는 개성이라는 지역적 기반과 개성상인의 활약이 큰 몫을 했다.

인종仁宗(1515~1545, 재위 1544~1545)은 조선 왕 가운데 재위 기간이 가장 짧은 왕이다. 1544년 11월에 즉위해 재위 9개월 만인 1545년(인종 1) 7월에 승하했기 때문이다. 그런 탓에 왕으로서 인종과 관련된 역사적 공간은 그리 많지 않다.

대신 인종은 1524년(중종 19) 세자로 책봉되어 왕위에 오르는 1544년까지 20년간 긴 세자 생활을 했다. 인종의 세자 시절은 순탄하지 않았다. 인종은 중종과 장경왕후章敬王后 윤씨 사이에서 태어난 적장자로서 정통성을 가진 후계자였으나 어머니 장경왕후가 산후병으로 일찍 세상을 떠난 탓에 정치 기반이 단단하지 않았다.

위태로웠던 세자 시절 가장 소중한 인연은 스승 김인후金麟厚를 만난 것이었다. 김인후는 16세기 호남 사림을 대표하는 인물로, 두 사람의 인연은 전라도 장성군에 위치한 필암서원筆巖書院에 잘 구현되어 있다.

23
김인후와 필암서원, 그리고 인종

16세기는 조선 사회에 새로운 활기를 불어넣은 신진 세력 사림파가 정계에 본격적으로 등장한 시기다. 비록 훈구파와의 정치 대결에서 패배하면서 수차례 사화士禍를 당하기도 했지만, 사림파의 성장은 역사적인 대세였다. 사림파는 대개 영남을 중심으로 형성되었지만 호남에도 주목받는 학자들이 있었다. 그중 김인후는 '영남에 이황이 있다면 호남에는 김인후가 있다'고 할 만큼 높이 평가받는 학자였다.

1510년(중종 5) 전라도 장성에서 태어난 하서河西 김인후는 "5, 6세 때 문자를 이해하여 말을 하면 사람을 놀라게 했고, 장성해서는 시문을 지음에 청화하고 고묘高妙하여 당시에 비길 만한 사람이 드물었다. 사람들은 그의 용모만 바라보고도 이미 속세의 사람이 아닌 것을 알았다. 술과 시를 좋아했고, 마음이 관대하여 남들과 다투지 아니했으며 그가 뜻을 둔 바는 예의와 법도를 실천하려는 것이었다"71라고 평해지며 많은 후학들의 존경을 받았다.

김인후는 중종 후반기를 대표하는 사림 학자 김안국金安國, 최산두崔山斗 등에게 사사받아 《시경詩經》을 탐독하고 성리학에 전념했다. 22세 때인 1531년(중종 26) 사마시에 합격하여 성균관에 들어가 퇴계 이황과 동문으로 우정을 나눴다. 이황은 "더불어 교유한 자는 오직 김인후 한 사람뿐"이라고 회상할 정도로 돈독한 우의를 표시했다. 김인후는 1540년(중종 35) 31세로 문과 별시에 급제하여 관직에 진출했다. 1541년에는 독서당에 들어가 사가독서를 했으며, 홍문관 저작 및 박사, 시강원 설서, 홍문관 부수찬 등을 지냈다.

1543년(중종 38) 4월, 34세의 김인후는 시강원 설서가 되어 인종을 보필했다. 당시 인종은 19세 나이로 9년째 세자 생활을 이어가고 있던 중이었다. 김인후는 한 달이면 열흘을 궁궐에 머물면서 인종의 학습을 도왔다. 인종은 시강원의 여러 스승 가운데서도 김인후를 특히 믿고 의지했다. 이는 훗날 정조가 김인후에게 내린 "효릉孝陵(인종의 무덤)에게 신하가 있는데 그가 바로 김인후라" 하는 제문에서도 확인할 수 있다.

김인후에 대한 인종의 신뢰는 인종이 김인후에게 직접 그린 〈어필묵죽도御筆墨竹圖〉를 하사한 데서도 드러난다. 〈어필묵죽도〉를 하사받은 김인후는 대나무를 인종에, 주변의 굳은 돌을 자신처럼 충성스러운 신하에 비유해 다음과 같은 답례의 시를 지어 올렸다. "뿌리 가지 마디 잎새 모두 정미롭고 / 굳은 돌은 벗인 양 주위에 둘러 있네. / 성스러운 님 조화를 짝하시니 / 천지랑 함께 뭉쳐 어김이 없으시다."

그러나 인종과 김인후의 인연은 그리 오래 가지 못했다. 1543년 12월, 김인후가 부모의 봉양을 위해 옥과현감을 자청하여 지방으로 내려갔기 때문이다. 이어서 인종은 1544년 11월에 즉위했다가 1545년 7월 승하하고 말았다.

기록에는 김인후가 인종이 위독하다는 소식을 듣고 직접 탕약을 만들고자 약방에 참여하고자 했으며 인종이 승하한 후 슬픔을 이기지 못해 힘들어 했다고 전한다. 실제로 김인후는 "인종께서 승하하신 그날을 당해 밤새 슬퍼하여 마치 의지할 데라곤 없는 듯"이 했고, 인종의 기일에는 "집의 남쪽 산중에 들어가 술 한 잔 마시고 한 번씩 통곡하여, 온 밤을 새우고 돌아왔다"고 한다.[72]

인종은 왕으로 있던 시절 성리학을 숭상하고 기묘사화로 희생된 사림파의 명예를 회복하는 데 힘을 기울였다. 이는 인종이 김인후를 통해 사림파 학자들에 대해 긍정적인 인식을 갖게 되었기 때문이다. 1543년 6월, 김인후가 기묘사화로 희생된 사림의 신원을 요청하는 차자箚子를 올린 것을 고려하면 김인후와 인종의 생각이 일치했음을 알 수 있다. 조광조, 김정金淨, 기준奇遵 등의 복직이 이루어진 것은 그 결실이었다.

인종이 승하한 후 김인후는 병을 핑계하여 사직하고 명종의 출사 요청에 응하지 않았다. 김인후는 남은 평생 학문 연구에 전념하면서 호남 지역에 성리학을 정착시키는 데 큰 역할을 했다.

1548년(명종 3) 김인후는 처향妻鄕인 순창 점암촌에 훈몽재訓蒙齋라는 초당을 짓고 제자들을 양성하다가 1549년(명종 4)에 연이은 양친의 상으로 고향 장성으로 돌아와 여묘살이 하며 예를 실천했다. 짧은 관직 생활 후 생애 대부분을 순창과 장성을 중심으로 후학을 양성하면서 보낸 것이다. 그 덕에 호남 지역에서 그의 학문을 계승한 학자들이 다수 배출되었다. 정철, 기대승奇大升, 김천일金千鎰 등이 그들이다.

호남 지방에서 유림의 고장을 꼽을 때는 광나장창光羅長昌이라 하여 광주, 나주, 창평과 더불어 장성을 빼놓지 않았다. 경상도에서는 안동의 문장을 꼽듯 전라도에서는 그중에서도 장성의 문장을 으뜸으로 쳤다. 필암서원筆巖書院은 그 장성에 자리를 잡은 호남의 대표 서원으로, 장성에 필암서원이 세워진 이유는 말년의 김인후가 이곳에서 후학을 양성했기 때문이다.

필암서원은 1590년(선조 23) 변성온卞成溫이 스승 김인후가 제자들을 가르쳤던 현재의 전라남도 장성군 장성읍 기산리에 서원을 세우고

인종의 스승 김인후를 배향한 필암서원

스승의 위패를 모시면서 시작됐다. 1597년(선조 30) 정유재란 때 왜군의 방화로 서원 건물이 불타자 제자들이 서원의 복설을 추진하여 스승이 태어난 황룡면 증산동에 새로 건물을 지었다. 이어서 1659년(효종 10)에는 나라에 사액을 요청하여 필암이라는 액호를 받았다.

필암서원에는 김인후의 사위로서 그의 학맥을 이은 양자징梁子徵도 함께 배향됐다. 1672년(현종 13)에는 수해 우려로 서원을 현재의 위치인 필암리로 옮겼다.[73] 필암서원은 흥선대원군의 서원 철폐령에도 훼철되지 않고 오늘에 이르렀으며, 이러한 가치를 인정받아 2009년 유네스코 세계유산으로 지정된 한국의 서원 9곳에 포함되었다.

필암서원은 조선시대 서원의 기본 구조를 모두 갖춘 전형적인 서원이다. 평지에 세워진 서원은 남북으로 이어진 중심선상에 주요 건물을 배치했다. 건물 규모는 총 16동이며 중심축인 누각, 강당, 사당을 중심으로 주변에 재실齋室, 경장각敬藏閣, 전사청典祀廳, 장서각藏書閣, 장판각藏板閣 등이 자리 잡고 있다.

서재 옆으로 정조의 어필 현판이 달린 경장각이 있는데 정조는 "도학과 절의를 한 몸에 갖춘 이는 김인후 한 사람"이라며 그를 특히 높이 평가했다. 그리하여 김인후는 호남 출신으로는 유일하게 성균관 문묘에 배향되는 영광을 얻었다.

강당 뒤쪽 중앙에는 사당인 우동사佑東祠가, 서원 동쪽에는 서적을 보관하는 장서각이 있다. 그 동북쪽에 보물로 지정된 고문서 등을 보관한 장판각이 자리 잡고 있다. 이곳에는《하서집荷棲集》등 1,300여 권의 책과 보물 제587호로 지정된〈필암서원 문서 일괄〉이 있으며, 노비 60여 명의 족보를 기록한《노비보奴婢譜》와 당시 지방 교육 사정과 제도 등을 알 수 있는 각종 문서 69점이 보관되어 있다. 무엇보다 이곳에는 인종이 내린〈어필묵죽도〉가 소장되어 있어서 인종과 김인후의 각별한 관계를 확인할 수 있다.

1545년 인종의 뒤를 이어 명종明宗(1534~1567, 재위 1545~1567)이 12세 어린 나이로 왕위에 올랐다. 왕이 20세가 되기 전에는 대비가 수렴청정하는 관례에 따라 명종의 어머니 문정왕후文定王后가 정치를 대신하게 됐다.

문정왕후가 정치에 적극 개입하는 과정에서 외척 정치의 문제점들이 제기되었고, 이에 영남 사림의 구심점 역할을 하던 남명南冥 조식이 상소문을 통해 그 폐단을 격렬하게 지적했다.

문정왕후가 권력을 잡은 시절에는 불교 중흥 정책이 본격화되었다. 현재 서울 강남의 중심지에 자리를 잡은 봉은사奉恩寺와 경기도 양주의 회암사檜巖寺는 문정왕후가 불교 중흥을 꾀했던 공간이었다.

24
서릿발 참선비
조식의 가르침을 담은 곳

명종 대는 사화와 외척 정치의 횡행, 이어진 흉년 등으로 정국이 혼란한 시기였다. 사림은 지방의 학문적·사회적 기반을 바탕으로 중앙 정계 진출을 모색했으나 훈구파의 반격, 즉 사화로 말미암아 150년 가까이 좌절을 맛봐야 했다. 명종이 즉위한 1545년(명종 즉위년) 문정왕후의 동생 윤원형尹元衡 일파가 인종의 외숙인 윤임尹任 일파를 숙청한 을사사화가乙巳士禍 벌어진 후 사화의 끝이 보이는 듯했으나 문정왕후와 윤원형으로 이어지는 외척 정치의 횡행은 국가의 기강을 문란하게 하고, 왕실 친인척을 비롯한 권세가들의 정치 독점을 강화시켰다. 그런 상황에서 문제를 제기하고 나선 이가 바로 영남 사림의 거목 남명 조식이었다.

조식은 비판의 목소리를 있는 그대로 전달하는 것이 선비가 가야 할 길이라고 여겼다. 선비라면 국왕에게 불경한 표현이 될지언정 현실을 똑바로 지적해야 한다고 판단한 것이다. 그리하여 1555년(명종 10) 단성현감을 제수받은 후에 올린 사직 상소문에서 조식은 당시 외척 정치에서 파생되는 문제를 날선 문장으로 과감하게 지적했다.

전하의 나라 일이 이미 잘못되어서 나라의 근본이 이미 망했고 하늘의 뜻이 가버렸으며 인심도 이미 떠났습니다. 비유하면 큰 나무가 백 년 동안 벌레가 속을 먹어 진액이 이미 말라 버렸는데 회오리바람과 사나운 비가 어느 때에 닥쳐올지 까마득하게 알지 못하는 것과 같으니 이 지경에 이른 지가 오래됩니다. … 자전(문정왕후)께서는 생각이 깊으시기는 하나 깊숙한 궁중의 한 과부에 지나지 않고, 전하께서는 어리시어 다만 선왕의 외로운 후계자이실 뿐이니, 천 가지 백 가지의 천재天災와 억만 갈래의 인심을 무엇으로 감당하며 무엇으로 수습하시겠습니까? 냇물이 마르고 좁쌀 비가 내리니 그 조짐이 무엇이겠습니까?74

실질적인 권력자 문정왕후를 과부로, 왕 명종을 고아로 표현해 문정왕후의 수렴청정과 이로써 파생되는 외척 정치의 문제점을 신랄하게 비판한 것이다. 이처럼 조식은 말 한마디로 목숨을 뺏을 수 있는 절대군주 앞에서 당당하게 직언을 퍼부었다.

이 상소로 조정은 발칵 뒤집혔다. 군주에게 불경을 범했으니 조식을 처벌해야 한다는 주장도 있었다. 그러나 상당수의 대신과 사관들이 나서서 그를 변호했다. 그가 초야에 묻힌 선비여서 표현이 적절하지 못한 것이지 그 우국충정은 높이 살 만하다거나 그에게 죄를 주면 언로가 막힌다는 논리였다. 그 덕분에 파문이 가라앉고 조식은 목숨을 부지할 수 있었다.

조식은 1501년(연산군 7) 외가인 경상도 (합천군) 삼가현 토동에서 태어났다. 남명이라는 호는 《장자莊子》의 〈소요유逍遙遊〉 편 가운데 "남녘의 아득한 바다(南冥)를 향해 날아가는 대붕大鵬"이라는 대목에서 인용한 것이다. 이는 조식이 성리학 이외에 노장 사상에도 관심을 가졌음을 보여주는 지표다.

조식은 어린 시절 부친의 임지를 따라 서울의 장의동 근처에서 살며 성수침成守琛, 성운成運 등과 벗했다. 30세부터 48세까지는 처가인 김해에서 살았고, 48세부터 61세까지는 고향인 합천에서 생활했다. 만년에는 지리산 근처 산청으로 자리를 옮겼다.

조식은 평상시에도 성성자惺惺子라는 방울을 차고 다니면서 늘 깨어 있기를 강조했다. 조식은 또 늘 차고 다니던 칼에 '안으로 자신을 밝히는 것은 경이요, 밖으로 과감히 결단하는 것은 의다(內明者敬 外斷

者義]'라고 새기고 경의검敬義劍이라 이름했다. 잘못된 현실을 과감히 비판하고자 하는 의지를 다진 것이다. 임진왜란이 일어났을 때 그의 문하에서 정인홍鄭仁弘, 곽재우郭再祐, 김면金沔, 조종도趙宗道 등 수많은 의병장이 나온 것은 결코 우연이 아니었다.

김해, 합천, 진주로 이어지는 경상우도 지역은 남명 학문의 산실이었다. 지리산 천왕봉 아래 자리 잡은 산청군 덕산에서는 조식의 기개와 정신이 서린 역사의 현장들을 만날 수 있다. 조식은 지리산 천왕봉이 마주 보이는 곳에 산천재山天齋를 짓고 후학을 양성했다.

조식은 지리산의 웅혼한 기상을 닮고자 생전 10여 차례 이상 지리산을 유람했고 지리산을 노래한 시와 기행문을 다수 남겼다. 1558년(명종 13)에 쓴 기행록인《유두류록遊頭流錄》에는 지리산을 경외한 조식의 삶이 잘 표현되어 있다.

산천재는 '산 속에 있는 하늘의 형상을 본받아 군자가 강건하고 독실하게 스스로를 빛냄으로써 날로 그 덕을 새롭게 한다'는 뜻이다. 산천재에서 또 하나 눈길을 끄는 것은 툇마루 윗벽에 그려진 벽화다. 농부가 소를 모는 그림인데,《장자》〈소요유〉편에 나오는 은자 소부巢父와 허유許由의 일화를 묘사한 것이다. 소부와 허유는 요임금이 천하를 맡기고자 했지만 모두 사양하고 받지 않았다. 허유는 귀가 더럽혀졌다고 영천 강물에 귀를 씻었고 그런 허유의 모습을 본 소부는 소에게도 그 물을 마시게 할 수 없다며 돌아갔다고 한다. 처사의 삶을 지향한 조식의 모습과 닮았다.

조식은 생의 마지막을 이곳 산천재에서 맞았다. 조식의 묘소 역시

남명 조식이 만년에 후학을 양성했던 산천재

생가 주변이 아닌 산천재 맞은편으로 정해졌다. 앞으로는 덕천강이 흘러가고 뒤로는 천왕봉을 중심으로 지리산 봉우리들이 솟아있는 곳이다. 현존하는 조식의 묘비 군데군데에는 한국전쟁 때 입은 총상의 흔적들이 선명해 쓸쓸함을 자아낸다.

덕천강변에 자리 잡은 세심정洗心亭은 조식이 후진을 교육하는 틈틈이 휴식을 취하던 곳이다. '마음을 씻는 정자'라는 뜻을 담은 세심정 옆에는 조식이 남긴 시 중에 〈욕천浴川〉이라는 시가 새겨져 있다.

온 몸에 찌든 40년의 찌꺼기를
천 섬의 맑은 물로 다 씻어 없애리라.
그래도 흙먼지가 오장에 남았거든
곧바로 배를 갈라 흐르는 물에 부치리라.

시대의 모순에 맞서 날선 비판을 서슴지 않았던 선비 학자 조식의 모습을 그대로 접할 수 있는 시다.

세심정 맞은편에는 조식을 배향한 덕천서원德川書院이 있다. 조식이 죽고 4년이 지난 1576년(선조 9)에 후학들이 스승의 학문과 정신을 기리기 위해 세운 것이다. 덕천서원은 1609년(광해군 1) 사액서원이 되었으며, 후에 기축옥사己丑獄事로 희생당한 조식의 애제자 최영경崔永慶도 함께 배향되었다. 이후 흥선대원군의 서원 철폐령으로 인해 철폐되었다가 1930년대에 중건되었다.

조식은 당대는 물론 조선 후기까지 퇴계와 함께 영남학파를 대표하는 양대 산맥으로 인식되었다. 그러나 1623년(광해군 15) 인조반정으로 서인이 정권을 잡고 조식의 수제자이자 북인의 핵심인 정인홍鄭仁弘을 처형하면서 그에 대한 평가도 절하되었다.

한동안 역사에서 그 진면목이 가려져 있었던 조식은 1980년대 이후부터 다시 연구되기 시작했다. 최근 남명학연구원 등 몇몇 연구 단체들의 활동으로 그의 학문과 현실관이 당대와 현대에 미친 영향이 밝혀지고 있으며, 2015년에는 조식이 학문 활동을 했던 산청군 덕산에 선비문화연구원이 건립되어 조식의 학문과 사상이 체계적으로 계승되고 있다.

25
문정왕후와
불교 중흥 정책

1517년(중종 12) 중종의 계비가 된 문정왕후는 왕비 책봉 후 10여 년간 큰 목소리를 내지 않았다. 그녀의 처신에 변화가 온 것은 아들의 출산이었다. 문정왕후는 경원대군慶原大君(명종)을 낳은 후 이미 왕세자로 지명되었던 인종을 적극 견제했고, 1545년 마침내 명종이 왕위에 오르자 권력욕을 드러내기 시작했다.

문정왕후가 아들 명종을 대신하여 수렴청정하던 시기에 특히 두드러졌던 정책은 불교 중흥 정책이었다. 문정왕후는 승려 보우普雨를 등용하여 불교 중흥 정책을 추진하고 봉은사와 회암사를 그 중심 공간으로 삼았다.

그중 봉은사는 신라 승려 연회국사緣會國師가 794년(원성왕 10)에 견성사見性寺라는 이름으로 처음 창건한 사찰이다. 각종 자료를 통해 견성사는 신라 진지왕眞智王의 추복을 위해 처음 건립되었고, 혜공왕惠恭王 대에 본격적으로 사찰 조성을 시작하여 원성왕元聖王 대에 완성되었음이 확인된다.

조선시대 사료에 봉은사가 다시 등장하는 것은 세종의 다섯째 아들 광평대군廣平大君 부부와 관련이 있다. 1444년(세종 26) 광평대군은 20세의 나이로 창진瘡疹에 걸려 요절했고, 그의 무덤은 현재의 강남구 삼성동 지역에 조성되었다. 이후 광평대군의 부인이 비구니가 되어 남편의 무덤 근처에 있던 견성암이라는 암자를 대대적으로 중창했는데, 이곳이 바로 봉은사의 모태가 되었다. 숭유억불을 기조로 했던 조선에서도 왕실의 원찰 설치는 허용했던 것이다. 신덕왕후 강씨의 무덤 원찰인 흥천사興天寺나 세조 광릉光陵의 원찰인 봉선사奉先寺가 세워진 것이 대표적이다.

이후 광평대군의 무덤은 무안대군撫安大君 방번(태조 이성계의 일곱 번째 아들)의 무덤이 있는 대모산 자락으로 옮겨졌다. 광평대군은 생전에 세종으로부터 무안대군의 양자가 될 것을 명 받았는데, 이를 사후에 실천한 것이다. 현재 강남구 수서동 대모산 자락에 있는 광평대군 묘역에 무안대군 부부와 광평대군 부부, 영순군永順君(광평대군의 아들) 부부의 묘를 비롯한 후손들의 묘가 조성되어 있는 것은 이러한 인연 때문이다.

광평대군의 묘역을 옮긴 이후에도 견성암은 그 자리에 남았고, 어느 시점에 견성사가 되었다. 이후 성종의 계비인 정현왕후貞顯王后가 견성사를 선릉宣陵(성종의 릉)의 원찰로 삼아 힘을 실었다.

견성사에 대한 논의가 활발해지기 시작한 것은 연산군 대부터다. 1495년(연산군 1) 12월 홍문관 부제학 박처륜朴處綸은 "신도神道는 고요함을 주로 한다 하는데, 지금 견성사가 능 곁에 가까이 있어 중들이 불경 외는 소리와 새벽 종소리, 저녁 북소리가 능침을 소란하게 하고 있으니, 하늘에 계신 성종대왕의 영이 어찌 심한 우뇌憂惱가 없으시겠습니까"[75]라면서 견성사의 폐지 또는 이전을 주장했다. 홍문관 전한 이수공李守恭은 "견성사가 고찰이기는 하지만, 능침 안에 높다랗게 남아 있어서는 안 되며, 아침 종과 저녁 북이 원침園寢을 진동하는 것도 역시 고요함을 숭상하는 도가 아닌데, 연산군이 대비인 정현왕후의 명으로 새 절을 창건하려 하는 것은 성종의 뜻을 위배하여 불효"[76] 하는 것이라고 비판했다.

이후에도 견성사의 중창 문제로 사간원과 사헌부에서 공사 중지를 청하는 상고가 올라왔지만, 연산군은 이에 미온적으로 대처했다. 오히려 1499년(연산군 5)에는 "새로 창건한 봉은사에 전토田土가 없으니, 각도 사사寺社에서 세금을 거둔 것과 세납한 소금을 옮겨 주라"[77]고 전교하기도 했다. 그해 어느 시점에 견성사를 크게 중창하면서 봉은사로 이름을 바꾼 것이다. 연산군은 "봉은사에 봉선사奉先寺의 전례를 따라 왕패王牌를 준 것은 자순대비慈順大妃(정현왕후)의 명에 의한 것이요, 나의 본디의 뜻은 아니다"[78]라고 하면서, 봉은사의 중창과 지원에 대비인 정현왕후의 뜻이 있음을 언급했다. 신하들의 거듭된 반대에도 연산군은 대비의 뜻을 핑계로 봉은사를 중창하고 경제적으로도 적극적으로 지원한 것이다.

이후 봉은사는 문정왕후의 불교 중흥 정책과 더불어 시대를 대표하는 사찰로 거듭나게 된다. 문정왕후는 승려 보우를 봉은사의 주지로 삼으면서 이러한 의지를 본격화해 나갔다. 승과僧科의 부활, 선교禪敎 양종 복설 및 양종 도회소都會所의 재설치 등이 대표적인 정책이었다. 봉은사는 선종 도회소로 지정되어 전국의 선종 사찰을 통솔하는 역할을 담당했다. 승려를 선발하는 시험인 승과가 시행된 곳도 봉은사였다.

1550년(명종 5) 12월 5일의 《명종실록明宗實錄》에는 문정왕후가 선종과 교종의 복립을 명한 기록이 보인다. 문정왕후는 비망기에서, "조종조의 《대전大典》에 선종과 교종을 설립해놓은 것은 불교를 숭상해서가 아니라 중이 되는 길을 막고자 함이었는데, 근래에 혁파했기 때문에 폐단을 막기가 어렵게 되었다. 봉은사와 봉선사를 선종과 교종의 본산으로 삼아서 《대전》에 따라 대선취재조大禪取才條 및 승려가 될 수 있는 조건을 신명하여 거행하도록 하라"[79]고 지시했다.

한편 문정왕후의 수렴청정을 받고 있던 명종은 전교를 내려 보우를 봉은사의 주지로 삼은 것은 봉은사가 성종의 능침인 선릉을 수호하는 사찰로 그 중요성이 컸기 때문이라 하면서, 유생들이 자신에게

보우를 높인다고 하는 것은 근거 없는 말이라고 일축했다.[80]

1562년(명종 17) 원래 고양에 있던 중종의 정릉을 선릉 근처로 옮겨 오면서 봉은사의 위상은 더욱 커졌다. 이와 관련하여 "이번에 능을 옮기자는 의논은 성렬대비聖烈大妃(문정왕후)의 뜻이었으니 대개 장경왕후와 같은 경내에서 무덤을 함께 하지 않으려고 한 것이다. … 요승 보우가 은밀히 그 계획을 도와 지리를 아는 중을 시켜 봉은사 곁에 자리를 정하게 했으니, 이는 보우가 이 사찰에 주지로 있으면서 저들의 소굴을 튼튼히 하려고 한 짓이다. 그 일이 매우 전도된 것인데도 대신들은 막지 않았다"[81]는 기록에서 문정왕후와 보우가 봉은사를 매개로 정치적 밀월 관계를 형성했음을 알 수가 있다.

봉은사와 함께 문정왕후의 불교 중흥 정책을 대표하는 또 하나의 사찰로 양주 회암사를 꼽을 수 있다. 고려 말 전국 사찰의 총본산이었던 회암사는 조선 초기까지만 해도 전국에서 규모가 가장 큰 절이었다. 당시 이 절의 승려 수만 3,000명에 이르렀다고 한다.

조선 태조가 왕위를 물려주고 수도 생활을 한 곳도 이곳 회암사이며, 효령대군도 이곳에 머물렀던 적이 있다. 또 지난 1997년 회암사터를 발굴하는 과정에서 왕궁에서나 볼 수 있는 많은 유물들이 쏟아져나와 태조가 이곳을 궁궐처럼 조성했다는 기록을 증명한 바 있다. 실제로 태조는 회암사를 자주 찾았을 뿐만 아니라 수시로 이곳에 하사품을 내렸다고 한다.

회암사가 다시 주목받게 된 것은 역시 문정왕후의 불교 중흥 정책 때문이었다. 문정왕후는 1565년(명종 20) 즉위 20주년을 맞은 명종의 건강과 세자의 탄생을 기원하며 회암사에 〈약사삼존도藥師三尊圖〉를 기증했으며, 회암사 중수라는 경사를 맞아 금니화金泥畵와 채색화 50점을 포함한 400여 점의 불화를 공양하기도 했다. 또 보우의 요청으로 회암사에서 무차대회無遮大會(승속·남녀·노소·귀천의 차별 없이 일반 대중을 대상으로 한 잔치)를 베풀고 물품을 골고루 나누어주는 법회의 재齋를 올렸다.

"승려들이 사방에서 모여들어 몇 천 명이나 되는지 모를 정도였으며, 조각 장식의 물건을 극도로 화려·사치하게 하여 옛날에도 보지 못하던 정도였다. 또 붉은 비단으로 깃발을 만들고 황금으로 연輦을 꾸미고 앞뒤로 북을 치고 피리를 불어 대가大駕가 친히 임어하는 상황처럼 베풀었으며, 또 배위拜位를 마련하여 마치 상(임금)이 부처에게 배례하게 하는 것처럼 했으니, 그 흉패兇悖함을 형언할 수 없었다"[82]라는《명종실록》기록은 당시의 화려한 법회의 모습을 전해준다.

이 법회는 문정왕후의 죽음과도 연결된다. 문정왕후는 그해 4월 6일 창덕궁 소덕당昭德堂에서 65세를 일기로 승하했는데, 이에 대해《명종실록》은 "대왕대비의 병환이 오랫동안 낫지 않았다. 중외中外 사람들이 모두 '대왕대비가 요승 보우의 말로 인하여 회암사의 무차회를 베풀고 여러 날 계속하여 재계하고 소식蔬食을 들며 목욕하다가 그대로 바람에 상한 바가 되어 마침내 구제하기 어려운 지경에 이르게 되었다' 했으니, 대개 평일에 이교異敎를 깊이 믿어 숭봉하여 마지않았기 때문이다"[83]라고 기록하고 있다.

조선의 제14대 왕 선조宣祖(1552~1608, 재위 1567~1608)에 대해서는 긍정적인 평가와 부정적인 평가가 교차한다. 즉위 후 사림파를 본격적으로 등용하여 사림 정치 시대를 열어 이이, 유성룡, 이산해李山海, 정철, 이항복李恒福, 이덕형, 이원익李元翼 등의 인재를 배출한 공적이 있으나 임진왜란 때 백성을 버리고 의주까지 피란했다는 비난 역시 피할 수 없다.

선조 대에는 임진왜란이라는 최대의 국난이 있었고, 이순신李舜臣이라는 역사상 최고의 장군이 활약했다. 이순신의 승전을 대표하는 전투인 한산대첩과 명량대첩, 그리고 이순신 장군이 백의종군白衣從軍의 길을 걸었던 현장들은 지금도 직접 찾아볼 수 있다.

한편 명재상 유성룡을 발탁한 이도 선조였다. 왜란 당시 영의정으로 전시 정부를 이끌었던 유성룡은 전란이 끝나고 고향인 안동의 하회로 돌아가《징비록懲毖錄》을 집필하여 후대에 교훈을 남겼다.

26
왜란의 영웅
이순신을 기억하는 공간들

이순신은 임진왜란과 정유재란 시기에 조선 수군을 지휘하면서 불패의 신화를 이룬 장군이다. 1592년(선조 25) 7월의 한산대첩과 1597년

(선조 30) 9월의 명량대첩은 이순신의 승전 중에서도 더욱 돋보이는 전투였다. 한산대첩의 승리는 일본군의 보급선을 완전히 차단해 평양성에 고립된 일본군의 퇴진을 촉발했고, 명량대첩은 13척의 배로 그 10배가 넘는 일본 군선을 격파한 기적적인 승리였다.

1591년(선조 24) 2월, 전라좌수사로 여수에 부임한 이순신은 전란에 대비하여 각종 군기와 군사시설을 점검하고 해전에 능한 병사와 선박을 확보했다. 특히 왜란 직전에는 거북선 건조에도 힘을 기울여 4월 11일에 제작을 끝내고 거북선에서 지자포地字砲와 현자포玄字砲를 시험 발사하면서 만일에 있을 전투에 대비했다.

임진왜란 발발 후 육지에서 연전연승을 거둔 일본군은 해로를 확보하여 물자 보급에 만전을 기하려 했다. 그리하여 1592년 5월 4일, 조선 수군과 일본 수군이 옥포 앞바다에서 만났다. 판옥선 24척, 협선 15척, 포작선(어선) 46척을 이끈 이순신 함대는 5월 7일, 30여 척의 일본 함대를 발견하고 26척을 격침시켰다. 조선군 사상자는 단 1명뿐이었다. 이어서 5월 29일에서 6월 10일까지 전개된 사천해전에서는 처음으로 거북선을 활용하여 대승을 거두었고, 당항포해전에서도 연이어 승전보를 올렸다.

이순신 함대의 출동으로 바닷길을 통한 병력과 물자의 보급이 어려워지자 도요토미 히데요시豐臣秀吉는 일본 수군에 힘을 실어주었다. 이 조치로 1592년 7월 7일, 와키자카 야스하루脇坂安治의 함대 70여 척이 견내량에 도착했다. 당시 견내량 바깥 바다에 머무르며 지형을 살핀 이순신은 포구가 좁아 판옥선이 서로 부딪칠 위험이 있고, 유사시에 적이 육지로 도망칠 수 있음을 간파하고 일본 함대를 한산도 앞 바다로 유인했다.

다음 날 5척의 판옥선을 쫓아온 일본 함대는 한산도 앞바다까지 왔고, 이순신 함대는 학의 날개 모양으로 큰 원을 그리며 전투대형을 짰다. 학익진鶴翼陣 전술이었다. 적의 함대가 날개 안으로 들어오면, 양쪽 날개를 오므리면서 적을 둘러싸고 총포를 쏘았다. 명중률이 낮은 화포의 효과를 최대화하기 위한 전술이었다.

바로 그때, 칼과 송곳으로 무장한 거북선 2척이 적의 함대를 뚫고 돌진했다. 거북선이 적진 가운데서 사방으로 총포를 쏘자 일본 함대는 불길에 휩싸였다. 거북선에 부딪힌 적의 함대 또한 수없이 부서져 나갔다. 이어서 따라온 판옥선들이 적의 배를 들이받으며 공격을 펼쳤다. 이날 일본 함대는 73척 중 66척이 침몰되고 붙잡혔으나 조선 수군의 군함은 단 1척의 피해도 입지 않았다. 이 전투가 바로 한산대첩이다.

유성룡은 《징비록》에서 "일본은 본시 수륙이 합세하여 서쪽으로 공격하려 했다. 그러나 이 해전으로 인하여 한쪽 팔이 끊어져 버린 것처럼 되었다 … 조선군은 군량을 조달하고 호령을 전달할 수 있었기 때문에 국가 중흥을 이룰 수 있었다"라고 하여 한산대첩의 역사적 의의를 설명했다.

오늘날에도 한산도에는 이순신 장군 관련 유적지가 많이 남아 있다. 지휘 본부로서 "밤낮으로 그 안에 거처하면서 여러 장수들과 전쟁에 대한 일을 함께 의논했다"[84]는 운주당運籌堂 자리에는 현재 제승

한산대첩의 무대가 된 수루

당制勝堂이 세워져 있고, 적의 동태를 감시하던 수루戍樓, 바다 건너편
에 과녁을 두고 활쏘기 연습을 했던 한산정閑山亭, 이순신 사후에 영
정을 모신 사당 충무사忠武祠 등이 여전히 남아 그날의 감격을 의미
있게 전한다.

　그러나 임진왜란의 여파가 수습되기도 전인 1597년 1월, 일본이 조
선을 다시 침략하는 정유재란이 일어났다. 일본군은 임진왜란 때 조
선을 완전히 점령하지 못한 가장 큰 이유로, 해상 제해권을 잡지 못한
것을 꼽았다. 해전에서 불패의 신화를 이룬 이순신 장군이 존재하는
한 정유재란에서의 성공을 장담할 수 없었다.

　일본에서는 이순신의 지휘권을 박탈하기 위해 교란 작전을 펼쳤다.
이중간첩 요시라要時羅로 하여금 조선 측에 부산해협에 일본 군선이 출동한다는 정보를 제공하도록 했다. 선조는 이 정보를 그대로 믿고 이순신에게 출동 명령을 내렸지만, 일본의 계략을 간파한 이순신은 출동하지 않았다. 결과적으로 이순신에게 왕명을 거역했다는 비판이 이어졌고, 그해 이순신은 투옥되었다.

이순신을 참형에 처해야 한다는 분위기도 있었지만 정탁鄭琢, 유성룡, 이덕형, 이원익 등의 변호로 이순신은 4월 1일 의금부 감옥에서 풀려났다. 그날의 《난중일기亂中日記》에는 "옥문을 나왔다. … 영의정 (유성룡)이 종을 보내고, 판부사 정탁, 판서 심희수沈喜壽, 찬성 김명원 金命元 등이 사람을 보내어 안부를 무었다. 술에 취하여 땀으로 몸이 흠뻑 젖었다"라는 기록이 보인다. 다음 날 일기에는 저물녘 성안으로 들어가 유성룡과 밤을 새워 이야기하다가 나왔음이 기록되어 있어 이순신과 유성룡의 끈끈한 신뢰를 확인할 수 있다.

감옥에서 나온 직후 이순신은 백의종군의 길을 나서게 되었다. 백의종군은 계급과 권한을 내려놓고 종군한다는 뜻이다. 당시 이순신은 도원수 권율權慄이 있는 경상도 합천 초계에 가서 군사 자문을 하는 임무를 부여받았다. 4월 3일 한양을 출발한 이순신은 인덕원, 오산, 평택을 거쳐 4월 5일, 고향인 아산에 이르렀다. 4월 9일에는 "동네 사람들이 각기 술병을 들고 와서 멀리 떠나는 길을 위로하였다. 인정상 거절하지 못하고 몹시 취하도록 마시고 헤어졌다"[85]라고 기록되어 있다.

아들이 고향에 왔다는 소식을 들은 장군의 어머니는 여수에서 배를 타고 오다가 사망했다. 4월 13일, 어머니의 부음을 듣고 이순신은 "조금 있다가 종 순화順花가 배에서 와서 어머님의 부고를 전했다. 뛰쳐나가 뛰며 뒹구니 하늘의 해조차 캄캄하다. 곧 해암蟹巖(게바위)으로 들어가니 배가 벌써 와 있었다. 길에서 바라보는 가슴이 미어지는 슬픔이야 어찌 이루 다 적으랴"[86]라며 어머니를 잃은 자식의 아픔을 절절하게 기록했다. 충남 아산시에서는 이순신이 어머니의 부음을 들었던 해암 지역과 곡교천 둑길을 중심으로 장군의 백의종군길 복원 사업을 추진하고 있다.

이순신은 백의종군 기간에도 좌절하지 않고 지식을 나누고 전쟁에 대비하는 모습을 보여주었다. 그해 5월 "체찰사가 군관 이지각李知覺을 보내 안부를 묻고, 경상우도 연해안 지도를 그리고 싶으나 도리가 없으니 본 대로 그려 보내주면 고맙겠다고 하므로, 내 거절할 수가 없어 지도를 초 잡아 보냈다"[87]거나, 6월 "고개를 넘어오는데 기암절벽이 천 길이나 되고, 강물은 굽이돌며 깊고, 길은 험하고 다리는 위태롭다. 만일 이 험한 곳을 눌러 지킨다면 군사 만 명이라도 지나가지 못하겠다"[88]라고 한 기록이 대표적이다.

백의종군길을 걷는 중 이순신을 반갑게 맞이하고 잠자리를 제공해준 지방관도 있었다. 5월 28일, 하동현감 신진申蓁은 성안 별채로 이순신을 따뜻하게 맞아주면서 "원균元均이 하는 짓 가운데 미친 짓이 많다"[89]는 말로 장군을 위로했다. 6월 1일 이순신은 단성과 진주의 경계에 위치한 박호원朴好元의 종의 집에 묵으면서 "주인이 반갑게 자게는 했으나 잠자는 방이 좋지 못해 간신히 밤을 보냈다"고 기록했다. 현재 이곳은 산청군 단성면의 남사예담촌으로 장군의 백의종군길을 설명하는 표지판들이 세워져 있다.

6월 4일, 이순신은 마침내 합천에 도착했다. 이순신은 곧장 도원수 진영이 있는 초계로 향하여 6월 8일 권율을 만나 이야기를 나누었다. 《난중일기》에는 6월 19일, 이순신이 권율과 원균에 대해 나눈 이야기가 기록되어 있다. 권율이 원균에 대해 "통제사의 일은 도저히 말로 할 수가 없소. … 그럴듯하게 기대어서 싸우지 않으려는 뜻에 지나지 않소. 그래서 내가 사천으로 가서 세 수사를 독촉하여 진격하도록 할 예정이오"라고 한 부분에서 권율 또한 원균에 깊은 불신을 가지고 있었음이 확인된다.

7월 16일, 원균이 이끄는 조선 수군이 칠천량해전에서 대패하고, 원균마저 전사함으로써 삼도수군통제사의 자리는 공석이 되었다. 그리하여 이순신은 백의종군 기간인 1597년 8월 3일, 삼도수군통제사로 복귀했다. 7월 27일부터 머물던 진주 수곡면 원계마을 손경례孫景禮의 집에서였다.

8월 3일의 일기에는 "이른 아침 뜻밖에 선전관 양호梁護가 와서 임금이 내린 교서, 유지와 유서를 가져왔는데, 삼도통제사를 겸하라는 명령이었다. … 오후 8시에 하동 땅 행보역에 이르러 말을 쉬게 하였다"고 기록하고 있다. 이어서 이순신은 8월 4일 곡성, 5일 옥과를 거쳐, 7일에는 순천으로 향했다. 8월 29일에는 벽파진으로 가서 진영을 구축하였으며, 정탐병을 각지로 나누어 보냈다.

삼도수군통제사에 복귀했지만, 원균이 이끄는 조선 수군이 칠천량에서 대패하면서 12척의 판옥선만이 겨우 수습된 최악의 상황이었다. 경상우수사 배설裴楔은 9월 2일 도망을 갔다. 그러나 이순신은 이러한 악조건에 굴하지 않고 40여 일간 치밀하게 전쟁을 준비해갔다.

1597년 9월 16일, 해남과 진도를 경계 짓는 울돌목(명량鳴梁) 앞바다. 이 청량한 가을 바다에서 이순신은 13척의 배로 일본군의 진입로를 가로막고 있었다. 일본의 군선은 130여 척으로, 10대 1의 싸움이었다. 칠천량해전의 패배로 다시 삼도수군통제사에 임명된 이순신은 선조가 수군 해산을 검토하던 시점에 "신에게는 아직도 12척의 배(후에 1척이 합류)가 있습니다"는 장계를 올려 결전을 다짐했다.

승산 없는 싸움처럼 보였지만 이순신은 수적 열세를 만회하기 위해 해남과 진도 사이를 흐르는 명량 앞바다를 전장으로 삼았다. 물살이 빨라 바닷물이 울며 돌아나간다는 울돌목, 그 좁은 해협으로 왜선을 유인하여 한꺼번에 많은 배가 쳐들어올 수 없게 했다. 배들 간의 부딪침이 잦은 공간에서는 왜선보다 튼튼한 판옥선이 힘을 발휘했다. 빠른 물살에 적응하면서 노를 저었던 격군들의 노력도 승리에 큰 몫을 했다. 결과는 이순신 장군이 이끄는 조선군의 대승이었다.

《난중일기》 1597년 9월 16일의 기록에는 "적선 130여 척이 우리의 여러 배를 에워쌌다. 지휘선이 홀로 적진 속으로 들어가 포탄과 화살을 비바람같이 쏘아댔지만 여러 배들은 바라만 보고서 진군하지 않아 일을 장차 헤아릴 수 없었다. 배 위에 있는 군사들이 서로 돌아보면 얼굴빛이 질려 있었다. 나는 부드럽게 타이르면서 '적이 비록 1,000척이라도 감히 우리 배에는 곧바로 덤벼들지 못할 것이니, 조금도 동요하지 말고 힘을 다해 적을 쏘아라' 했다"고 적혀 있어 이순신이 전장의 맨 앞에서 부하들을 지휘했음을 알 수 있다.

이순신은 또 물러서려는 거제현령 안위安衛를 크게 다그쳤다. "내가 뱃전에서 직접 안위를 불러 말하기를, '네가 억지 부리다 군법에 죽고 싶으냐. 물러나 도망가면 살 것 같으냐'고 했다. 이에 안위가 황급히 적진에 들어가 교전하려 할 때 적장의 배와 다른 2척의 적선이 안위의 배에 개미처럼 달라붙기에 안위의 격군 7, 8명이 물에 뛰어들어 헤엄을 치니 거의 구하지 못할 것 같았다"라고 했다. 이순신은 배를 돌려 곧장 안위의 배가 있는 데로 들어갔다. 배 위의 군사들이 죽기를 각오한 채 필사적으로 포를 쏘아 적선 2척을 섬멸했다.

이어 이순신은 "우리를 에워쌌던 적선 30척도 부서지니 모든 적들이 저항하지 못하고 다시는 침범해오지 못했다. 그곳에 머무르려고 했으나 물이 빠져 배를 대기에 적합하지 않으므로 건너편 포로 진을 옮겼다가 달빛을 타고 다시 당사도로 옮겨가 밤을 지냈다"고 9월 16일의 일기를 마무리했다.

《징비록》에서는 "통제사 이순신이 왜병을 진도 벽파정碧波亭 아래에서 쳐부수고 그 장수 마다시馬多時를 죽였다. 이순신이 진도에 이르러 병선을 수습해서 겨우 10여 척을 얻었다. 배를 타고 피란하는 이가 수없이 많았는데 이순신이 왔다는 소문을 듣고 기뻐하지 않는 사람이 없었다. 이순신이 여러 방면에서 이들을 불러 맞자 멀고 가까운 지방에서 구름처럼 많이 모여 들어서 이들을 군대의 후방에 있도록 하여 우리 군대의 형세를 돕게 했다"고 이순신의 승전에는 많은 백성들의 협조가 있었음을 기록하고 있다.

진도와 해남 사이를 흐르는 좁은 해협 명량에는 지금도 빠른 물살이 흐른다. 420여 년 전 이순신은 백의종군 하는 힘든 상황에서도 좌절하지 않고 전쟁에 대비했다. 명량대첩의 승리로 일본군의 제해권 장악은 또다시 실패로 돌아갔고, 궁극적으로 정유재란을 승리로 끝낼 수 있었다. 백의종군이라는 최악의 시기에도 뜻을 잃지 않고 준비하고 노력하는 이순신의 의지가 불가능을 가능으로 만든 것이다.

한편 이순신이 걸었던 백의종군길은 현재의 서울, 경기도, 충청남도 아산을 거쳐 전라북도 남원·구례와 전라남도 순천, 경상남도 하동·산청·합천 등을 잇는 길이다. 최근 관련 지방자치단체에서는 장군의 자취가 남은 백의종군길을 복원하고, 이를 널리 알리는 작업을 적극 추진하고 있다. 이 백의종군길을 통해 최악의 상황에서도 좌절하지 않고 나라를 구한 장군의 체취를 직접 느껴볼 수 있다.

27
유성룡과《징비록》, 하회마을

왜란 극복의 최고 영웅 하면 대개 이순신을 꼽는다. 하지만 이순신을 전라좌수사로 추천하고, 영의정으로서 전시 정부를 이끌었던 서애西厓 유성룡의 역할도 결코 작지 않았다. 유성룡은 1598년(선조 31) 11월 관직에서 물러난 후 고향인 안동 하회마을로 돌아와《징비록》을 남겼다. 책의 제목인 징비는《시경》〈소비편小毖篇〉에 나오는 문장인 "나는 미리 징계하여 후환을 조심한다〔予其懲而毖後患〕"라는 구절에서 따온 것이다.

《징비록》에는 1592년(선조 25)부터 1598년까지 7년에 걸쳐 전개된 왜란의 원인과 경과, 전황, 상황에 대한 반성 등이 자세히 기록되어 있다. 선조 대 역사에서 가장 중요한 사건이라고 할 수 있는 임진왜란과 정유재란의 모든 것이 이 책 한 권에 모두 담긴 것이다.

유성룡은 《징비록》의 서문에서 "나와 같이 보잘 것 없는 사람이 어지러운 시기에 나라의 중책을 맡아서 위태로운 판국을 바로잡지 못하고 넘어지는 형세를 붙들어 일으키지도 못했으니 그 죄는 용서받을 수 없을 것이다. 그런데도 오히려 시골 구석에서 목숨을 부쳐 구차하게 생명을 이어가고 있으니 이것이 어찌 왕의 너그러우신 은혜가 아니겠는가?"라 하여 임진왜란 때 좌의정, 병조판서, 영의정 등의 중책을 맡았으면서도 전란을 제대로 극복하지 못한 자신에 대한 처절한 반성의 뜻에서 《징비록》을 남겼음을 밝혔다.

또 "임진왜란 전의 일을 가끔 기록한 것은 그 전란의 발단을 규명하기 위해서"라는 서문 기록에서 임진왜란의 원인과 경과를 밝히는 것 또한 중요한 저술 동기였음이 나타난다. 실제로 《징비록》에는 전쟁의 경위와 전황에 대한 충실한 묘사뿐 아니라 조선과 일본, 명나라 사이에서 급박하게 펼쳐진 외교전, 전란으로 인해 극도로 피폐해진 백성들의 생활상, 이순신과 신립申砬·원균·이원익·곽재우 등 전란 당시에 활약했던 주요 인물들의 공적과 인물평까지 담겨 있다. 임진왜란에 대한 개인 기록물 중에서는 최고의 사료적 가치를 지닌 자료라 일컬을 만하다. 이런 점을 인정받아 《징비록》은 국보 제132호로 지정되었다.

《징비록》이 처음 출간된 것은 1633년(인조 11)으로, 유성룡의 아들 유진柳袗이 아버지의 문집인《서애집西厓集》을 간행하면서 그 안에 수록했다. 이후 1647년(인조 25) 그의 외손자인 조수익趙壽益이 경상도 관찰사로 재임하던 중 16권으로 구성된《징비록》을 간행했다.

《징비록》의 가치는 일본에도 알려져 1695년(숙종 21) 일본 교토에서 간행되기도 했다. 이에 조정에서는 1712년(숙종 38)《징비록》의 일본 수출을 금했다. 임진왜란에 대한 반성의 기록이자 조선의 전쟁 대응 방안을 정리한《징비록》이 유출되면 국익에 도움되지 않을 것이라고 판단했기 때문이다.

경상북도 안동의 하회마을은 서애 유성룡의 고향이자《징비록》이 집필된 장소다. 그래서인지《징비록》하면 낙동강 물줄기가 마을을 휘감아 흐르고 오래된 고택들이 즐비한 하회마을의 풍광이 함께 떠오른다. 전통의 향취를 그대로 간직한 하회마을은 2010년 경주 양동마을과 함께 유네스코 세계유산으로 지정되기도 했다. 하회河回라는 이름은 낙동강 줄기가 마을을 S자 모양으로 감싸고 돌아 물돌이동이라고 불린 것에서 유래했다.

조선 후기를 대표하는 인문지리서《택리지》를 저술한 이중환은《복거총론卜居總論》에서, "무릇 시냇가에 살 때는 반드시 고개에서 멀리 떨어지지 않는 곳이 좋다. 그러한 다음에야 평시에나 난시亂時에나 모두 오랫동안 살기에 알맞다. 시냇가에 살만한 곳으로는 영남 예안의 도산과 안동의 하회를 첫째로 삼는다"라고 한 뒤 "하회는 하나의 평평한 언덕이 물웅덩이 남쪽에서 서북쪽으로 향하여 있는데, 서애의 옛

고택이 있다. 웅덩이 물이 휘돌아 출렁이며 마을 앞에 모여들어 깊어진다'라며 하회마을을 소개했다.

하회마을은 풍산 유씨의 동족 마을이기도 해서 유성룡과 관련된 장소가 특히 많다. 유성룡의 호 서애도 하회마을 서쪽 절벽에서 따온 말이다. 마을을 대표하는 건물인 충효당忠孝堂은 서애 유성룡의 종택으로, 그 현판은 조선 후기 전서篆書의 대가인 미수眉叟 허목許穆의 글씨다. 충효당 내에 자리를 잡고 있는 영모각永慕閣은 1966년 유성룡과 관련된 유물을 보관하기 위해 세운 전시관으로, 내부에는《징비록》을 비롯해 유성룡 종가 문적과 유물 및 필첩, 영의정 임명 교지, 도체찰사 교서 등이 보관되어 있다.

양진당養眞堂은 유성룡의 아버지 입암立巖 유중영柳仲郢과 형님인 겸암謙庵 유운룡柳雲龍의 종택으로, 사랑채 정면에 석봉 한호가 쓴 입암고택立巖古宅 현판이 걸려 있다. 양진당이라는 당호는 유운룡의 6대손 유영柳泳의 호에서 비롯된 것이다. 이외에도 하회마을을 구성하는 하동고택河東古宅, 북촌댁北村宅, 남촌댁南村宅 등은 조선시대 양반 가옥의 전형을 보여주고, 삼신당三神堂을 중심으로 방사형으로 뻗은 마을길은 흙담과 절묘한 조화를 이룬다.

마을 북쪽 강 건너편에 있는 절벽인 부용대芙蓉臺 정상에서는 S자로 휘감아 도는 낙동강 물줄기와 마을 전체 모습을 조망할 수 있다. 부용대 아래에 위치한 정자 옥연정사玉淵精舍는 유성룡이《징비록》을 구상하고 집필한 곳이다. 이곳은 본래 유성룡이 만년에 한가로이 학문하기 위해 세우려 했으나 재력이 부족해 이루지 못하던 것을 승려

유성룡이 《징비록》을 집필한 하회마을

탄홍誕弘이 그를 위해 10년간 시주를 모아 선물한 우정의 산물이라고 한다. 당시 유성룡의 덕망이 얼마나 두터웠는지를 보여주는 대목이다. 옥연이라는 이름은 정사 바로 앞에 흐르는 깊은 못의 색조가 마치 옥과 같이 맑다 하여 붙여졌다.

하회마을에서 화산을 돌아 나오면 만나게 되는 병산서원屛山書院 역시 유성룡과 인연이 깊은 장소다. 병산서원은 고려 중기부터 안동 지방 유림의 교육을 담당했던 풍악서당風岳書堂에서 비롯되었다. 서당 근처에 가호가 많이 들어서 주변이 소란스러워진 탓에 유림들이 유성룡에게 서당 옮길 곳을 물었고, 그가 병산을 추천하여 1575년(선조 8) 지금의 위치로 옮기면서 병산서원으로 이름하게 되었다.

그후 1614년(광해군 6), 유성룡이 죽은 지 7년 되는 해에 정경세鄭經世, 이준李埈, 김윤안金允安 등이 선생의 학문과 덕행을 추모하기 위하여 존덕사尊德祠를 세우고 선생의 위판位版을 봉안했다. 병산서원은 1863년(철종 14)에 사액서원으로 승격되었다.

병산이라는 이름은 낙동강 물줄기 위에 우뚝 선 바위들이 병풍처럼 둘러쳐져 있다는 뜻이다. 정문은 복례문復禮門으로, '나를 극복하고 예로 돌아가라'는 극기복례克己復禮에서 그 이름을 따왔다.

입구에 해당하는 2층 누각 만대루晩對樓는 유생들의 강학과 휴식 공간으로 200명 가까이 수용 가능한 너른 공간을 자랑한다. 특히 이 만대루 마루에서 바라보는 풍광은 절경으로 유명하다. 만대루라는 말은 두보의 시 〈취병의만대翠屛宜晩對〉에서 따온 것으로, '푸른 절벽은 오후 늦게 대할 만하다'라는 뜻이다.

책을 인쇄할 때 쓰는 목판(冊版)과 유물을 보관하는 장판각 앞쪽에는 두 그루의 은행나무가 심겨 있는데, 공자가 은행나무를 심고 그 아래에서 제자들을 가르쳤다는 데에서 착안한 것이다.

영남지역 사림들의 지역 공론장으로 기능했던 병산서원은 훗날 그 가치를 인정받아 대원군의 서원 철폐령 당시에도 훼철되지 않고 살아남은 47개 서원에 이름을 올렸다. 2019년에는 안동 도산서원, 영주 소수서원, 대구 도동서원 등과 함께 유네스코 세계유산으로 선정되기도 했다.

2021년 1월, 청량리에서 안동 구간을 운행하는 케이티엑스KTX가 개통되어, 수도권에서 하회마을과 병산서원을 3시간 안에 갈 수 있게 되었다. 오늘날 교통의 발달은 세계유산에 대한 접근을 더욱 편리하게 하고 있다.

광해군(1575~1641, 재위 1608~1623)은 연산군과 더불어 반정으로 축출된 두 명의 조선 왕 중 한 사람이다. 연산군은 '검증된 폭군'이므로 평가에 대한 논란이 적지만 광해군은 업적도 많은 왕이어서 그를 어떻게 볼 것인가에 대한 이견이 분분하다.

광해군은 임진왜란 때 왕세자로 임명되어 18세의 나이로 분조分朝를 이끌고 적극적인 항전 활동을 펼쳤다. 임진왜란 이후에는 무너진 국가의 기틀을 회복하는 데 주력했다. 허준許浚으로 하여금《동의보감東醫寶鑑》을 편찬하게 하고 이를 완성시켰다. 전통의 우방 명나라와 신흥 강국 후금의 사이에서 실리 외교를 펼친 것은 지금도 높이 평가받고 있다.

그러나 광해군은 분명 스스로 폐위될 빌미를 제공했다. 폐모살제廢母殺弟로 대표되는 성리학적 윤리의 폐기와 대북 측근 세력 중심의 정국 운영이 큰 반발을 샀고, 무리하게 궁궐을 조성한 것 또한 반대 세력을 결집하는 데 중요한 역할을 했다. 이때 지어진 궁궐이 바로 인경궁仁慶宮과 경희궁慶熙宮이다.

28
백성을 지킨 왕자
광해군의 분조 활동

임진왜란 때 선조는 광해군으로 하여금 분조를 이끌게 했다. 분조는

'조정을 둘로 나눈다'는 뜻으로 임시정부의 성격을 띠고 있었다. 선조에게 변고가 생길 경우 광해군으로 하여금 정부를 계속 이끌게 하기 위한 조처였다. 1592년(선조 25) 6월 11일, 평양성이 함락된 후 선조는 서북쪽으로 피란을 재촉했다. 6월 13일, 선조는 자신은 요동으로 건너가겠다는 뜻을 밝히면서 세자인 광해군에게 임시로 국사를 돌보도록 했다.

선조의 지시에 따라 다음 날인 6월 14일에 분조가 구성되었다. 선조는 광해군에게 평안도 강계로 향할 것을 명하면서, 영의정 최흥원崔興源, 병조판서 이헌국李憲國, 우찬성 정탁, 부제학 심충겸沈忠謙 등 15명의 대신들로 분조를 구성했다. 우의정 유홍兪泓은 선조를 수행하라는 명을 받았지만 스스로 세자를 따라 사직을 회복하겠다고 청했다. 광해군은 1593년(선조 26) 1월 선조의 명으로 분조가 해체될 때 까지 7개월간 전시 임시정부의 구심점으로 활약하며 의병들의 항전을 독려했다.

분조에 참여했던 정탁이 당시의 상황을 기록한 《피란행록避亂行錄》을 통해 분조의 정황을 구체적으로 파악할 수 있다. 광해군의 분조는 6월 14일 영변을 떠나 맹산, 양덕, 곡산 등을 거쳐 7월 9일 강원도 이천에 도착하여 이곳에서 20일간 머물렀다. 여름철이어서 자주 비가 내렸고 광해군 일행은 민가에서 자거나 노숙을 하면서 어려움을 견뎠다. 7월 8일의 "동궁에서 길을 떠나 수다령을 넘어 곡산의 인가에서 잤다. 산길이 매우 험하여 열 걸음을 걸으면 아홉 번을 넘어져 일행 대소 관원 모두가 고생했다"는 기록은 힘겨웠던 당시의 상황을 생생히 증언한다.

자신의 안위를 위해 요동 지역으로까지 피란하고자 했던 선조와는 대조적으로 광해군은 일본군이 사방을 둘러싼 전장에서 경험 있는 관료들의 조언을 들으며 전시 정부를 지휘했다. 강원도 이천은 분조가 출발한 영변에서 남쪽으로 265킬로미터나 떨어진 곳으로서 경기도, 황해도, 평안도와 접경하고 있는 전략적 요충지였다. 한양과의 거리는 불과 128킬로미터로 한양 수복에 있어서도 중요한 지역이었다.

분조가 자리를 잡자 피란 갔던 관리들이 이곳으로 모여들었는데 이일李鎰, 이귀李貴 등은 병력을 이끌고 분조에 합류했다. 《피란행록》에는 7월 17일 "대저 평양을 지키지 못한 이후부터 온 나라 백성들이 대가大駕가 있는 곳을 알지 못하여 크게 우러러 전하를 사모하고 슬퍼하고 있다가, 동궁께서 오셨다는 소식을 듣고 인심이 기뻐하며 마치 다시 살아난 것 같았습니다. 도망쳤던 수령들도 점차 관직으로 돌아오고 호령 역시 행하여져서 회복의 기회가 조금씩 가망이 있습니다. 이일이 군사를 모집하여 지금 토산 지역에 주둔하고 있고 … 그 뒤 이귀, 명성도정明城都正(왕실의 종친)이 모은 병사가 수백 명이고, 아울러 본도의 병사들과 합하여 천여 명이나 되니 군세가 이전에 비해 조금 진작되었습니다"라고 기록했다.

이후 7월 27일의 기록에도 "사람들이 세자께서 오셨다는 소식을 듣고 감격하지 않은 이가 없어서 심지어 눈물을 떨구는 자도 있으며, 경기도의 의병들이 곳곳에서 봉기하여 서로 앞을 다투어 적을 잡아서 적세가 조금 꺾이고 있습니다"라고 하여 광해군의 분조가 의병 봉기의 중심축이 되었음을 언급하고 있다.

광해군의 활약상은 분조 당시 광해군을 수행했던 유대조俞大造가 광해군 즉위 후에 올린 상소문[90]에도 자세히 기록되어 있는데, 이에 따르면 선조가 영변에 머물면서 여차하면 요동으로 건너갈 계획을 세우고 있을 때 광해군은 신주를 받들고 강계로 떠났음을 알 수 있다.

광해군은 가는 곳마다 격서를 보내 여러 성의 사람들을 불러 적을 토벌하고 국가를 회복하려는 뜻을 밝혔다. 앞서 언급한 유대조의 상소 중 "격서가 닿는 곳마다 인심이 분발하여 고을의 백성들을 모아 의병으로 봉기했습니다. 이리저리 흩어져 다니던 사대부들도 짚신을 신고 지팡이를 끌며 끊이지 않고 모여들어 어느 정도 조정의 모양을 이루게 되었던 것입니다. 이와 같았으니 국세가 회복될 수 있었던 기반과 종사가 다시 안전하게 될 수 있었던 원인은 곧 이천으로 거둥한 데에서 연유한 것이 아니겠습니까"[91]라고 기록된 부분에서 광해군의 분조 활동이 큰 성과를 거두고 있었음을 알 수 있다.

유성룡이 《징비록》에서 "행차가 (함경도) 정주에 이르렀다. 왕이 평양을 떠나면서부터 인심이 흉흉해지기 시작했다. 지나는 곳마다 난민들은 패를 지어 남의 창고 속에 들어가 곡식을 약탈해가는 일이 허다했다"라고 기록했듯이 선조의 피란은 백성들에게 큰 좌절감을 안겼다. 이에 비해 광해군은 풍찬노숙하는 분조 생활 속에서도 냉정함을 유지했다. 강원도 이천을 중심으로 의병 봉기를 독려했고, 8월 1일 성천으로 거처를 옮긴 이후에는 성천을 중심으로 활동했다.

이 시기 광해군은 전 이조참의 이정암李廷馣에게 황해도 연안성을 사수하라는 명을 내렸고, 이정암은 500명의 의병을 이끌고 5,000명에 가까운 적을 맞아 성을 사수하는 데 성공했다. 연안성을 사수함으로써 의주에서 연안을 거쳐 강화도로 이어지는 해상 교통로를 확보했고, 이는 고니시 유키나가小西行長가 이끄는 평양성의 일본군 병력과 황해도의 일본군 사이의 연결고리를 차단하는 효과를 가져왔다.

이후 분조는 자산, 순천, 숙천, 안주 등을 거쳐 한겨울인 11월 16일에 황해도 용강으로 옮겨갔다. 한양 수복을 위해 더욱 남하했던 것이다. 이때 광해군은 계속된 노숙과 과로로 말미암아 홍역을 심하게 앓기도 했다. 병이 나은 후 광해군이 분조를 옮긴 곳은 평안도 영변이었다.

분조가 적극적인 항전 활동을 하던 시기에 드디어 명나라 원병이 조선에 도착했고, 1593년(선조 26) 1월 8일, 마침내 명나라 제독 이여송李如松이 이끄는 조명연합군이 평양성을 수복했다. 평양성이 수복되자 선조는 더는 분조가 필요하지 않다고 판단하여 결국 합조의 명을 내렸다. 1월 20일, 먼저 정주에 도착한 광해군은 이곳에서 선조를 맞이했다. 1592년 6월 14일에 구성되어 전쟁의 최전선에서 활약한 분조가 7개월 만에 해체되는 순간이었다.

분조가 해체된 이후에도 광해군은 선조의 명을 받아 명나라 군사를 대접하고 군량미를 공급하는 역할에 매달렸다. 선조는 "오늘날의 일은 단지 명나라 군사의 식량을 공급하는 데 달려 있다. 내가 필마로 모모 신하를 인솔하고 명나라 군사의 후미에서 책응하며 식량 운반을 독려하고 싶지만 이곳에도 명나라 조정의 장관을 접대해야 할 일이 있다. 세자로 하여금 안주에 전진하도록 하여 한편으로는 명나라 군사에게 책응하고 한편으로는 식량 운반을 독려하게 하는 일을 보고하도록 하라"[92]라고 지시했고, 광해군은 이를 적극적으로 수행했다. 이후에도 광해군은 선조를 대신해 전라도, 경상도 등 남쪽 지방으로 나아가 군수 지원, 군병 선발, 군량 운반 등을 감독했다.

광해군의 분조 활동은 비록 7개월이라는 짧은 기간이었지만, 이 시기는 임진왜란 초반 가장 치열한 격전이 벌어진 때로서 전세를 역전시키는 데 주요한 역할을 했다. 18세의 젊은 세자 광해군은 분조 활동을 통해 위기 관리 능력을 훌륭히 보였고, 이것은 광해군이 후계자의 입지를 굳히는 데 큰 도움이 되었다. 광해군이 즉위 후에 후금과 명나라 사이에서 실리 외교를 추구할 수 있었던 것에도 분조 활동으로 참전했던 경험이 큰 도움이 됐다.

29
치적과 실정의 경계,
경희궁과 인경궁

1608년 선조가 승하하고 어렵사리 왕위에 오른 광해군에게 가장 시급한 과제는 왜란의 수습이었다. 정유재란이 끝난 지 9년이 지났음에도 전란으로 소실된 세 궁궐(경복궁, 창덕궁, 창경궁)을 복구하지 못하고 임시 거처로 삼았던 월산대군의 사저(정릉 행궁)에서 머무르는 형편이었다. 광해군은 즉위 직후 종묘의 중건을 마치고 선조 대 시작된 창덕궁 중건 사업을 재개하여 1611년(광해군 3) 완성했다. 그러고는 본래 머무르던 정릉 행궁에 경운궁慶運宮(덕수궁)이라는 이름을 붙였다.

그런데 광해군은 창덕궁으로 옮기기를 꺼려했다. 광해군은 창덕궁은 두 번이나 큰일을 치른 곳이라 머물고 싶지 않다며 창덕궁 중건 후에도 좁고 불편한 경운궁으로 거처를 옮기고 창경궁 중건을 명했다. 이후 광해군은 창경궁에 들 것을 권하는 조정 대신들의 요구를 무시하고 한양의 지기地氣가 쇠했다는 지관의 말을 빌려 경기도 파주의 교하로 천도하겠다는 주장을 폈다. 그러나 교하 천도는 신하들의 반대로 성사되지 못했다.

이에 광해군은 다시 인왕산 아래에 궁궐을 지어 거처하겠다고 주장하며 새로운 궁궐인 인경궁 건설을 지시한다. 창경궁을 중건하면서 남은 재물을 인왕산 아래에 옮겨 놓고 인경궁 창건을 준비한 것이다.

그러나 공사 규모를 크게 벌여놓은 데다가 사직과의 경계 문제로 공사의 진행이 어렵게 되자 다시 정원군定遠君의 옛집이 있는 새문동에 왕기王氣가 서려 있다는 술사 김일용金馹龍의 말을 핑계 삼아 또 다른 신궁인 경희궁을 창건하고자 했다. 이는 선조의 다섯째 아들이자 광해군의 이복동생인 정원군[93]을 견제하기 위한 술수로서 처음부터 다분히 정치적인 의도를 띠고 있었다.

경희궁 창건 계획이 공식적으로 발표된 것은 1617년(광해군 9) 6월로, 이때는 이미 인왕산 아래 사직단 동쪽에 인경궁 건설 계획이 진행되고 있었다. 조정 대신들은 이미 창덕궁·창경궁 등의 궁궐이 있는데 또 다시 경희궁을 건립한다면 궁성 안은 궁궐로 가득 차게 되므로 도시 계획 원리에 맞지 않는다는 논리를 내세웠다. 이에 대해 광해군은 "세 궁궐이 모두 안전하고 깨끗하지 못하여서 장차 거처하지 못하게 되었으므로 부득이 이 일을 하는 것이다"[94]라며 확고한 뜻을 전했다.

인경궁과 경희궁을 동시에 건립한다는 것은 너무나 많은 무리가 따랐으므로 공사가 진행되는 동안 수십 차례나 상소가 일어났다. 《광해군일기光海君日記》에서는 당시 상황을 "한꺼번에 공사를 시작해서 제조와 낭청이 수백 명이나 되었으며, 헐어버린 민가가 수천 채나 되었다. 여러 신하들이 먼저 한 궁궐을 지어 이어한 뒤에 차례차례 공사를 일으키기를 청했으나 왕이 듣지 않았다"[95]라고 전한다.

그러나 광해군은 임진왜란으로 아직 안정되지 않은 민심의 동요를 적절히 이용하면서 궁내에 요변이 있다느니 한양의 지기가 쇠했다느니 하는 신비적이고 비합리적인 근거를 내세워 조정 대신들의 공사 중지 상소를 무시했다.

이처럼 경희궁의 창건은 처음부터 관료들의 동의와 공역 계획 수립 과정을 거쳐 진행된 것이 아니라 술사·지관·괴승 등의 도참적 요언을 빌어 시도된 것이다. 이는 광해군이 즉위 초부터 권력을 전횡하려는 조정 대신들을 견제하고 왕위의 정통성을 확보하기 위해 추진한 다분히 정치적인 결정이었다.

1617년(광해군 9) 6월 경희궁의 창건을 결정한 후 광해군은 "인왕산 아래의 신궐新闕(인경궁)은 시문룡施文龍과 성지性智의 말에 따라 짓고, 서별궁西別宮(경희궁)은 김일룡이 말한 바에 따라 지으라고 도감에 말하라"[96]고 했다. 인경궁과 경희궁의 두 궁궐 공사를 병행케 한 것이

광해군을 폐위로 이끈 궁궐 경희궁

다. 이때까지 경희궁은 서별궁으로 칭해졌으나 2주 후 경덕궁慶德宮이
라는 새 이름을 얻었다.[97]

　광해군은 공사의 진행에 날마다 관심을 가지고 그 상황을 세세하
게 검토했다. 그러한 뜻을 읽고 왕의 눈에 들기 위해 궁궐 역사에 동
참하려는 인물들도 생겨났다. 김극효金克孝는 옛 집터의 섬돌과 주춧
돌을 바쳤으며,[98] 유대일兪大逸과 이중기李重基는 자신의 집터를 경희
궁 내에 편입되게 했다. 청계부령 오별鰲는 돌을 많이 댔다.[99] 광해군은
이들에게 관직을 제수하고 그들이 바친 물품에 상응하는 대가를 내
려주며 그들을 독려했다. 《연려실기술》은 이렇게 궁궐을 짓는 데 재료
를 제공하는 등의 일로 관직을 제수받은 자들을 비꼬아 오행당상五行

堂上(물·불·쇠·나무·흙 5가지로 얻은 당상관)이라고 불렀다고 전한다.

경희궁 공사의 폐단을 간하는 상소가 잇따랐지만 광해군은 오히려 1년 만에 끝낼 수 있는 일을 10년이 걸리도록 늑장을 부린다고 영건도감 관료들의 태만을 질책하기도 했다. 이렇게 반대 상소가 이어지는 가운데 공사는 1620년(광해군 12)까지 계속되었다.

그해 3월 광해군은 "내가 경덕궁(경희궁)을 보니, 거의 다 조성되었는데 다만 산정山亭이 아직 조성되지 않았고 담장의 일도 끝나지 않았다. 다시 더 일을 독려하여 금년 안으로 아주 끝내는 것이 좋겠다"[100]고 하며 이번 해에는 꼭 마무리 지을 것을 강조했다. 이에 대해서 사관은 "이때에 흉년이 이미 극도의 상황에 이르러 굶주려 부황난 사람이 잇달아 있으니, 마땅히 내탕고에 저장한 곡식을 풀어 우러러 바라보고 있는 백성들을 구제해야 한다. 그런데 2,000석의 쌀을 도리어 돌을 사들이는 비용으로 돌렸으니 애석하다"[101]고 비판했다.

이처럼 흉년으로 인한 정치적 난관과 재정의 고갈에 따른 물자 수급의 어려움 등 수많은 장애 요인을 무시하고 강행된 경희궁 공사는 1623년(광해군 15) 인조반정 당시 광해군의 실정을 증명하는 또 다른 요소로 지적되었다.

1623년 3월 인조仁祖(1595~1649, 재위 1623~1649)가 반정으로 왕위에 올랐다. 반정의 주도 세력은 홍제원弘濟院에 집결하여 창의문彰義門을 거쳐 창덕궁에 있던 광해군을 축출했다. 인조는 경운궁(덕수궁)에 유폐되어 있던 인목왕후仁穆王后를 직접 찾아뵙고 옥새를 전달받으며 정통성을 확립했다.

반정 후 광해군이 추진한 정책은 대부분 폐기되고 인조 정권이 시작됐다. 그러나 민간에서는 반정 세력을 비판하는 상시가傷時歌가 유행하는 등 탄식도 흘러나왔다. 투명하지 않았던 논공행상, 정치인에 대한 감시와 의심은 이괄李适의 난을 촉발시켰다.

한편 인조와 서인 정권의 친명배금親明排金 정책은 필연적으로 후금의 침입을 초래했다. 1627년(인조 5) 정묘호란이 일어났고, 1636년(인조 14) 병자호란이라는 더 큰 굴욕을 당했다. 인조는 남한산성에서 47일을 버틴 끝에 산성을 나와 청 태종이 있는 삼전도三田渡에서 항복 의식을 치렀다. 삼전도의 굴욕이었다.

30
세검정부터 경운궁까지,
인조반정의 그곳

중종반정과 인조반정의 가장 큰 차이는 인조는 중종과 달리 왕이 되기 전 반정 세력과 교감하면서 직접 반정에 참여했다는 사실이다. 반정이 일어나던 날 능양군綾陽君(인조)은 연서역에서 상황을 지켜보았다. 당시 반정 세력은 세검정洗劍亭과 창의문을 거쳐 광해군이 있는 창덕궁을 공격했다. 대부분의 정치 세력이 광해군에게 등을 돌리고 있었던 까닭에 반정은 쉽게 성공할 수 있었다.

광해군 정권을 타도하고 반정을 성공시킨 서인은 경운궁 석어당昔御堂에 유폐되어 있던 왕실 최고 어른인 인목대비를 창덕궁으로 모셔와 인조의 즉위를 인정받고자 했다. 그러나 인목대비는 이를 허락하지 않았다. 기록에 따르면 "대비는 무슨 사달인지 알지 못하고 왕이 병사를 보내어 변란을 일으키는 것인가 의심하여 문을 잠그고 받아들이지 않았다. 이에 이귀李貴 등이 군사들에게 담장을 넘어 문을 열게 하고 들어가서 바깥 뜰에서 울었는데, 대비가 내시를 시켜 묻게 하자 이귀 등이 반정을 일으킨 사유를 모두 아뢰었다. 그리고 대비에게 창덕궁으로 행차하기를 청했는데 대비가 윤허하지 않았다"[102]고 한다.

이후 이귀와 승지 홍서봉洪瑞鳳의 끈질긴 설득 끝에 대비는 "죄인(광해)의 부자와 이이첨李爾瞻의 부자, 여러 흉당들의 목을 잘라 모두 달아맨 후에야 궁에서 나가겠다"[103]했지만 이귀는 "죄인의 부자는 임금으로 있었으니 쉽사리 처치할 수 없고, 이첨의 무리는 방금 군사를 풀어 찾고 있사오니 잡아오면 마땅히 여쭈어 명을 받자와 처단"[104]하겠다고 구슬렸다. 그런 뒤에도 "여러 번 아뢰어도 노여움을 풀지 않고 자꾸 언짢은 말만 하므로, 이귀가 부득이 아들 시백時白을 보내어 능양군에게 친히 와서 뵙도록 아뢰었다"[105]고 한다.

이에 능양군이 직접 경운궁으로 나아갔다. 신료들이 가마를 탈 것을 청했으나 따르지 않고 말을 타고 갔다. 이때 도성 백성들 중에는 환호성을 울리면서 "오늘날 다시 성세를 볼 줄 생각지 못했다"[106] 하고 눈물을 흘리는 자들도 있었다. 능양군은 경운궁에 이르러서는 말에서 내려 서청문西廳門 밖에 들어가 재배하고 통곡했다. 능양군은 엎드려 대죄했으며, "혼란 중에 일이 많고 겨를이 없어 지금에야 비로소 왔으니 황공하기 그지없습니다"[107]라고 말했다.

신하들은 속히 어보御寶(옥새)를 전할 것을 청했으나 인목대비는 이를 반대했다. 어보를 전하는 큰일을 늦은 밤에 초라한 예로 행할 수 없다는 이유에서였다. 신하들은 계속해서 "속히 어보를 전하여 위호位號를 바루지 않으면 난국을 진정시킬 수 없을 것"[108]이라 설득했고, 결국 인목대비는 이 의견을 받아들여 인조에게 어보를 전했다.

그런 뒤 인목대비는 인조에게 광해군에게 당한 원한을 갚아주기를 간절히 청했다. "한 하늘 아래 같이 살 수 없는 원수다. 참아온 지 이미 오랜 터라 내가 친히 그의 목을 잘라 망령에게 제사하고 싶다. 10여 년 동안 유폐되어 살면서 지금까지 죽지 않은 것은 오직 오늘을 기다린 것이다. 쾌히 원수를 갚고 싶다"[109]라며 광해군에 대한 복수가 곧 자신에게 효를 행하는 것이라고까지 했다.

이때 인조가 옥새를 전달받고 즉위했던 곳이 바로 경운궁 즉조당德壽宮이다. 뜻밖의 변란이 있을까 걱정한 신하들이 즉위식도 바로 진행하고자 하니 인목대비가 "별당(경운궁)은 선왕께서 일을 보시던 곳이

인조가 즉위한 곳, 경운궁(덕수궁) 즉조당

라 이미 궁인으로 하여금 청소를 하게 했다"[110] 하고, 인조로 하여금 즉조당에서 즉위하게 했다. 왕으로 즉위한 인조는 일을 보며 밤을 새 웠고 신하들은 칼을 차고 숙위했다. 다음 날 인목대비는 즉위 교서를 내려 반정의 정당성을 공표했다.

인조반정은 조선 사회에 큰 분기점이 되는 사건이었다. 정치적으로 는 북인에서 서인으로 정권이 교체되었고, 사상적으로는 서인들에 의 해 성리학 중심주의가 굳혀졌으며, 외교적으로는 친명배금과 대명의 리론이 자리를 잡는 계기가 되었다. 따라서 인조반정은 단순한 정치 세력의 교체가 아니라 조선 사회를 근본적으로 변혁시킨 중대한 사건 이라고 할 수 있다. 인조반정을 성공시킨 서인 세력이 집권의 정당성을 확보하기 위해 인목대비를 찾았던 경운궁 석어당과 인조가 즉위한 즉조당에는 그 옛날 반정의 흔적들이 남아 있다.

31
이괄의 난과
안산전투

인조반정이 일어난 지 채 1년이 되지 않은 1624년(인조 2) 2월, 평안병사 이괄이 지휘하는 반군이 서울로 진격하고 있다는 다급한 소식이 들려왔다. 인조는 서울을 포기하고 남쪽으로 피란을 서둘러 공주 공산성으로 향했다. 이후 인조는 1627년 정묘호란 때는 강화도로, 1636년 병자호란 때는 남한산성으로 피란하며 난리를 피해 세 차례나 한양을 떠나는 전무후무한 기록을 세웠다.

　이괄은 본래 무과에 급제했지만 문장과 글씨에도 뛰어났다. 김류金瑬와 이귀 등은 북병사로 있던 이괄의 자질을 인정하여 반정 가담을 권유했다. 당시 이괄은 반정 당일 제 시간에 나타나지 않은 총대장 김류를 대신하여 임시 대장으로 추대될 만큼 명망이 높았다. 김류는 모의가 탄로났다는 소문을 듣고 잡혀갈 각오로 집에 있다가 그를 찾아간 심기원沈器遠의 격려로 뒤늦게 달려왔다. 김류가 다시 대장이 되었지만, 이괄은 "김류가 뒤에 왔기에 내가 그를 목 베려 했지만, 이귀가 이를 막는 바람에 뜻대로 되지 않았다"[111]라고 말할 정도로 김류에 대한 반감이 컸다. 그리고 자신이 누구보다 반정 성공에 큰 역할을 했다고 자부했다.

　그러나 반정 성공 후 논공행상 과정에서 이괄은 철저히 소외되었다. 김류, 이귀, 김자점金自點 등의 문신들과 신경진申景禛, 구인후具仁垕 등 왕실의 인척들이 일등공신이 되었고, 이괄은 이등공신으로 밀려났다. 《하담록荷潭錄》에는 "반정에 성공한 뒤에 공로의 등급을 의논하여 정할 때, 이괄이 중간에 들어왔다 하여 그를 일등이 아닌 이등공신으로 삼아 이괄이 크게 불평했다'고 기록되어 있다. 또 "그해 여름에 조정에서 관서 지방에 후금이 침입할 염려가 많으므로 이괄로 하여금 평안병사 겸 부원수로 나아가 지키게 했다. 이에 이괄이 크게 노하여 마침내 다른 마음을 품게 되었다'라고 하여 이괄 반란의 주된 원인이 논공행상에 대한 불만에 있었음을 언급했다.

　반정에 가담했던 아들 이전李栴과 아우 이수李邃 역시 등용되지 못했고, 공훈 또한 김류의 아들 김경징金慶徵의 아래로 책정된 것에 불만을 가지고 있었던 데다 평안병사를 제수받아 지방으로 밀려나기까지 함으로써 불만이 커졌던 것이다.

　이괄은 영변에 부임한 날부터 정예 장졸 1만 2,000여 명과 임진왜란 때 항복하고 조선에 남은 항왜 및 검사 130명을 부하로 거느리고 추운 계절에도 훈련을 거듭했다. 조정에서는 이와 같은 이괄의 동태를 계속 살폈다.

　1624년 1월 이괄이 아들 전과 기자헌奇自獻, 한명련韓明璉 등과 더불어 반역을 꾀하고 있다는 고변서가 올라왔다. 이괄이 반역하지는 않을 것이라는 김류의 의견과 반드시 반역할 것이라는 최명길崔鳴吉·이귀의 주장이 팽팽히 맞서자, 1월 15일 인조는 우선 이전과 기자헌을 체포해오도록 했다.

아들에 대한 체포 명령이 이괄을 자극했다. 1월 17일 이전과 기자헌을 체포하라는 명을 받은 조정 관리들이 군영에 오자 이괄은 이들의 목을 베고, 이웃 고을에 군사 동원을 지시했다. 아들에 대한 체포는 곧 자신에 대한 체포로 이어질 것이라는 생각에서, 앉아서 죽음을 기다리기보다 반란을 일으키는 길을 택한 것이다.

이괄은 곧이어 상관인 도원수 장만張晩에게 편지로 거병의 의지를 알렸다. 순변사 한명련이 합류한 이괄의 반군은 1월 22일 영변을 출발했다. 장만이 진영을 구축하고 있는 평양을 피해 개천 쪽으로 방향을 돌렸다. 그 후 반란군은 자산, 강동, 황주 개성을 거쳐 2월 8일에 한양 근교의 홍제원까지 이르렀다.

1592년(선조 25) 4월 30일, 선조가 일본군 입성 하루 전에 한양을 빠져나간 것처럼, 인조 또한 이괄의 선봉군이 한양에 입성하기 하루 전인 2월 8일, 가마를 타고 창경궁을 나섰다. 그후 인조는 홍화문弘化門 밖에서 말로 바꾸어 타고 한강을 건넜다. 2월 9일 오후, 이괄 반군의 선봉이 한양에 입성했고, 이괄은 다음날 한양으로 들어왔다.《연려실기술》은 당시의 상황에 대해 다음과 같이 기록하고 있다.

초9일 적병 30여 기가 먼저 서울에 도착하여 사람들을 선동하기를 "성 안의 사람들은 조금도 놀라지 말라, 새 임금이 즉위할 것이다"라고 했다. 10일에 이괄과 한명련이 말을 타고 나란히 입성했다. 이괄

의 아우 수와 이충길李忠吉과 이시언李時言의 아들 욱澳 등이 수천
명의 군졸을 거느리고 무악 북쪽까지 나아가 적군을 맞아 인도했고
또 각 관청의 서리와 하인들이 관복을 갖추어 입고 그들을 맞이했
으며, 백성들은 길에 황토를 깔며 환영했다. 이괄이 서울에 들어오
자 적군은 경복궁 옛 터에 주둔했다. 이때 왕자 흥안군興安君 제瑅가
임금 일행을 따라 한강을 건넜다가 도중에 도망하여 이괄에게 항복했
다. 이괄은 마음속으로 됨됨이를 탐탁지 않게 여겼으나 그를 임금으로
삼겠다 하고 경기방어사 이흥립李興立을 대장으로 삼아 제를 호위하게
했다.[112]

홍안군은 선조와 후궁 온빈 한씨 소생의 왕자로 평가가 좋지 않은
인물이었다. 당시에도 성 안 백성들 사이에서는 홍안군을 임금으로
삼다니 오래 가지 못하겠다는 말이 떠돌았다. 이괄이 홍안군을 왕으
로 추대하면서 일시적으로 인조와 홍안군이라는 두 명의 왕이 공존
하는 상태가 되었다. 한양 백성들의 환대에 고무된 이괄은 성안에 남
아 있는 친척들을 불러들여 문무백관에 배치하고 정부를 구성했다.
무뢰배들까지 투항하여 한 자리씩 얻는 해프닝도 벌어졌다.
  이괄의 한양 진격을 저지하지 못한 도원수 장만은 파주까지 와 있
다가 인조가 공주로 피란 갔다는 소식을 듣고, 10일 이른 새벽에 벽
제관 북쪽 혜음령에서 여러 장수들과 전략을 논의했다. 곧바로 적군
을 공격하자는 의견과 한양의 사방 통로를 차단하여 도성 안으로 양
곡을 공급하지 못하게 한 후 각지의 병력을 기다렸다가 공격하자는

의견으로 나뉘었다. 이때 안주목사 정충신鄭忠信이 나서 반군보다 먼저 안산鞍山을 점거하고 진을 친 뒤 한양 도성을 내려다보며 적을 공격할 것을 주장했다. 고지를 점령하면 지리적 이점을 이용해 이길 수 있다는 주장이었다. 남이흥南以興 등 여러 장수들이 이를 지지하자 장만도 그 전략에 따랐다.

안산은 산의 모양이 마치 말의 안장과 같이 생겨서 붙은 이름이다. 안산은 또 무악毋岳이라고도 불렸는데, 이는 북한산 인수봉이 아이를 업고 나가는 형세여서 이를 막기 위해 안산을 어머니 산이라는 뜻으로 모악母岳이라 했다가 다시 무악으로 읽은 것에서 비롯됐다. 이곳 무악은 조선 초기 한양 천도 때 정도전 등의 백악 주산론에 맞서 하륜이 길지라고 주장했던 곳이다. 세종 때 무악 자락에 연희궁衍禧宮을 건설한 것에서도 무악이 명당으로 꼽혔음을 알 수 있다. 그랬던 안산이 이괄의 난 때 정부군과 반군 사이의 치열한 교전지로 역사에 다시 그 이름을 알린 것이다.

반군 진압에 선봉으로 나선 정충신은 김양언金良彥으로 하여금 기병 30명을 이끌고 연서역을 지나 안산 정상에 숨어들어 봉수대부터 점령하게 했다. 당시 평안도, 황해도에서 변고를 올리는 봉화가 올라오면 안산에서 이를 받아 남산 봉수대로 전달하게 되어 있었다. 이에 정충신은 봉수대 탈취 후에도 평상시의 봉화 모양인 일거만 올리도록 해 반군의 경계를 피했다. 《한경지략》에도 "무악은 인조 갑자년甲子年 이괄의 난 때 정금남(정충신)이 싸워 이긴 전승지다. 저녁에 올리는 봉화를 일찍 올리니 남산에서도 이에 따랐다"라고 해 봉화 작전의 중요성을 언급했다. 정충신은 부대를 통솔하여 안산에 진영을 구축했다.

관군의 치밀한 작전에 비해 이괄과 한명련은 관군의 전력을 과소평가하고 정면 공격을 계획했다. 전투 초반 이괄은 한양 백성들에게 인왕산 성벽 위에 올라 그들이 관군을 물리치는 모습을 구경하라고 할 정도로 기세등등했다. 인왕산 곡성曲城에서 남산으로 이어지는 성벽을 따라 도성민들이 지켜보는 가운데 본격적인 전투가 시작되었다.

2월 11일 아침, 반군에서는 한명련이 항왜군을 선봉으로 앞에서 진격했고, 이괄은 중간에서 반군을 독려했다. 이날 전투에서는 바람의 방향이 승패의 향방을 가르는 데 주요한 역할을 했다. 처음에는 바람이 동쪽에서부터 안산 꼭대기로 불어서 반군에게 절대적으로 유리했다. 총탄과 화살이 바람을 타고 안산의 정상부를 맹공한 것이다. 이에 장만 휘하의 관군은 후퇴하지 않을 수 없었다. 그런데 갑자기 바람의 방향이 동풍에서 서북풍으로 완전히 바뀌었다. 항왜 조총의 적중률이 떨어졌고, 탄환 연기와 모래바람 때문에 반군의 전열이 흐트러졌다. 관군의 반격 속에 반군의 후퇴가 이어졌다. 특히 반군은 한명련이 죽은 것으로 오인해 사기가 극히 저하되었다.

이괄과 한명련이 후퇴하여 서대문까지 왔을 때는 이미 성안 백성들에 의해 문이 잠긴 상황이었다. 이에 반란군은 성벽을 끼고 서소문, 남대문을 거쳐 도성 안으로 들어가 몸을 숨겼다. 정충신이 이들의 추격을 주장했으나 남이홍은 매복을 우려해 추격을 멈추자고 했다. 이괄은 도성 안에 숨어 있다가 야음을 틈타 광희문光熙門으로 빠져나갔다. 반군은 12일 새벽에 삼밭나루를 건너 경기도 광주에 이르렀다.

이곳에서 유효걸柳孝傑 등 관군의 추격을 받고 경안역까지 탈출했다가 밤사이 이천의 민가로 피신했다.

이때 반군 내부에서 분열이 일어났다. 기익헌奇益獻과 이수백李守白이 잠자는 틈을 이용하여 이괄과 그의 아들 이전, 아우 이수, 그리고 한명련 등의 목을 베어 관군에 투항한 것이었다. 고려시대 묘청의 난에서 난의 주모자 묘청이 측근 세력에 의해 최후를 맞은 것과 유사한 상황이었다. 기익헌은 2월 15일, 인조가 피란해 있던 공주 공산성으로 가서 그들의 목을 바쳤다. 광주 소천강에서 심기원과 신경진 등에 의해 체포된 흥안군은 창덕궁 돈화문敦化門 앞에서 처형되었다. 잠시 간의 왕 노릇이 끝나는 순간이었다.

이괄의 난은 일단락되었지만 사건의 여파는 컸다. 한양의 치안이 불안해진 상황에서 궁궐의 방화와 약탈도 이어졌다. 궁궐 안에 보관되었던 《승정원일기承政院日記》도 사라졌다. 반군에 내응한 사람 상당수는 부역자로 몰려 처형을 당했다. 24일 만에 서울로 돌아온 인조는 파괴가 심한 창덕궁 대신에 경덕궁(경희궁)에 거처했다.

《동국여지비고東國輿地備攷》에는 "이괄의 난에 삼성도원수 장만, 부원수 이수일, 방어사 정충신 등이 이곳 무악의 길마재에 진을 치고 힘껏 싸워 적을 무찔렀다"라고 해 안산전투의 승리가 이괄의 난 진압에 결정적이었음을 기록했다. 이괄의 난 진압에 최고의 공을 세운 정충신은 오늘날 전라도 광주 금남로에서 기억되고 있는데, 금남로가 광주 출신인 정충신의 호 금남錦南에서 비롯된 이름이기 때문이다.

32

병자호란의 아픔을 간직한
남한산성

2014년 유네스코 세계유산으로 지정된 남한산성은 병자호란의 아픈 역사를 고스란히 지켜본 공간이다. 1636년 12월 15일부터 1637년(인조 15) 1월 30일까지 47일간 인조는 이곳 남한산성에 있었다. 극심한 추위와 배고픔, 적에 대한 두려움과 싸우며 항전했으나 결국 인조는 항복을 택했다. 조선 역사상 가장 치욕스러운 순간이었다. 이곳을 찾은 후대 왕들은 결코 그날의 치욕을 되풀이하지 않겠다는 다짐을 새겼다.

1636년 4월 후금은 국호를 청으로 바꾸고 수도를 심양에 정하면서 본격적으로 중원 장악의 기틀을 마련했다. 누르하치努爾哈赤의 뒤를 이은 청 태종太宗 홍타이지皇太極는 스스로 황제를 칭하며 명나라에 대한 총력전을 선언했다. 그리고 그 전 단계로 조선에 군신 관계를 맺을 것을 요구해왔다. 전통적으로 북방 민족을 오랑캐라며 멸시했던 조선에서는 결코 수용할 수 없는 조건이었다. 조선은 당연히 그 요구를 거절하며 강경하게 대응했지만 청나라는 이미 동아시아 최강의 군사 강국이었다.

1636년 12월, 강추위보다 더한 충격과 공포가 조선에 밀려왔다. 청 태종의 명으로 심양에 집결한 12만 명 이상의 병력 가운데 기병 6,000여 명이 12월 8일, 얼어붙은 압록강을 건넌 것이다. 병자호란의 시작이었다. 질풍같이 쳐들어온 청군은 압록강을 넘은 지 5일 만에 서울을 점령했다.

1627년에 정묘호란을 겪은 후에도 별다른 방어 대책을 세우지 않았던 인조와 조정 대신들은 서둘러 피란에 나섰다. 청군의 선발대가 양화진 방면으로 진출하여 강화도로 가는 길을 차단하자 인조 일행은 차선의 피란처인 남한산성으로 향할 수밖에 없었다. 청군의 빠른 공격에 인조는 정문인 숭례문 대신 시구문屍口門(시신이 통과하는 문)이라 불리던 광희문을 통과하는 굴욕을 맛보기도 했다.

1636년 12월 15일, 남한산성은 청의 대군에 의해 완전히 포위되었다. 매서운 추위에 눈과 비가 내리면서 군사들은 빈 가마니를 쓰고 버티다가 얼어 죽기도 했다. 12월 24일 진눈깨비가 그치지 않자 인조는 세자와 승지, 사관을 거느리고, 빨리 날이 개기를 하늘에 기원했다. 실제로 《인조실록仁祖實錄》에는 "하루는 날씨가 춥고 눈이 내리는데 왕이 행궁 뜰에 나와 기도하셨다. 향을 피우고 네 번 절한 다음 거적을 깔고 빌기를 '고립된 이 성에 들어와 믿는 것은 하늘인데 이처럼 눈이 내려 장차 얼어 죽을 형세이니, 내 한 몸은 아까울 것도 못 되나 백관과 만민이 하늘에 무슨 죄가 있습니까. 조금 개게 하여 우리 군사와 백성을 살리소서' 하고는 땅에 엎드려 눈물을 흘리며 저녁이 되어도 그치지 않으셨다"[113]라는 기록이 전한다.

성안에는 쌀과 잡곡을 합쳐 1만 6,000여 석이 있었는데 이는 1만여 명의 병력이 겨우 한 달을 버틸 수 있는 양이었다. 청군은 포위망을 구축하고 장기전으로 들어갔고 항전이 길어지자 성안의 사람과 짐승이 모두 굶주려 말과 소가 죽고 살아 있는 것들이 서로 꼬리를 뜯

어먹는 비참한 상황이 지속되었다.

당시에는 왕인 인조조차 먹을거리가 없어서 힘들어 했다. "이때 임금이 침구가 없어 옷을 벗지 않고 자며 밥상에도 다만 닭다리 하나를 올리니, 전교하기를 '처음으로 들어왔을 때에는 새벽에 뭇 닭의 울음소리가 들렸는데, 지금은 그 소리가 전혀 없고 어쩌다 겨우 있으니 반드시 이것은 나에게만 바치는 까닭이다. 앞으로는 닭고기를 쓰지 말도록 하라' 하셨다"[114]는 《연려실기술》의 기록이 당시의 상황을 짐작케 한다. 이런 아픔 때문인지 현재에도 남한산성 내 음식점에는 닭백숙이 주요 메뉴로 자리 잡고 있다.

12월 29일 북문 밖에서 청군을 기습하는 공격이 실패로 돌아가고, 1월 15일 산성 외곽에서 저항했던 충청도 관찰사 등의 패전 소식이 들려왔다. 추위는 더욱 매서워지고 먹을 것은 점점 줄었으며 산성을 포위한 청나라군의 압박이 이어졌다. 이에 그동안 소수였던 주화파의 목소리에 힘이 실렸다. 1월 22일 세자빈과 봉림대군鳳林大君(효종)을 비롯한 왕족과 신하들이 피란했던 강화도가 청군에 의해 함락되었다는 소식이 들려와 남한산성 내의 사기를 완전히 떨어뜨렸다. 1월 24일에는 행궁에 청군의 포탄이 떨어져 급박한 상황을 연출하기도 했다.

결국 주화파의 중심에 있었던 최명길崔鳴吉이 인조의 명을 받아 청 태종에게 항복을 청하는 국서를 작성했다. 조정에는 여전히 척화파의 목소리가 컸지만 형세의 불가함을 파악한 인조가 결국 최명길의 주장에 동의했다. 최명길의 국서를 본 김상헌金尙憲은 그 자리에서 이런 치욕을 당할 수 없다면서 국서를 찢으며 통곡했다. 최명길은 "대감이

병자호란의 치욕을 새긴 남한산성

찢었으니 우리들은 마땅히 주워야 한다"[115] 하고, 오랑캐에게 보내는
답서를 다시 작성했다. 2017년에 개봉된 영화 〈남한산성〉은 김상헌과
최명길의 대립을 중심으로 병자호란의 상황을 그려낸 작품이다.

항복을 청하는 국서를 보낸 후 항복 의식을 거행하는 절차에 대한
합의가 이루어졌다. 1637년 1월 30일, 인조는 남한산성 서문을 나와
삼전도(서울 잠실 석촌호수 부근)에서 삼배구고두三拜九叩頭의 항복 의식
을 마쳤다. 이로써 1636년의 병자호란은 충분한 준비 없이 명분만 강
조하고 목소리만 높이는 강경 외교가 얼마나 큰 우를 범하는지를 생
생하게 보여주었다. 한편 최근 연구에서는 청과 조선의 강화 협상이
빨리 체결된 것은 당시 한양에 천연두가 유행하여 청이 이를 피하고

자 했기 때문이라는 분석이 있다.

병자호란의 아픔을 안은 이곳 남한산성은 백제 시조 온조의 흔적부터 구한말 경기 의병의 활동까지 유구한 역사가 새겨진 현장이기도 하다. 남한산성 자리에 성이 최초로 조성된 시기는 신라 문무왕文武王 때로 추정되며, 이와 관련해《삼국사기三國史記》에 "한산주에 주장성晝長城을 쌓았는데 둘레는 4,360보였다"라는 기록이 전한다. 고려시대에는 이곳이 대몽 항쟁의 중심지로 기능했고 조선시대에 와서는 방어처로 더욱 중시되었다. 특히 인조 대에 이괄의 난을 겪은 후에는 유사시 왕의 피난처로서 사용할 수 있도록 본격적인 축성 작업이 이루어졌다.

남한산성 주변은 주봉인 청량산을 중심으로 북쪽의 연주봉, 동쪽의 벌봉과 망월봉, 남쪽의 한봉 등 여러 산들에 의해 둘러싸여 있다. 남한산성은 이들 산봉우리를 연결하여 쌓은 성이다. 숙종 대에는 봉암성蜂巖城과 한봉성漢峰城, 영조 대에는 신남성新南城 등의 외성이 완성되면서 방어처로서의 골격을 갖추었다.

성안은 400미터 내외의 고위 평탄 지형을 이루고 있어서 방어를 위한 목적 외에 거주 공간으로도 활용되었다. 조선시대와 일제강점기에 산성 내에 광주 군청이 설치된 것은 남한산성이 행정의 중심지로도 기능했음을 보여준다.

남한산성은 성의 동서남북에, 좌익문左翼門, 우익문右翼門, 지화문至和門, 전승문全勝門을 설치했다. 남문인 지화문이 정문으로 1637년 1월 30일, 인조가 청 태종에게 항복하러 갈 때 이 지화문을 통과하지 못하고 송파 쪽 서문으로 나간 것은 또 하나의 치욕으로 평가된다.

군사 지휘소에 해당하는 장대將臺는 동서남북의 각 방면과 봉암성 외동장대를 합해 5개가 있었지만, 현재는 서장대에 해당하는 수어장대守禦將臺만 남아 있다. 수어장대는 남한산성의 지휘 및 관측을 위해 지어진 누각으로 성내의 지형 중 가장 높은 곳에 설치되었다. 원래 단층이었으나 영조 대에 2층 누각으로 증축하고, 안쪽에 병자호란의 치욕을 잊지 말자는 의미에서 무망루無忘樓라는 편액을 걸었다.

남한산성 내에 위치한 행궁은 1625년(인조 3) 이서李曙의 제안으로 완성한 건물로, 왕이 유사시에 머물기 위해 설치한 임시 궁궐이었다. 행궁 정문의 누각은 한남루漢南樓이며, 왕의 생활공간인 상궐上闕 73칸과 집무 공간인 하궐下闕 154칸 등 총 227칸으로 이루어졌다. 상궐에는 왕의 거처였던 내행전內行殿과 나인들과 호위 무사들의 거처인 남행각南行閣과 북행각北行閣이 있다. 하궐에는 왕이 신하와 함께 업무를 보는 외행전外行殿이 있고, 남·북행각이 또 있었다. 남한산성 행궁은 여러 행궁 중 유일하게 종묘와 사직단을 둔 곳이기도 하다. 행궁의 좌측에 종묘에 해당하는 좌전左殿을, 우측에는 사직단에 해당하는 우실右室이 있었다. 남한산성 행궁은 2002년부터 복원을 시작하여 2012년 5월 복원을 마무리하였다.

남한산성에 관한 지리지인 《남한지南漢志》의 기록을 통해 인조 이후에도 숙종, 영조, 정조 등이 이곳을 찾았음을 확인할 수 있다. 이들 왕들은 여주에 소재한 효종의 무덤인 영릉寧陵을 참배하는 길에 이곳에 머물면서 병자호란의 치욕을 씻을 것을 다짐했던 것으로 보인다.

이외에 남한산성에는 백제의 시조 온조왕과 산성 축성 책임자였던 이서를 함께 모신 사당인 숭렬전崇烈殿이 있다. 이와 관련해 병자호란 때 온조 사당에 제사를 지냈던 기록도 남아 있는데,《인조실록》에 따르면 "예조가 아뢰기를, '온조가 이곳에 도읍을 정하여 그 역사가 가장 오래되었는데, 반드시 그 신神이 있을 것입니다. 옛 사람은 군사 작전을 벌이며 주둔할 때에 반드시 그 지방 신에게 제사를 지냈습니다. 지금 대가大駕가 머물러 계시면서 성황城隍에도 이미 사전祀典을 거행했는데, 온조에게 제사를 지내는 일을 그만둘 수는 없을 듯합니다' 하니, 왕이 따랐다"[116]라고 한다. 온조의 힘이라도 빌리고 싶을 만큼 절박했던 당시 상황을 알 수 있는 대목이다.

또한 남한산성에는 병자호란 이후 청나라에 끌려가 충절을 지키다 처형당한 삼학사三學士(오달제吳達濟, 윤집尹集, 홍인한洪麟漢)를 모신 사당인 현절사顯節祠, 남한산성의 축조를 담당했던 벽암대사碧巖大師와 이회李晦 장군 그리고 그 부인을 모신 사당인 청량당淸凉堂 등이 있고, 또 장경사長慶寺, 망월사望月寺, 개원사開元寺, 옥정사玉井寺, 남단사南壇寺, 한흥사漢興寺, 천주사天柱寺, 동림사東林寺 등 여러 사찰이 있었다. 이 사찰들은 산성 축성에 동원된 팔도의 승군들이 거처하던 곳으로, 이후 이곳에 군기와 화약이 비축되면서 산성 방어에서 더욱 중요한 역할을 하게 됐다.

인조의 적장자인 소현세자昭顯世子가 젊은 나이에 사망한 탓에 인조의
왕위는 둘째 아들인 봉림대군鳳林大君에게 계승되었다. 그가 바로 조
선의 제17대 왕 효종孝宗(1619~1659, 재위 1649~1659)이다.

효종은 아버지 인조가 자신을 왕으로 선택한 이유를 분명히 알고
있었다. 효종은 아버지를 대신하여 호란의 굴욕을 씻고 청에 복수하
기 위해 북벌北伐을 국시로 삼았다. 그러나 북벌의 길은 험난했고, 오
히려 청의 요구에 의해 1654년(효종 5)과 1658년(효종 9)에 두 차례의
러시아 정벌(나선정벌羅禪征伐)을 단행해야 했다.

효종 시기는 명나라에 끝까지 의리를 지켜야 한다는 대명의리론大
明義理論이 대세를 이룬 시기였다. 그리고 그 대명의리론의 중심에 효
종의 대군 시절 스승이었던 서인의 영수 우암尤庵 송시열이 있었다.
송시열과 그의 제자들은 다양한 방식으로 명에 대한 의리를 표현했
고, 그 흔적들은 화양서원華陽書院과 만동묘萬東廟, 대보단大報壇 등 수
많은 공간에 새겨져 오늘날까지 이어지고 있다.

33
북벌과 대명의리론을
구현한 공간들

청에 볼모로 잡혀 있던 소현세자가 귀국 두 달 만에 의문의 죽음을

당하고 봉림대군이 인조의 뒤를 이어 효종으로 즉위했다. 이 사건은 조선 역사에 큰 전기였다. 효종 즉위 후 청을 물리쳐야 한다는 북벌이 조선의 국시로 자리를 잡았기 때문이다.

효종의 북벌을 이념적으로 뒷받침한 인물이 서인의 영수 송시열이다. 효종과 송시열은 명나라에 끝까지 의리를 지켜야 한다는 대명의리론의 중심이었고, 대명의리론은 북벌의 기반이 되었다.

저 오랑캐들은 이미 망할 형세에 있다. 10년을 기한으로 군사 훈련과 군장비, 군량을 비축하여 조선과 국민들이 일치단결하고 군사 10만 명을 양성하여 틈을 타서 명과 내통하여 기습하고자 한다.

위 발언은 효종이 승지와 사관을 물리치고 송시열과 독대하면서 했다는 이야기로, 실록이 아닌 송시열의 개인 문집 《송자대전朱子大全》〈악대설화幄對說話〉에 기록돼 있다.

효종은 북벌을 추진하는 과정에서 대군 시절 스승인 송시열의 후원을 적극 기대했다. 송시열은 주자성리학의 의리론과 명분론을 중시하는 서인의 학문적·정치적 구심점 역할을 했기 때문이다. 실제로 송시열은 주자성리학 이념을 조선 사회에 구현하기 위해 평생 노력했고, 그 흔적은 대한민국 곳곳에 유적으로 남아 있다.

송시열은 1607년(선조 40) 충청북도 옥천군 구룡촌에서 태어났다. 부친 송갑조宋甲祚가 부인 선산 곽씨 집안에서 처가살이하는 동안 송시열을 출생한 것이다. 송시열이 관직 생활을 하며 서울에 머물 때 살았던 곳은 성균관 근처의 종로구 명륜동, 혜화동 일대였다.

19세기 학자 유본예柳本芸가 쓴 《한경지략》 명승조에는 "송동松洞이 성균관 동쪽에 있는데 우암 송시열이 살던 동네다"라고 기록되어 있다. 송동은 송시열의 성을 따서 붙인 이름이다. 실제로 혜화동의 올림픽기념국민생활관 정문에는 우암구기尤菴舊基라는 글자가 쓰여 있어 이곳이 송시열의 옛 집터임을 기억하게 한다. 이곳에서 조금 위로 올라가면 증주벽립曾朱壁立이라는 글씨를 만날 수 있는데, 이는 증자와 주자의 뜻을 계승하고 받들겠다는 주자성리학자 송시열의 의지가 압축된 것이다. 송시열이 유배를 간 인연 때문에 송시열을 모신 제주도 귤림서원橘林書院에도 증주벽립 바위 글씨가 있는데, 이것은 송동에 있는 것을 탁본하여 새긴 것이다.

명나라에 대한 의리를 잊지 말자는 대명의리론은 효종 시대 사회 곳곳에 반영되어 있었다. 병자호란 이후 공식적인 외교문서 등에는 청나라 연호를 사용했지만, 실록 기록이나 사대부들의 개인 문집 등에서는 대부분 이미 멸망한 명나라의 마지막 황제 의종毅宗의 연호(숭정崇禎)를 계속 사용했다. 그런 탓에 효종 대 친청파의 핵심 인물로 꼽힌 김자점이 조선 조정에서 장릉長陵(인조의 능)의 묘지문에 숭정 연호를 사용했다고 청나라에 고발하는 해프닝이 일어나기도 했다.

대명일월大明日月 백세청풍百世淸風 바위 글씨를 새겨 넣은 것도 대명의리론의 발현이었다. 대명일월은 '명나라는 해와 달(영원하다)'이라는 뜻이고, 백세청풍은 '오래도록 부는 맑은 바람'이라는 뜻으로, 모두 명나라에 대한 영원한 충성을 다짐하는 말이다.

화양계곡 바위에 새겨진 선조의 어필 만절필동

대명일월 백세청풍 바위 글씨로는 안동 김씨 김상용金尙容의 별서인 청풍계가 유명하다. 《동국여지비고東國輿地備攷》에는 "청풍계가 인왕산 기슭에 있는데 그 골 안이 깊고 그윽하며 천석泉石이 아늑하고 아름다워서 놀며 즐길 만하다. 김상용의 집 안에 태고정太古亭이 있고, 늠연당凜然堂이 있어 선원仙源(김상용)의 초상화를 모셨다. 후손들이 근처에 살고 있어서 세상 사람들이 창의동 김씨라 한다. 시냇물 위 바위에 대명일월 백세청풍 여덟 자가 새겨져 있다"고 기록하고 있다.

송시열의 대명의리론이 가장 구체적으로 구현돼 있는 공간은 청주 화양동 계곡이다. 화양동 계곡은 주자의 무이구곡武夷九曲을 본떠 화양구곡華陽九曲이라고 불리기도 했다. 이 중 제4곡 근처 첨성대 아래에서는 선조의 글씨인 만절필동萬折必東과 숙종의 글씨인 화양서원華陽書院 등 여러 바위 글씨를 만날 수 있다.

이중 만절필동은 자공子貢이 스승 공자孔子에게 "군자가 물을 보고서 느껴야 할 점이 무엇입니까?"라고 질문하고, 이에 공자가 "만 번을 굽이쳐 흘러도 반드시 동쪽으로 향하니 뜻이 있는 것 같다〔基萬折也必東以志〕"고 한 말에서 유래한다. 황하강의 물줄기가 만 번을 꺾이고도 반드시 동으로 흐르는 것처럼 일은 반드시 옳은 데로 귀결된다는 사필귀정의 진리를 담은 말이다. 즉 명나라에 대한 의리를 끝까지 지키겠다는 의미를 담고 있다. 이는 원래 선조가 임진왜란 후 명나라 유민들이 살았던 경기도 가평군 조종암朝宗巖에 새긴 것인데, 이후에 송시열이 그 글씨를 화양동에 다시 새긴 것이다. 화양서원 글씨는 숙종이 화양서원에 사액을 내릴 때 쓴 어필을 암각한 것이다.

이 인근에는 명나라 의종의 친필인 비례부동非禮不動과 송시열의 글씨인 대명천지大明天地 숭정일월崇禎日月이 새겨져 있다. 비례부동은 《논어》 중 공자와 제자 안연顔淵의 대화에서 나온 표현으로, 예가 아니면 행동하지 말라는 뜻이다. 한편 송시열은 대명천지 숭정일월 글씨를 통해 여전히 숭정 연호를 사용함으로써, 명나라가 멸망한 후 중화의 이념이 청이 아닌 조선에서 계승됐으며 그 중심 공간이 화양동임을 자부하고 있다. 이러한 생각은 명을 높이고 청을 배척하여 병자호란의 수치를 씻고 원수를 갚겠다는 복수설치復讐雪恥를 국시로 삼았던 효종의 북벌 정신을 계승한 것이기도 하다.

화양동에는 송시열을 배향하는 화양서원이 세워졌다. 송시열은 기사환국己巳換局으로 사약을 받고 죽었기 때문에 한동안 그에 대한 추숭 작업이 본격화되지 못하다가 갑술환국甲戌換局으로 서인이 다시 집권하면서 추숭을 위한 서원 건립이 전국에서 시도되었다. 송시열이 만년에 활동한 강학 공간인 화양서원은 추숭 작업의 중심 공간이 되었다. 그리하여 1695년(숙종 21) 호서湖西의 여러 유생들이 화양동에 송시열을 배향하는 서원을 세웠다.

이듬해에는 호서 유림들이 상소하여 화양서원에 사액을 청하였는데 예조에서는 사액이 중첩된다며 난색을 표했다. 이때 숙종이 직접 나서 "송시열은 평소에 예우가 특수하여 다른 유현儒賢과 같지 않았고, 화양동은 다른 곳에 비할 바가 아니니 서원을 창설하는 것은 그만둘 수 없는 일이다"[117]라고 하며, 특명을 내려 화양華陽이라고 사액하고 관원을 보내 제를 지내도록 했다.

화양서원은 처음에는 화양동 동구 밖의 만경대萬景臺 밑에 세워졌다가 1710년(숙종 36)에 화양동의 중심 공간인 만동묘 아래로 옮겨졌다. 춘추의 제사는 만동묘에 향사하는 날에 거행하였다. 처음에는 영정을 송시열이 생전에 살던 서재書齋에 봉안했다가 뒤에 화양서원으로 옮겼다.

화양서원은 이후 송시열의 후예인 노론이 집권하면서 기호 지역을 대표하는 서원으로 그 위상을 높였다. 그러나 그러한 서원의 위상은 흥선대원군 서원 철폐령의 표적이 되기도 했다. 《매천야록梅泉野錄》은 흥선대원군이 젊은 시절 화양서원에서 당했던 수모가 이후 이곳에

조선에 세워진 명나라 신종의 사당 만동묘

대한 철저한 보복으로 이어졌다고 기록하고 있다.

송시열의 대명의리론은 제자들에 의해서 계승되었다. 송시열은 임진왜란 때 원군을 파견해 조선을 구원한 명나라 신종神宗의 은혜, 즉 재조지은再造之恩을 다하는 것을 조선의 사명이라고 인식했다. 송시열은 명나라 신종과 마지막 황제 의종을 위한 사당을 지어 그 은혜를 갚고자 했고, 그 뜻은 그의 수제자 권상하權尙夏에게 이어졌다. 1704년(숙종 30) 권상하는 스승의 유명遺命에 따라 신종과 의종을 위한 사당을 화양동 중심에 세우고 만동묘라 하였다.

《화양지華陽誌》에 의하면 당시 만동묘는 4동 건물에 23칸 규모였다고 한다. 만동묘라는 이름은 만절필동萬折必東의 만 자와 동 자를 따온 것이다. 기록에는 "처음에 송시열이 일찍이 장식張栻의 우제사虞帝祠의 의리에 따라 명나라 신종의 사당을 세우려고 하였으나 미처 이루지 못했는데, 권상하가 비로소 청주의 화양동에 건립하고 만동묘라 이름했으며 사변四籩(4개의 대나무로 만든 제기), 사두四豆(4개의 나무로 만든 제기)로 신종과 의종 두 황제를 제사하였다"[118]라고 되어 있다. 1704년은 마침 명나라가 멸망하고 의종이 자결한 지 60년 되는 해여서 만동묘의 건립은 더욱 의미 있게 받아들여졌다.

대명의리론의 정신은 숙종 대 창덕궁 후원에 대보단을 건립하는 것으로 이어졌다. 대보단의 설립은 1704년 1월 숙종이 제의한 데 이어 관학 유생 160명이 명나라 신종의 사당 건립을 청원함으로써 이루어졌다. 숙종은 그해 3월, 후원의 정결한 곳에서 먼저 의종에게 제사를 올렸다. 대보단 건립 공사는 10월에 시작되어 11월에 단의 이름을 짓고, 12월 21일에 완료되었다."[119]

대보단 설립 후 숙종은 신종의 제사만 지냈으나 영조 대에 이르러 여기에 명나라 태조太祖와 의종이 추배되었다. 태조는 원나라에 대항하여, 의종은 청나라에 대항하여 각각 춘추의리春秋義理를 지키고자 했음을 기리고자 한 것이다. 대명의리론의 구현인 만동묘와 대보단의 설립은 명나라가 중화라면 조선은 소중화라는 소중화 사상, 나아가 중화의 이념은 명나라 멸망 후 조선으로 이어졌다는 조선중화 사상으로 이어졌다.

현종顯宗(1641~1674, 재위 1659~1674)은 역사에서 존재감이 크지 않다. 예종이나 인종은 1년 남짓 재위했기에 그렇다 치지만 현종은 재위 기간이 15년이나 된다. 현종의 존재감이 이처럼 옅은 것은 예송논쟁禮訟論爭으로 대표되는 치열한 당쟁으로 인해 왕권이 신권에 밀려 희미해져 있었기 때문이다.

　게다가 현종 대에는 1670년(현종 11)과 1671년(현종 12)의 자연재해로 인한 경신대기근庚辛大飢饉, 전염병으로 파생된 경제난까지 덮쳤다. 오죽하면 《현종실록顯宗實錄》에 "팔도의 기아와 전염병으로 죽은 사람들을 이루 다 기록할 수 없을 정도였다. … 늙은이들의 말로는 이런 상황은 태어난 뒤로 보거나 들은 적이 없었다"라고 한 기록까지 있을 정도다.[120] 여기에 더해 병약했던 현종이 치료를 위해 온양온천에 가느라 자주 자리를 비운 것도 왕으로서의 존재감을 지우는 데 주요한 원인이 되었다.

34

현종과
온양 행궁

현대인들도 즐겨 찾는 온천은 조선시대 왕실의 최고 휴식처였다. 조선 초기에는 황해도 평산과 경기도 이천의 온천도 자주 이용되었지만, 평산온천은 너무 뜨겁고 이천은 길이 험해 온양온천이 가장 널리 사랑받았다.

《조선왕조실록》의 기록에 의하면 온양온천을 가장 애용했던 왕은 세종, 세조, 현종, 숙종, 영조다. 이들 중 세종과 세조, 현종은 모두 안질과 피부병으로 고생한 전력이 있다. 결국 조선시대 왕의 온천 행차는 휴식보다는 병 치료에 주 목적이 있었던 것이다.

왕들이 온양온천을 자주 찾으면서 이곳에 임시 궁궐인 행궁이 설치되었다. 온양 행궁은 세종 대인 1432년(세종 14) 건립을 명받았고 이듬해 1월 6일에 완성되었다. 세조 대에는 온양 행궁에 관리인을 두었다. 기록에는 세조가 "무릇 온양온천에서 목욕하고자 하는 자는 어정御井, 어실御室 외에는 금하지 말라"[121]며 백성들도 온양온천을 이용할 수 있도록 배려했던 모습이 그려져 있다.

온양 행궁은 1597년(선조 30) 정유재란 때 불에 타 폐허가 되었다. 이를 다시 재건한 왕이 바로 현종이다. 현종은 지병을 다스리기 위해 온양 행차를 결심하고 행궁의 복구를 명했다. 이로써 어실과 탕실湯室, 각종 부속 건물 등 약 100여 칸 규모의 건물이 복구되었다.

온양 행궁의 재건을 명한 현종은 온양 행궁을 가장 많이 찾은 왕이기도 하다. 그는 재임 기간 내내 종기와 피부병에 시달려서 온천을 자주 찾았다. 1665년(현종 6)부터 1669년(현종 10) 사이 실록 기록에는 왕이 온천에 머문 기사가 매년 50건이나 발견될 정도다. 현종은 백성들에게 폐가 될 것을 걱정하면서도 온천욕의 뛰어난 효능 때문에 계속 행궁 행차를 택했다.

상이 의관을 시켜 약방에 말을 전하기를 "요즈음 부스럼이 온몸에 나 고통을 견디기 어려운데, 온천에 목욕하는 것이 효험이 있다는 것을 알고 있으면서도 민폐가 염려되어 할 생각을 못했다. 지금 눈병과 부 스럼이 한꺼번에 발해 약은 오래 복용했으나 효험이 없고 침은 겨우 당장 위급한 것만 치료할 뿐이다. 일찍이 듣건대 온천이 습열濕熱을 배설시키고 또 눈병에 효험이 있다고 하니, 지금 기회에 가서 목욕했 으면 한다.[122]

현종은 자신의 눈병과 피부병에 침과 약이 효험이 없자 온천욕을 대안으로 찾고 이곳으로 행차했다. 1662년(현종 3) 8월 13일의《현종 실록》에는 "내 몸의 습창이 날이 갈수록 더욱 심해지고 있으니 온정 에 가서 목욕하는 일을 그만둘 수 없을 듯하다"라며 또 다시 온천욕 을 결심하는 모습이 나타난다.

현종의 온양 행차에는 대규모 인원이 수행했다. 정승과 판서들뿐 아니라 침의와 약의를 비롯한 어의, 무예별감 30명, 어영군 1,200명, 마병 470명과 포수 800명 등 수천의 병사들이 행차에 따라나섰다. 이러한 대규모 행차는 국가 경제에 적지 않은 부담을 안기고 국정 운 영에도 상당한 차질을 빚었을 것이다. 결과적으로 잦은 온천행은 현 종이 왕으로서 역량을 발휘하는 데 큰 장애가 되었고, 15년간 왕의 자리에 있었던 그를 기억하지 못하게 하는 원인이 되었다.

온양 행궁에 설치했던 온천의 모습이 그림으로 가장 잘 표현된 자 료는《영괴대기靈槐臺記》다.《영괴대기》는 충청도 관찰사로 있던 이형

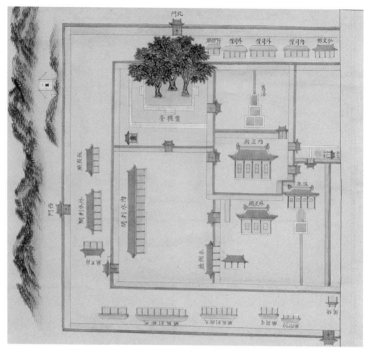

온양 행궁의 옛 모습을 담은 〈온양별궁전도〉

원李亨元이 사도세자思悼世子의 회갑이 되는 1795년(정조 19), 30여 년
전 사도세자가 온양 행궁을 찾아 이곳에 세 그루의 느티나무를 심은
것을 기념해 영괴대를 설치하는 과정을 정리한 책이다.

책의 앞부분에는 행궁의 전체 모습을 그린 〈온양별궁전도溫陽別宮全
圖〉가 실려 있다. 그림을 보면 중앙의 온천을 중심으로 기와와 초가를
이은 건물들이 빽빽이 들어차 있는데, 건물마다 홍문관, 승정원, 상서
원, 사간원, 수문장청 등 관청의 이름이 붙어 있어 온양 행궁이 임시
궁궐로 기능했음을 알 수 있다. 가장 넓게 표시된 수라간의 존재는

대규모 수행 인원이 행궁에 머물렀음을 짐작하게 한다.

1760년(영조 36) 사도세자가 온양온천을 찾았다. 그가 이곳을 방문한 상황은《온궁사실溫宮事實》기록을 통해서 생생히 전해진다.《온궁사실》은 1760년(영조 36) 7월 18일에 사도세자가 창덕궁을 출발해 온양 행궁에 도착해 머물다가 8월 4일 환궁하기까지 16일간의 과정을 정조 대에 기록한 책이다.

《온궁사실》에는 욕실, 양방涼房, 협실夾室, 탕실 등 온천의 건물 구조가 표현되어 있다. 온천 건물은 12칸으로 대략 30평 정도가 되며, 탕실을 중심으로 남쪽과 북쪽에 통로로 보이는 협루狹樓가 있고, 찬 바람을 쐴 수 있는 남량방南涼房, 북량방北涼房이 있다. 온돌을 간 욕실은 동서 양쪽에 있다. 탕 가운데에는 온천물이 솟고, 탕과 탕 사이에 물길을 조절하는 탕간석湯間石이 있으며, 탕 안으로 들어가는 계단으로 사용됐을 것으로 추정되는 2층 목층교木層僑가 표현돼 있다.

《온궁사실》에는 당시 온탕에서 사용했던 용품들도 기록돼 있다. 오동나무 바가지, 큰 함지박, 조그만 물바가지, 놋대야, 의자, 수건 14장을 비롯해 현재의 목욕 가운에 해당하는 자주색 비단에 솜을 넣은 옷도 있었다. 온탕에서 사용된 용품만 보면 지금의 목욕탕과도 크게 다르지 않은 모습이다. 여기에는 목욕에 사용한 약재들도 기록돼 있는데, 부용향芙蓉香 한 재와 소목 1근, 울금鬱金 8량, 당작설唐雀舌 8량 등, 마치 오늘날의 녹차탕, 한방탕, 레몬탕 등을 연상케 한다.

3부

조선의 중흥과
쇠망의 공간

숙종肅宗(1661~1720, 재위 1674~1720) 하면 대부분은 장희빈張禧嬪과 인현왕후仁顯王后의 궁중 암투를 먼저 떠올린다. 영화나 드라마에서 비쳐진 두 여인의 강한 존재감에 정작 왕이었던 숙종이 가려진 탓이다.

그러나 숙종은 조선시대에 흔치 않은 적장자 출신 왕이자 영조 다음으로 재위 기간이 긴 왕이다. 업적도 많았다. 세 차례의 환국을 통해 서인과 남인의 당쟁을 조정하고 왕권을 강화했으며, 상평통보를 전국적으로 유통하여 조선 후기 상업 발달에 중요한 역할을 했다. 북한산성 설치와 강화도 지역 방비 시설 확충 등 군사적으로도 의미 있는 업적을 남겼고, 단종과 사육신을 복권하여 왕도정치 이념을 바로 세웠다. 숙종 시대에 이루어진 이와 같은 성과들은 영·정조 시대에 본격화되는 조선 후기 정치·문화 중흥의 기틀이 되었다.

35
장희빈과 인현왕후,
역사의 드라마가 새겨진 곳

이제까지 사극 주인공으로 가장 많이 다루어진 인물은 단연 장희빈이다. 표독스러운 후궁 장희빈과 인자한 중전 인현왕후의 라이벌 구도는 한국 사극을 대표하는 클리셰로 오랫동안 사랑받았다. 이 드라마의 하이라이트는 장희빈이 신당을 차려놓고 인형에 침을 찔러 인현왕후를 저주하는 장면인데 이는 드라마적 상상력이 아닌 실제 역사 기록에 기반한 것이다. 당시 장희빈이 신당을 차리고 인현왕후를 저주한 곳은 창경궁 취선당就善堂으로 현재는 창덕궁 경역 내 낙선재樂善齋 부근에 있다. 장희빈은 이곳 취선당 외에도 창경궁 통명전通明殿 등에서 다른 저주 사건을 벌였다. 그리고 그 저주가 효험이 있었는지 인현왕후는 1701년(숙종 27)에 시름시름 앓다가 승하했다.

1686년(숙종 12) 숙원 첩지를 받아 정식 후궁이 된 장희빈은 2년 후인 1688년에 왕자(경종)를 낳았다. 장희빈은 그동안 자식이 없어서 고민하던 숙종에게 아들을 안겨줌으로써 후궁으로서의 입지를 굳힐 수 있었다.

숙종은 새로 탄생한 왕자를 바로 원자로 삼을 것을 지시했지만 송시열로 대표되는 서인들이 강하게 반대했다. 중전인 인현왕후가 22세로 아직 어리니 충분히 왕자를 낳을 수 있다는 것이 주된 이유였다. 그러나 숙종은 서인의 반대를 무릅쓰고 장희빈의 아들을 원자로 삼았다. 원자는 세자로 가는 전 단계였다.

그 후 1689년(숙종 15) 서인들이 대거 숙청당하고 남인들이 집권하는 기사환국己巳換局이 일어났다. 이 과정에서 제주도로 유배된 송시열은 유배지에서도 거듭 원자의 세자 책봉을 반대하는 상소를 올렸고, 한양으로 압송되던 중 정읍에서 사약을 받고 죽었다. 이로써 1690년(숙종 16) 장희빈의 아들이 세자로 책봉될 수 있었다.

기사환국 후 장희빈의 위상은 더욱 높아졌고 인현왕후는 폐위되었다. 숙종은 1689년 인현왕후를 폐위하는 비망기를 내리면서 인현왕

장희빈이 인현왕후를 저주했던 창경궁 통명전

후의 죄상이 연산군의 생모인 폐비 윤씨보다 더하다며 극언을 퍼부었다. 당시의 사관은 "중궁은 왕후의 자리에 오른 지 거의 10년이 되었는데, 안으로는 후궁의 투기와 이간이 있었고 밖으로는 간신의 부추김이 있어서 위험이 핍박하는 변에 빠져 폐출의 액운을 당했다. 임금이 바야흐로 총애에 치우치고 분노에 과격하여, 무릇 잘못을 크게 드러내어 그 죄를 만드는 것에 이르지 아니하는 바가 없었다"[123]라고 해 인현왕후의 폐위에 장희빈에 대한 숙종의 총애가 크게 작용했음을 언급했다. 이후 폐위된 인현왕후를 대신해 장희빈이 왕비의 자리에 오른 것은 당연한 수순처럼 보였다.

인현왕후는 폐위된 후 사가인 안국동으로 들어갔다. 훗날 이 집에 이름을 붙인 이는 인현왕후의 시중을 들던 궁녀 숙빈 최씨의 아들 영조였다. 1761년(영조 37) 인현왕후의 사가를 찾은 영조는 인현왕후가 머물던 침실을 '옛 일을 생각한다'는 뜻에서 감고당感古堂이라 이름하고 어필로 그 편액을 써서 걸도록 했다. 영조는 "내가 태어난 것이 마침 갑술년이었는데, 바로 왕비께서 복위되던 해"였다며 인현왕후와의 인연을 강조했다. 이후 감고당은 인현왕후와 같은 여흥 민씨 후손인 명성황후明成皇后의 거처로 사용되기도 했다.

인현왕후의 감고당 생활은 그리 오래가지 않았다. 1694년(숙종 20) 숙종이 다시 장희빈을 후원하던 남인을 숙청하고 서인을 정계에 복귀시키는 갑술환국甲戌換局을 단행했기 때문이다. 그해 4월 12일, 숙종은 왕비로 있던 장희빈을 희빈으로 강등시키고 그녀에게 내려준 왕후옥보王后玉寶를 부수게 했다. 그러고는 6월 1일, 인현왕후를 다시 왕비로 책봉하는 의식을 거행했다. 1681년(숙종 7) 처음 왕비로 간택된 이후 두 번째로 경험한 왕비 책봉이었고, 1689년 기사환국으로 폐출된 뒤 5년 만의 환궁이었다.

궁으로 돌아온 인현왕후는 건강 문제로 왕실에 큰 근심을 안겼다. 다시 왕비로 책봉된 직후인 6월 13일에도 "중궁이 편치 못한 증후가 있으므로, 내의원 제거提擧와 여러 신하들이 번갈아 당직했다"[124]는 기록이 있을 정도였다. 1700년(숙종 26) 이후에는 특히 병세가 심했다. 《승정원일기》에는 인현왕후의 투병 기간인 1700년 4월, 5월, 11월과 1701년 8월까지 총 4회에 걸쳐 의약청이 설치되었음이 나타난다. 이처럼 인현왕후의 승하의 가장 큰 원인은 계속된 지병이었던 것으로 보인다. 그러나 장희빈의 저주 사건이 발각되면서 그 화살이 장희빈에게 돌아가게 됐다.

갑술환국 이후 왕비 자리에서 물러난 장희빈이 울분의 시간을 보내며 인현왕후에 대한 저주를 실행했던 것은 기록에서도 확인된다. 1701년 9월 23일 밤, 숙종이 내린 비망기에는 저주 사건의 정황이 잘 정리되어 있다.

> 대행왕비大行王妃(인현왕후)가 병에 걸린 2년 동안에 희빈 장씨는 비단 한 번도 기거起居하지 아니했을 뿐만 아니라, 중궁전이라고 하지도 않고 반드시 민씨라고 일컬었으며, 또 말하기를 "민씨는 실로 요사스러운 사람이다"라고 했다. 이뿐만이 아니다. 취선당의 서쪽에다 몰래 신당을 설치하고, 매양 2, 3인의 비복들과 더불어 사람들을 물리치고 기도하되, 지극히 빈틈없이 일을 꾸몄다. 이것을 참을 수가 있다면 무엇인들 참지 못하겠는가?[125]

실제로 인현왕후는 장희빈이 보낸 궁녀들 때문에 심한 스트레스를 받았고, 이것이 병을 악화시켰던 것 같다. "희빈에 속한 것들이 항상 나의 침전에 왕래했으며 심지어 창에 구멍을 뚫고 안을 엿보는 짓까지 했다. 그러나 침전의 시녀들이 감히 꾸짖어 금하지 못했으니, 일이 너무나도 한심했지만 어찌할 수가 없었다. 지금 나의 병 증세가 지극히 이상한데 사람들이 모두 말하기를, '반드시 귀신의 재앙이 있다'고

한다. … 다만 나는 갖은 고초를 받았으나, 지금 병이 난 두 해 사이에 소원은 오직 빨리 죽는 데 있으나 여전히 다시 더하기도 하고 덜하기도 해 이처럼 병이 낫지 아니하니 괴롭다"[126]고 하면서 눈물까지 흘린 모습이 기록돼 있다. 이어 "숙빈 최씨가 평상시에 왕비가 베푼 은혜를 추모해, 통곡하는 마음을 이기지 못하고 왕에게 몰래 고했다"[127]라며, 장희빈의 저주를 고변한 당사자가 숙빈 최씨임을 지목했다.

장희빈이 신당을 차린 이유는 무녀의 손을 빌려 인현왕후의 죽음을 재촉하기 위해서였다. 저주를 행한 무녀 오례를 문초한 기록에는 "대개 숙정과 큰 무수리, 한 상궁 등이 모두 저에게 '청컨대 민 중전을 죽이고 희빈이 다시 중전이 되게 해달라'는 뜻으로 축원하라'고 했기 때문에 제가 과연 그런 말을 썼으며, 이른바 방 안에서 암암리에 축원한 것도 또한 이러한 뜻이었습니다"[128]라고 진술했음이 보인다.

궁녀 축생의 진술에는 "제가 취선당 서쪽 우물가에서 찬饌을 마련해 희빈의 침실에 바치면, 희빈과 숙영·시영 등이 스스로 축수하기를 '원컨대 원망하는 마음을 풀어주시고, 또 소원을 이루어주소서'라고 하고, 즉시 민 중전을 죽인다고 축언했습니다. … 작년 11월 신사神祀 때 무녀가 갓을 쓰고 홍의紅衣를 입은 채 궁시弓矢를 들고 일어나 춤을 추며 활을 사방으로 마구 쏘면서 '내가 마땅히 민 전하를 죽이리라. 만약 민 전하가 죽으면 어찌 좋지 않겠는가? 좋고말고'라고 했습니다"[129]라는 등 장희빈이 벌인 저주의 굿판이 구체적으로 묘사되어 있다.

장희빈은 취선당에 신당을 차린 후 여러 시비侍婢들로 하여금 창경궁 통명전과 창덕궁 대조전 부근에 각시 인형과 참새, 쥐의 뼛가루 등을 묻게 했다. 무당의 말을 듣고 인현왕후를 저주하기 위해서였다. 대조전이 창덕궁의 왕과 왕비 침전이고, 통명전이 창경궁의 왕비 침전임을 감안하면 저주의 대상이 인현왕후였음을 분명히 알 수 있다.

저주 사건에 가담한 무녀, 궁녀, 시비 등을 국문하는 과정에서 인현왕후의 거처인 대조전과 통명전 밑에 각종 흉물을 묻은 사실들이 줄줄이 나왔다. 시비 숙정을 문초하는 과정에서, "재작년(1699) 9, 10월과 작년 9, 10월에 희빈의 말을 따라 비단으로 각씨角氏 7개를 만들고 다홍 비단으로 치마를 만들며 남색 비단으로 윗옷을 만들었는데, 몸통의 크기가 보통과 같았습니다. 금단은 희빈이 보내왔는데 죽은 새·쥐·붕어를 아울러 각각 7마리씩 담았습니다. 그리고 대궐에서 밖으로 내보냈던 버드나무 상자를 철생으로 하여금 대궐 안으로 들여보내도록 했는데, 철생은 혹은 내용을 알기도 하고 모르기도 했습니다. 설향이 글을 보내와 보고하기를, '한 상궁과 황씨, 숙이와 통명전과 대조전의 침실 안에 같이 묻었다고 했습니다"[130]라는 진술이 나왔다.

취선당에 신당을 차리고, 대조전과 통명전에 묻은 흉물의 효험 때문이었을까? 1701년 8월 14일, 인현왕후는 35세를 일기로 창경궁 경춘전에서 승하했다. 그러나 왕비로의 복귀를 꿈꾸었던 장희빈의 바람은 실현되지 못했다. 그해 10월 8일, 장희빈 역시 숙종이 내린 사약을 받고 생을 마감했기 때문이다. 인현왕후에 대한 저주가 그 죄목이었다. 이로써 숙종 시대를 대표하는 두 라이벌, 장희빈과 인현왕후는 같은 해에 생을 마치는 운명을 맞았다.

36
숙종 대의 국방 강화와
북한산성

숙종은 국방 강화와 영토 확장에 적극적인 관심을 보였다. 숙종의 국방 강화 의지는 그가 북한산성과 한양 도성을 수축하고, 그 둘을 연결하는 탕춘대성蕩春臺城을 조성한 것에서도 잘 드러난다. 강화도와 남한산성 등 한양의 방어 요충지들에 대한 시설 보강도 숙종 대에 본격적으로 추진되었다. 청나라와의 영토 분쟁 문제를 해결하기 위해 조사단을 파견하고 백두산정계비白頭山定界碑를 세운 것도 이러한 노력의 일환이었다.

조선 후기에 이르러 병자호란 때의 치욕을 되풀이하지 않기 위해 도성 방어를 강화해야 한다는 논의가 본격화되었다. 이 문제에 특히 관심을 가진 왕이 바로 숙종이었다. 숙종은 재위 기간 동안 기존의 한양 도성을 개축하고 새롭게 북한산성을 수축하는 데 매진했다.

한양 도성은 태조 때 정도전의 주도로 처음 건설된 이래, 세종 대에 개축되었다가 이후 200여 년간 대대적인 정비가 이루어지지 않았다. 한양 도성 개축에는 선대와는 다르게 규격화된 돌이 사용되었는데, 현재에도 태조와 세종 때에 쌓은 돌과 숙종 때 쌓은 돌의 차이를 확인할 수 있다.

북한산성 수축 논의는 숙종 즉위 직후 무관 유혁연柳赫然에 의해 제기되었다. 유혁연은 "만일 사변이 있으면 왕이 머무실 만한 곳이 없습니다. 북한산은 산세가 험하고 견고하며 사면이 막혀 있는데 유독 동 어귀의 한 길만 있어서 쌓는 역사도 많을 것이 없습니다. 또 이는 도성과 지척 사이라서 비록 창졸간의 변이 있더라도 군병과 기계, 그리고 인민과 축적蓄積 등은 남김없이 모두 피하여 들어갈 수 있기 때문에 형세의 편리함이 이와 같은 곳이 없사오니 속히 수축할 계책을 강구하여 결정짓는 것이 합당하겠습니다"[131]라고 건의했고, 숙종은 이를 검토해 볼 것을 지시했다.

그러나 북한산성의 본격적인 수축은 숙종 후반기에 본격화된다. 한양 도성 수축을 우선해야 한다는 논의가 제기되었고, 북한산과 도성을 연결하는 탕춘대성의 수축 작업에 대한 논의도 제기되었기 때문이다. 1702년(숙종 28) 우의정 신완申琓은 8조의 계책을 올리면서 일곱 번째로 성지城池의 수축을 건의하였다. "우리나라 산천의 험조險阻함은 천하에 으뜸인데, 병자년에 피인彼人(청나라)들이 승리를 거둔 것은 모두 서쪽 변방과 도성을 지키지 못하고 버린 소치에서 연유하는 것입니다"[132]라면서, 위급한 변란이 벌어졌을 때 의지할 만한 곳은 남한산성과 강화도가 아니라 한양 도성임을 강조했다.

또 "창의문 밖에 있는 탕춘대의 옛터는 사면이 험준하고 절벽이 깎아지른 듯이 서 있으니, 산세를 따라 돌을 포개어 치성雉城을 덧붙여 쌓되, 창고의 곡식을 예치해두고 먼저 무기를 쌓아두어 경성京城과 안팎이 되어 서로 응원하게 하고 힘을 합쳐서 굳게 지킨다면, 나라에는 파천할 근심이 없고 백성은 견고한 뜻이 있게 될 것인데, 가까운 거리에 있는 천연의 험준한 곳을 오히려 지금까지 비워둔 채 버려두었으니, 그 애석함을 견딜 수 있겠습니까?"¹³³라고 했다.

숙종은 신완의 도성 방어책을 수용했지만, 도성 수축이 우선이냐 북한산성 수축이 우선이냐의 논의는 계속되었다. 그러다가 1704년(숙종 30) 8월부터 본격적인 도성 수축 공사가 시작되었다. 그러나 "경기 백성으로 군문軍門에 예속된 사람들은 이 역사 때문에 폐농廢農하였고, 돌을 운반하는 역사에서는 사상자가 상당히 많았으므로 사람들이 모두 원망하였다"¹³⁴는 기록에서 알 수 있듯 도성 수축에는 많은 후유증이 따랐다. 결국 숙종은 어영청, 금위영 등 군영에 축성 사업을 맡겨서 1712년(숙종 38) 무렵 완성을 보았다.

북한산성 수축 작업은 1711년(숙종 37)에 본격화되어 이듬해 행궁과 성곽, 창고, 문루, 우물 등이 완공되었다."¹³⁵ 완공된 북한산성은 훈련도감, 금위영, 총융청의 군사들이 나누어 수비했고, 성곽과 군량의 관리를 전담하는 경리청經理廳을 별도로 설치했다. 정부 재정과 군정 내역을 모은《만기요람萬機要覽》에는 산성의 전체 둘레가 7,620보였으며 성랑城廊이 121개, 장대將臺 3개, 연못 26개, 우물 99개, 대문 4개, 암문暗門 10개, 창고 7개, 큰 절 11개, 작은 절 3개가 있었다고 기록돼 있다. 대서문大西門, 동북문, 북문 등 13개의 성문이 있었으며, 군사 지휘 시설로 동장대, 남장대, 북장대를 설치했다고 전한다. 성안의 사찰 중 중흥사重興寺는 승군을 배치한 136칸의 대사찰이었다.

1713년(숙종 39)부터는 북한산성과 군량 창고인 평창平倉을 수호하기 위한 축성 논의가 진행되다가 1718년(숙종 44) 한양 도성과 북한산성을 연결하는 탕춘대성 축조가 시작되었다. 탕춘대성 전체의 길이는

한양 방위의 요충지 북한산성

약 4킬로미터로, 성내에 연무장鍊武場으로 연융대鍊戎臺를 설치하는
한편 비상시를 대비하여 선혜청 창고와 상·하 평창을 설치하였다. 현
재 상명대학교 인근에 있는 홍지문弘智門은 탕춘대성의 성문이다. 지
금 있는 건물은 1921년 홍수로 오간대수문五間大水門과 같이 허물어
진 것을 1977년에 복원한 것이다. 한북문漢北門이라고도 부른다.

　행궁은 왕이 유사시에 임시로 거주하는 궁궐로, 이전에도 온양 행
궁과 남한산성 행궁 등이 있었다. 북한산성을 수축한 숙종은 산성 내
에 행궁을 설치하는 작업에 착수했다. 1712년 행궁이 완성되었음은
"북한산성의 행궁의 영건당상營建堂上 이하를 모두 써서 들이라고 명
하고 상을 내렸는데 차등이 있었다"[136]는 기록에서 확인할 수 있다.

행궁은 동장대 맞은편 북한산 상원봉 아래에 위치했다. 내전 28칸, 내전 행각 15칸, 수라간 6칸, 변소 3칸, 내문 3칸, 외전 28칸, 외전 행각 18칸, 중문 3칸, 월랑 20칸, 외문 4칸, 산정문山亭門 1칸의 규모였다. 그러나 북한산성 행궁은 일제강점기 이후 쇠락을 걷다가 본격적인 지표 조사가 이루어진 1999년 전까지 거의 폐허로 방치되어 있었다. 지표 조사 결과 내전 지역에 기단석과 계단, 주춧돌 등이 뚜렷이 남아 있음이 확인되었고, 2007년에는 사적 제479호로 지정되었다.

한편 "임금(영조)이 북한산성의 행궁에 나아가 시단봉에 올랐다가 날이 저물어 환궁하였다. 북한산성은 도성의 북쪽에 있는데 산이 높고 험준하고 가팔라서 성궁城宮을 쌓아 진양晉陽의 불우不虞에 대비하게 했었다. 옛날 임진년壬辰年(1712) 4월에 우리 숙묘肅廟(숙종)께서 어가를 타고 임어하여 친히 살펴보신 적이 있었는데, 이날 동가動駕한 것은 추모하는 뜻에서 나온 것이었다"[137]라는 《영조실록英祖實錄》의 기록에서는 영조가 북한산성 행궁을 찾아 부친인 숙종을 추모했음이 나타난다.

조선의 제20대 왕 경종景宗(1688~1724, 재위 1720~1724)은 오랜 기간 장희빈의 아들이라는 굴레 속에 살았다. 왕으로 즉위하는 과정에서부터 어머니의 그늘 때문에 많은 우여곡절을 겪었고, 즉위한 후에는 자신을 세자 자리에서 끌어내리고 이복동생 연잉군延礽君(영조)을 왕위에 올리려 했던 노론과 함께 정국을 운영해야 했다.

그러나 즉위 후의 경종은 노론에게 그리 만만한 상대가 아니었다. 경종은 소론 강경파의 지원을 받아 신임옥사辛壬獄事를 단행해 노론 4대신(이이명李頤命, 김창집金昌集, 이건명李健命, 조태채趙泰采)을 처형하는 강수를 뒀다. 그러고는 1722년(경종 2) 10월, 어머니를 옥산부대빈玉山府大嬪으로 추숭함으로써 마침내 죄인의 아들이라는 긴 굴레를 벗어 던졌다.

37
대빈궁,
장희빈의 명예를 회복시키다

경종은 조선 왕 가운데 가장 오랜 기간인 30년 동안 세자 생활을 했다. 그 긴 시간 동안 경종은 장희빈의 아들이라는 굴레 때문에 불안 속에서 자리를 지켰다. 노론 정치인 민진원閔鎭遠이 쓴 《단암만록丹巖慢錄》에는 세자가 조금이라도 잘못을 저지르면 숙종이 "누구의 자식인데 어찌 그렇지 않겠는가?" 하면서 반드시 성난 목소리로 꾸짖었고, "그 후 세자는 이상한 병에 걸려 끝내 국가의 화가 되었는데, 혹자는 놀라고 무서워서 그렇게 되었다고 한다"는 기록이 전한다. 작은 실수조차 용납받지 못하는 불안한 자리였던 것이다. 세자 시절 경종의 스트레스가 얼마나 컸을지를 추측하게 하는 대목이다.

조선 역사에서 왕비로 인정받지 못한 생모를 추숭하는 일은 흔히 있었다. 단종의 모후 현덕왕후 권씨나 성종의 모후인 소혜왕후 한씨(인수대비)도 생전에는 왕비가 아니었으나 사후에 왕비로 추존된 경우다. 심지어는 폐위당한 왕인 연산군과 광해군 대에도 그런 일이 있었다. 연산군은 재위 중에 생모 폐비 윤씨를 제헌왕후齊獻王后로 추숭했고, 광해군은 생모 공빈 김씨를 공성왕후恭聖王后로 추숭했다. 물론 두 왕비는 연산군과 광해군이 폐위된 후 왕비의 지위를 박탈당했다.

경종 또한 아버지 숙종에게 사약을 받고 생을 마감한 어머니 장희빈을 추숭하고자 하는 마음이 각별했다. 그리하여 재위 3년 만인 1722년 10월 10일, 어머니를 추존해 옥산부대빈으로 높이고 그 신주를 종묘에 모실 것을 명했다. 명을 시행한 예조에서는 사우祠宇의 칸은 단경왕후端敬王后 신씨(중종 비)의 사례를 참고하고, 제수는 인빈 김씨(선조의 후궁, 원종으로 추숭된 인조의 부친 정원군의 생모)의 사례를 따를 것을 청했다. 왕비의 자리에서 쫓겨나거나 후궁으로 생을 마친 사례를 따르도록 한 것이다.

경종이 장희빈의 왕비 추숭을 시작한 때는 노론과의 힘겨루기에서 승리한 직후였다. 어머니의 명예를 회복시키고 왕으로서의 입지를 굳히기 위해 힘을 키운 것이다. 경종은 30년의 세자 시절 동안 오직 장희빈의 아들이라는 이유로 노론의 세자 흔들기에 시달렸다. 1717년 (숙종 43) 숙종이 노론 영수 이이명과의 독대 후 세자의 대리청정을 명한 것이 그 대표적인 사건이었다. 노론 세력은 대리청정 기간 내내 세자의 약점을 찾으려고 했지만 별다른 성과를 얻지 못했다. 노론은 경종이 왕위에 오른 후에도 왕세제 연잉군의 대리청정을 주장하며 그를 흔들었다.

경종은 연잉군의 대리청정을 받아들였지만 왕위는 여전히 그에게 있었다. 경종을 지지한 소론은 노론 견제에 나섰고, 소론 강경파 김일경金一鏡의 사주를 받은 목호룡睦虎龍의 고변이 이어졌다. 이로써 노론 4대신이 사약을 받고, 노론의 핵심 인물 60여 명이 처형을 당했다. 사건이 있었던 1721년과 1722년이 각각 신축년辛丑年, 임인년壬寅年이어서 이 사건을 신임옥사辛壬獄事라 하는데, 노론에서는 자신들의 희생을 강조하기 위해 이를 신임사화辛壬士禍라고 칭한다.

신임옥사는 경종이 소론의 지원 속에 노론에 대대적인 정치적 숙청을 가한 사건으로, 경종이 결코 허약하기만 한 왕이 아니었음을 보여준다. 뒤이은 장희빈의 추존 또한 장희빈과 경종을 지지했던 소론 세력의 집권기에 본격적으로 이루어졌다는 사실에서 정치적 의도가 다분한 일이었음을 알 수 있다. 장희빈의 사당 건립을 추진하던 날에 소론의 영수 최석항崔錫恒의 요청으로 목호룡의 녹훈이 이루어진 점 또한 그런 추측을 뒷받침한다.

경종이 명한 장희빈의 추숭은 대빈궁大嬪宮이라는 사당의 건립으로 이어졌다. 궁宮이라는 명칭은 경복궁, 창덕궁 등 왕의 활동 공간에 주로 사용되지만, 왕이 되기 전에 머물렀던 거처나 후궁들의 사당에도 사용했다. 대빈궁은 처음 중부 경행방(서울의 종로구 낙원동)에 있었다가 후에 현재의 위치로 옮겨졌다. 경종이 생모인 장희빈을 추숭하고 대빈궁을 세운 것처럼 영조 역시 생모인 숙빈 최씨를 추숭하고 그녀의 신주를 모신 육상궁毓祥宮을 세웠는데, 그것이 계기가 되어 대빈궁을 육상궁 옆으로 옮긴 것이다.

경종과 영조가 생모를 추숭한 것이 선례가 되어 이후 왕을 낳은 후궁들의 신주를 모신 사당이 곳곳에 세워졌다. 원종元宗(인조의 생부), 진종眞宗(효장세자), 장조莊祖(사도세자)처럼 살아서는 왕이 아니었지만 후대에 왕으로 추숭된 이들의 어머니를 모신 사당도 건립되었다. 그리하여 인빈 김씨(원종의 생모)를 모신 저경궁儲慶宮, 정빈 이씨(효장세자의 생모)의 연호궁延祜宮, 영빈 이씨(사도세자의 생모)의 선희궁宣禧宮, 수빈 박씨(순조의 생모)의 경우궁景祐宮, 귀비 엄씨(영친왕의 생모)의 덕안궁德安宮 등이 세워졌다.

그러던 중 고종 대에 이르러 왕을 낳은 후궁들의 신주가 하나씩 육상궁 근처에 옮겨졌다. 1870년(고종 7) 정빈 이씨의 연호궁이 옮겨진 것을 시작으로, 1908년(순종 2) 대빈궁과 경우궁, 선희궁, 저경궁 등 4개의 사당이 옮겨졌고, 1929년 덕안궁까지 옮겨 오면서 칠궁七宮이라는 명칭이 굳어졌다. 칠궁은 일반인들의 출입이 자유롭지 않은 청와대 경내에 포함된 덕분에 지금까지 그 원형이 잘 보존되어 있다.

칠궁은 왕을 낳은 후궁 7인을 모신 사당이라고 하지만 실제로 아

경종의 효심이 담긴 장희빈의 사당 대빈궁

들이 왕으로 재위한 경우는 장희빈(경종), 숙빈 최씨(영조), 수빈 박씨(순조) 세 명뿐이다. 나머지는 추존 왕의 어머니거나 황태자의 어머니다. 특히 장희빈은 한때 왕비 자리에까지 올랐으니 칠궁에서도 가장 등급이 높지 않았을까? 그래서인지 현재의 대빈궁은 다른 사당과 겉모습에서도 차이를 보인다. 물론 칠궁의 중심에는 육상궁과 연호궁이 합사되어 있고 서쪽부터 저경궁, 대빈궁, 선희궁, 경우궁, 덕안궁이 서열이 높은 순서로 배치되어 있지만, 대빈궁의 경우 기둥도 둥글고 사당 건물 앞의 계단도 다른 곳보다 하나가 더 많다. 대빈궁을 세워 자신과 어머니의 명예를 높이고자 했던 경종의 염원이 이렇게라도 반영된 것이 아닐까.

조선시대 최장수왕으로 꼽히는 영조英祖(1694~1776, 재위 1724~1776)
는 긴 재위 기간만큼이나 많은 업적을 남겼다. 그중에서도 영조는 탕
평책, 균역법, 청계천 준천 사업을 자신의 최고 치적으로 자부했다.
진경산수화의 대가 겸재謙齋 정선을 적극 후원하면서 문화 군주로서
의 면모도 보였다.

　그러나 영조에게는 아들(사도세자)을 죽인 비정한 아버지라는 꼬리
표가 늘 따라다녔다. 이를 만회하고 싶어서인지 영조는 딸들에게 매
우 자상한 면모를 보였다. 그러나 영조는 사랑했던 딸들마저 먼저 보
내는 비운을 겪었다. 영조가 후궁들과의 사이에서 낳은 12명의 딸 중
7명이 성년이 되지 못했고 이후에도 영조가 특히 총애했던 화순옹주
和順翁主와 화평옹주和平翁主가 아버지보다 먼저 세상을 떠났다. 그런
영조를 위로한 이가 정성왕후貞聖王后 승하 후 66세의 영조에게 시집
온 15세 신부 정순왕후貞純王后였다. 사후에 영조의 곁에 묻힌 왕비도
영조와 53년을 해로한 원비 정성왕후가 아닌 계비 정순왕후였다.

38
겸재 정선,
조선의 경치를 화폭에 담다

18세기 이후 조선의 문화와 예술의 분야에서는 큰 변화가 일어났다.

조선 후기 정치·문화의 중흥기인 영·정조 시대에는 중국에서 유행한 남종 문인화를 우리의 고유한 자연과 풍속에 맞추어 토착화하려는 화풍이 일어났다. 이른바 진경산수화가 그것이다. 이제껏 오랑캐라 멸시하던 청나라에 패한 정치적 치욕을 문화적으로 회복하고자 하는 생각과 문화의 중심이 명에서 조선으로 이어졌다는 조선중화 사상이 진경문화眞景文化의 유행에 큰 몫을 했다. 그 진경문화를 대표하는 겸재 정선의 성장에 영조의 적극적인 후원이 있었음이 주목된다.

〈인왕제색도仁王霽色圖〉로 유명한 진경산수화가 정선의 주요 활동 근거지는 인왕산 일대였다. 1676년(숙종 2)에 태어난 곳도 인왕산 인근의 북악산 서남쪽 기슭이었고, 52세부터 생을 마감한 84세까지 살았던 집 인곡정사仁谷精舍 역시 인왕산 아래 위치해 있었다. 실제로 이 인곡정사를 그린 〈인곡유거仁谷幽居〉에는 인왕산을 배경으로 정선으로 추정되는 인물이 표현돼 있다. 한편 중인층의 위항문학委巷文學 운동의 본거지 역시 인왕산 일대의 송석원松石園, 필운대弼雲臺 근방이었는데, 영조 시대 문화 부흥의 두 축인 진경문화와 위항문학 운동이 모두 이곳에서 꽃피었다는 사실이 흥미롭다.

정선은 인왕산 인근에 살던 안동 김씨 명문가 출신인 김창협金昌協, 김창흡金昌翕, 김창업金昌業의 문하에서 성리학과 시문 수업을 받으며 이들과 깊은 인연을 쌓아갔다. 안동 김씨 가문은 그의 예술적 재능을 알아보고 적극적으로 후원했다. 정선이 안동 김씨 가문의 주거지인 청풍계淸風溪를 여러 번 그린 것은 경제적 후원에 대한 감사의 표시였다. 맑은 바람이 부는 계곡이라는 뜻의 청풍계는 인왕산 기슭의 북쪽

청운동 일대의 골짜기로, 김상용金尙容이 자신의 고조부가 살던 집터
를 별장으로 확장한 것이다.

하지만 정선의 가장 적극적인 후원자는 따로 있었다. 바로 영조였
다. 예술에 조예가 깊었던 영조는 이름 대신 호를 부를 정도로 정선
의 재능을 아끼고 존중했다. 1733년(영조 9) 영조는 정선을 경상도에
서 가장 경치가 좋다는 청하현(경상도 포항) 현감으로 임명했다. 정선
의 나이 58세 때였다. 이 기간 동안 정선은 관동팔경 등 동해안의 명
승지를 그림으로 담았고, 경상도의 명승지도 두루 돌아다니면서《영
남첩嶺南帖》을 완성했다. 영조는 정선이 65세 되던 1740년(영조 16), 그
를 현재는 서울에 편입된 경기도의 양천현의 현령으로 임명했다. 서
울 강서구 양천로에 겸재정선미술관이 건립된 것도 정선이 이곳에서
5년간 양천현령으로 있었기 때문이다.

양천현령 임명은 '서울 사람' 정선이 진경산수를 마음껏 그리면서
재능을 발휘하는 데 큰 힘이 되었다. 정선은 서울 근교의 명승과 한강
변의 풍경들을 화폭에 담았다. 이것이 현재 간송미술관에 소장된《경
교명승첩京郊名勝帖》이다.《경교명승첩》에는 양수리 부근에서 한양으
로 들어와 행주산성까지 이르는 한강 주변의 명승지가 30여 점의 그
림으로 형상화되어 파노라마처럼 펼쳐진다. 280년 전 서울의 풍경화
그 자체다.

한강 상류의 절경을 담은 〈녹운탄綠雲灘〉과 〈독백탄獨栢灘〉에서 시
작한 그림은 서울 중심으로 향한다. 〈압구정狎鷗亭〉은 세조 대의 권신
한명회의 별장 주변을 담은 그림이다. 그림 중앙부 우뚝 솟은 바위 위

에 별장이 위치하고 길게 뻗은 백사장 주변에 돛단배들이 정박한 모습이다. 강변이 온통 고층 아파트로 둘러싸인 지금과는 완전히 다른 평화로운 풍경이다. 〈광진廣津〉과 〈송파진松坡津〉, 〈동작진銅雀津〉, 〈양화진楊花津〉 등의 그림들은 18세기에 이 지역이 포구로서 기능했음을 보여준다. 〈동작진〉에는 18척의 배가 표현돼 있는데 이 중에는 바다와 강을 왕래하는 쌍돛대를 단 배도 있다. 물화의 교역이 활발히 이루어지던 옛 한강의 모습을 짐작할 수 있는 부분이다. 남산의 일출을 담은 〈목멱조돈木覓朝暾〉도 명품으로 꼽힌다.

이 외에도 정선은 역사 속 인물들이 자취를 남긴 곳을 많이 그렸다. 〈대은암大隱岩〉은 남곤南袞, 〈청송당聽松堂〉은 성수침成守琛의 집을 그린 그림이고, 〈필운대〉는 이항복이 장인인 권율에게 물려받은 집을 담은 그림이다. 물소리가 잘 들리는 계곡이라는 뜻의 수성동水聲洞은 안평대군安平大君의 별장인 비해당匪懈堂이 있던 곳이다. 이처럼 정선은 단순하게 자연을 그린 것이 아니라 그 자연과 교감한 역사적 인물들의 공간을 그림에 담아 그림을 통해 인물을 떠올리게 했다.

한편 정선의 그림들은 문화 유적 복원에도 중요한 단서를 제공한다. 실제로 〈세검정〉 그림은 1977년 이곳을 복원하는 데 있어서 결정적인 자료가 되었다. 〈압구정〉 그림을 바탕으로 한강변에 압구정을 복원해보는 것도 좋지 않을까.

80세 이상 장수한 정선은 마지막 순간까지 붓을 놓지 않았다. 그의 붓끝에서 조선의 산하가 사진을 찍은 것처럼 생생한 모습으로 복원되었다. 정선은 〈인왕제색도〉나 〈금강전도金剛全圖〉와 같이 우람하고 힘

물소리가 잘 들리는 계곡 수성동

찬 산수화는 물론이고, 섬세한 붓 터치가 돋보이는 〈초충도草蟲圖〉에 이르기까지 회화의 모든 분야에서 탁월한 실력을 보였다.

　정선은 학술과 문화의 진흥이 본격화되던 영조 시대에 왕의 적극적인 후원을 받아 자신이 직접 보고 감상한 있는 그대로의 경치를 화폭에 담았다. 한 명의 뛰어난 예술인이 그 시대의 문화를 얼마나 풍부하게 해주는지를 작품으로 보여준 것이다. 그리고 정선이 이처럼 활약할 수 있었던 데에는 예술가로서 정선의 가능성을 알아보고 그의 활동을 후원한 영조의 공이 적지 않았음을 기억해야 한다.

39

사도세자 비극의 현장
창경궁 문정전

조선시대 왕과 왕자 사이에 벌어진 사건 가운데 가장 처참한 비극을 꼽자면 아마도 영조가 아들 사도세자를 뒤주에 가두어 죽인 사건일 것이다. 왕이 세자에게 직접 뒤주에 들어갈 것을 명하고, 그 안에서 물 한 모금 마시지 못한 채 8일이나 갇혀 있던 세자가 결국 28세의 젊은 나이로 세상을 떠났다. 영조와 사도세자의 비극을 담은 이 사건은 창경궁의 편전인 문정전文政殿에서 일어났다.

35세에 첫아들 효장세자孝章世子를 잃고, 42세 늦은 나이에 겨우 얻은 사도세자는 영조에게 더없이 귀한 아들이었다. 영조는 세자에게 큰 기대를 걸었지만 불행히도 세자는 성격부터 영조의 마음에 들지 않았다. 세자는 말이 없고 행동이 날래지 못해 성격이 세심하고 민첩했던 영조를 늘 답답하고 화나게 했다. 또 세자는 커가면서 공부에 관심을 두지 않고 칼싸움이나 말타기 같은 놀이에만 열중해 학문에 정진하기를 바라는 영조의 기대를 저버렸다.

부자 사이는 세자가 15세 되던 1749년(영조 25), 영조가 세자의 대리청정을 명하면서 회복할 수 없는 지경으로 벌어졌다. 경종을 독살하고 왕위에 올랐다는 혐의를 받던 영조는 일찍부터 세자로 하여금 정사를 대신 돌보게 함으로써 왕위에 연연하지 않는 모습을 보여주고자 했다. 그 정치적 제스처가 결국 대리청정으로 이어진 것이다.

경륜이 부족한 세자가 국정 운영에 미숙한 것은 당연한 일이었지만 영조는 사사건건 세자를 꾸중하며 못마땅하게 여겼다. 1752년(영조 28)에는 세자가 멋대로 일을 처리했다고 진노한 영조의 화를 풀어주기 위해 홍역에 걸린 사도세자가 3일 동안이나 눈 속에 꿇어앉아 죄를 빈 일도 있었다. 이후 영조가 왕위를 넘기겠다며 자신의 잠저인 창의궁彰義宮으로 거처를 옮겼을 때에는 이마에 피가 나도록 엎드려 사죄해야 했다.

영조의 질책이 심해지면서 세자는 부왕에 대해 큰 공포심과 반발심을 갖게 되었다. 이후 사도세자는 영조가 내린 금주령을 비웃기라도 하듯 술을 마시고, 여자를 데려다 살림을 차리기도 했다. 세자에 대한 신뢰가 완전히 무너질 즈음 나경언羅景彥의 고변 사건이 터졌다. 형조판서 윤급尹汲의 청지기 나경언이 세자가 역모를 꾸미고 있다는 내용을 투서하면서 세자의 비행을 10여 조목에 걸쳐 나열했다.

세자가 20일간 방에 자기 대신 내관을 앉혀놓고 몰래 평양에 다녀온 것이 발각된 지 얼마 지나지 않은 시점이었다. 이미 영조가 세자에게 문안 인사를 받지 않을 만큼 부자 관계는 최악의 상태에 이르러 있었다. 세자는 고변이 거짓이라 맞섰고 나경언은 역적으로 몰려 죽임을 당했다. 하지만 이 사건은 영조와 세자를 영원히 갈라서게 하는 계기가 되었다.

1762년(영조 38) 윤5월 12일 오후, 영조는 세자를 창경궁 휘령전徽寧殿(문정전) 앞으로 나오게 했다. 이어 영조는 세자에게 칼을 휘두르며 자결할 것을 명했다. 세자는 옷소매를 찢어 목을 묶는 동작을 취했지

사도세자 비극의 현장 창경궁 문정전

만 세자시강원 관원을 비롯한 신하들이 제지했다. 영조는 "여러 신하들 역시 신神의 말을 들었는가? 정성왕후께서 정녕하게 나에게 이르기를 '변란이 호흡 사이에 달려 있다'고 했다"[138]면서 군사들로 하여금 전문殿門을 4, 5겹으로 굳게 막고 궁의 담 쪽을 향해 시위하여 칼을 뽑아들게 했다.

사도세자의 비극이 일어난 현장이 창경궁 문정전이었던 데에는 어떤 이유가 있을까? 당시 이곳에는 영조의 정비인 정성왕후가 1757년(영조 33)에 승하한 후로 그녀의 혼전이 설치되어 있었다. 영조는 임시로 문정전을 휘령전이라 하고 죽은 왕비의 혼전으로 삼았다. 영조는 정성왕후의 혼령이 자신에게 와서 사도세자를 제거해야 한다고 말했음을 강조하기 위해 이곳을 비극의 장소로 삼은 것이다.

이어 영조는 사도세자에게 명해 땅에 엎드려 관冠을 벗게 하고, 맨발로 머리를 땅에 조아리게 하고 자결을 명했다. 실록에서는 "차마 들을 수 없는 전교를 내려 자결할 것을 재촉했다"[139]고 기록하고 있다. 사도세자의 조아린 이마에서 피가 흘러 나왔다. 이때 세손(정조)이 들어와 관과 포袍를 벗고 세자 뒤에 엎드리니, 임금이 안아다가 시강원으로 보내고 김성응金聖應 부자에게 "수위守衛해 다시는 들어오지 못하게 하라"[140]고 명하여 정조를 밖으로 끌어내도록 했다.

영조는 세자를 폐하여 서인으로 삼는다는 명을 내렸고, 바로 외소주방에서 사용하는 뒤주를 가져오게 해서 세자로 하여금 여기에 들어가도록 했다. 《한중록閑中錄》에서는 "세자가 이것을 뿌리치고 나오셨어야 했다"며 안타까움을 표시했지만, 영조의 강경한 조처 앞에 누구 하나 이를 거부할 수 없었다.

사도세자는 결국 영조가 직접 뚜껑을 닫고 자물쇠를 채운 뒤주 속에서 8일 만에 28세의 젊은 나이로 생을 마감했다. 사도세자가 제거되자 영조는 그를 애도한다면서 사도思悼라는 존호를 부여했지만, 사도세자는 지하에서도 이 병 주고 약 주는 조치를 받아들이지 않았을 것이다.

40

딸 바보 영조의
옹주 사랑이 담긴 공간

영조에게 아들은 어린 나이에 잃은 효장세자와 사도세자밖에 없었지만, 후궁과의 사이에서 낳은 딸들은 많은 편이었다. 영조는 마치 자신이 원래는 자식을 사랑하는 인물임을 보여주려는 듯 딸들에게 각별한 애정을 보였다. 그리고 곳곳에 그 흔적들을 남겨 오늘날까지 '딸바보' 영조의 모습이 전해지고 있다.

영조는 정비 정성왕후와 계비 정순왕후와의 사이에서 자식을 두지 못했다. 그래서 공주는 없었지만 후궁과의 사이에서 12명의 옹주를 두었다. 그들 가운데 장성한 옹주는 모두 7명이었다. 정빈 이씨와의 사이에 화순옹주를 두었고, 사도세자의 생모 영빈 이씨와의 사이에서 화평옹주, 화협옹주和協翁主, 화완옹주 등 세 명의 딸을 두었다. 귀인 조씨와의 사이에서 화유옹주和柔翁主를, 숙의 문씨와는 화령옹주和寧翁主와 화길옹주和吉翁主를 낳았다.

화순옹주는 영조의 장녀로, 정빈 이씨 소생이다. 1725년(영조 1) 2월 화순옹주에 봉해졌다. 1732년(영조 8) 동갑인 경주 김씨 김한신金漢藎에게 시집을 갔다. 화순옹주와 혼인 후 월성위月城尉에 봉해진 김한신에게 영조는 왕이 되기 전 잠저인 창의궁을 하사했다. 현재 경복궁 서쪽에 위치한 창의궁 터에는 수령이 600년 이상 되는 백송白松의 일부가 아직도 남아 있어서 이곳이 월성위 터임을 증언하고 있다.

화순옹주의 월성위궁 터에 남은 통의동 백송

김한신은 추사秋史 김정희金正喜의 증조부가 되는 인물로, 김정희가 서울에 있을 때 이곳에 거처한 것은 이러한 인연 때문이다. 1758년 (영조 34) 김한신이 39세의 젊은 나이로 사망하자 화순옹주는 큰 슬픔에 빠져 곡기를 끊고 남편의 곁을 따라가고자 했다. 영조가 직접 찾아가 만류했으나 옹주는 뜻을 굽히지 않았다. 《영조실록》에는 영조가 화순옹주 방에 거둥하여 옹주에게 음식을 권했지만 곡기를 끊은 화순옹주가 14일 만에 남편을 따라갔다고 전한다.

영조는 그토록 사랑했던 딸이 아버지의 말을 어기고 자살한 것을 매우 못마땅해 했다. 영조는 "그의 절개는 곧다고 이를 만하나, 나로 하여금 장차 비참한 지경을 보게 할 것이니, 어떻게 마음을 잡겠는가?"[141]라면서 서운한 감정을 숨기지 않았다. 정조 즉위 후 화순옹주는 열녀로 인정받았다. 정조는 김한신과 화순옹주의 무덤 근처인 충청남도 예산군 신암면 용궁리에 열녀문을 세웠다. 이 홍문紅門은 왕실 유일의 열녀문이다.

영조는 영빈 이씨의 딸들을 특히 아꼈는데 그중에서도 품성이 좋은 화평옹주를 총애했다. 1727년(영조 3)에 창경궁 집복헌集福軒에서 태어난 화평옹주는 사도세자보다 한 살 많은 친누이로, 아버지에게 꾸지람을 듣는 사도세자를 위로하고 세자에게 사랑을 베풀어줄 것을 영조에게 건의했다고 한다. 화평옹주는 1738년(영조 14) 반남 박씨 박명원朴明源에게 시집간 후에도 영조의 배려로 남편과 함께 궁궐 안에서 살았다. 남편 박명원은 연암燕巖 박지원朴趾源의 재종형으로, 1780년(정조 4) 청나라에 사신으로 갈 때 친척 동생인 박지원을 데리고 갔다. 이때 박지원이 쓴 것이《열하일기》다.

화평옹주는 1748년(영조 24) 6월 24일, 22세 나이로 병으로 사망했다.《영조실록》에는 화평옹주의 병이 위독해 다시 뵐 수 없을 것 같다는 말을 전해들은 영조가 바로 옹주의 집을 찾았지만 옹주는 바로 숨을 거두었다고 한다. 영조는 옹주의 죽음을 크게 슬퍼하여 빈소에서도 그 슬픔을 억제하지 못했다. 화평옹주의 무덤은 경기도 파주에 조성되었으며, 1790년(정조 14)에 영조의 친필로 비문을 쓴 묘비를 세웠다. "딸의 경우에는 화평옹주가 내 마음을 알아주었다"는 영조의 회고나 "옹주는 훌륭한 부덕婦德을 지니고 있었는데 졸했으므로 왕이 사랑하는 뜻에서 통석해 마지않았다"는 사관의 평가에서 화평옹

주가 딸 바보 영조의 마음을 깊이 사로잡았음을 알 수 있다.[142]

《한중록》에도 "화평옹주가 영묘(영조)를 한결같이 대하시던 일들은 궁중 사람들이 다 아는 일로 모두 감탄했다. 선희궁(영빈 이씨)께서는 왕의 사랑이 고르지 않은 것을 서러워 하셨다"라면서 화평옹주가 영조의 사랑을 독차지했음을 증언하고 있다. 이어서 혜경궁 홍씨는 "화평옹주가 계셨다면 부자 간에 자효慈孝하게 살았을 것이니 착하신 옹주가 일찍 돌아가신 것이 어찌 국운에 관계하지 아니하리오. 지금 생각해도 통절하고 애석하다"라고 하여 화평옹주가 오래 살았다면 영조와 사도세자의 관계가 좋아졌을 것이라고 회고했다.

화완옹주는 영빈 이씨 소생으로 1738년 1월에 태어났다. 영조가 낳은 옹주 중 아홉 번째여서 9왕녀라 불리기도 했다. 그러나 영조의 옹주 중에는 조기에 사망한 경우가 많아 화완옹주가 태어날 당시 생존해 있던 옹주는 화순옹주, 화평옹주, 화협옹주 3명뿐이었다. 영조가 42세에 사도세자를 낳은 후 2년 만에 둔 늦둥이 딸이어서 그런지 출생 후부터 화완옹주에 대한 영조의 사랑이 지극했다. 화평옹주 사망 후 영조의 사랑은 모두 화완옹주에게 향했고, 11세의 소녀는 그 편애에 집착했다.

1749년(영조 25) 3월, 화완옹주는 12세의 나이로 정우량鄭羽良의 아들 정치달鄭致達과 혼인했고, 궁을 나가 향교동에 신혼집을 마련했다. 결혼 후에도 옹주는 영조의 총애를 받았다. "화완옹주가 왕의 딸들 가운데에서 가장 깊은 사랑을 받았고 성질도 요사하게 지혜롭고 민첩하므로, 염치없이 승진을 다투는 조정의 인사는 모두 정우량과 그 아우 정휘량鄭輩良에게 청탁을 했다"[143]는 기록은 당시 분위기를 잘 보여준다.

화완옹주는 갈등을 겪고 있던 아버지 영조와 오빠 사도세자 사이의 중재에 나서기도 했다. 당시 왕이 선왕의 능을 참배하러 갈 때는 세자를 동행하는 것이 관례였지만 사도세자를 못마땅하게 여긴 영조는 세자를 동행하지 않고 능행에 나서는 경우가 다반사였다. 사도세자는 이러한 부친의 처사에 상당한 스트레스를 받고 있었는데, 이 무렵 딸을 출산한 화완옹주가 영조에게 오빠의 능행 동행을 건의한 것이다. 이로써 1756년(영조 32) 8월 사도세자는 숙종의 왕릉인 명릉明陵 행차에 영조를 수행할 수 있었다.

그러나 그 이듬해인 1757년(영조 33) 화완옹주에게 큰 슬픔이 찾아왔다. 전해에 낳은 딸이 1월에 세상을 떠났고 그 다음 달에는 남편마저 세상을 떠났다. 영조는 사위의 초상을 치른 후 옹주를 궁궐로 들어와 살게 했다. 20세에 청상과부가 되어 궁궐로 돌아온 화완옹주와 64세에 왕비를 잃은 영조는 서로에게 좋은 의지처가 되었다.

그런데 옹주가 입궐한 지 얼마 지나지 않은 1758년(영조 34) 1월 화순옹주가 남편 김한신을 따라 죽는 일이 벌어졌다. 영조는 화평옹주, 화협옹주에 이어 또 딸을 잃은 것이다.

1759년(영조 35) 6월 정순왕후를 계비로 맞이한 영조에게 잠시 안정이 찾아왔지만, 영조와 사도세자의 갈등은 파국으로 치닫고 있었다. 영조와 창덕궁에 함께 거처했던 사도세자는 가능한 영조와 떨어져 살 것을 희망했고, 이를 위해 누이인 화완옹주를 이용했음이 《한중록》에 기록되어 있다. 1760년(영조 36) 7월, 사도세자는 옹주에게 계책을 낼 것을 요청했고, 옹주의 설득 때문인지 7월 8일, 영조는 경희궁으로 거처를 옮겼다. 이어 사도세자는 궁궐에 있는 것이 답답하다며 온양 행차를 하고 싶다고 부탁했고, 이 일 역시 성사되었다. 이처럼 화완옹주는 영조와 사도세자 사이의 메신저 역할을 톡톡히 했는데 이 모든 일은 영조의 딸에 대한 무한 신뢰가 없었다면 불가능한 일이었다.

1776년(영조 52) 경희궁에서 영조가 승하했다. 아버지의 승하는 옹주에게 청천벽력과도 같았다. 정조는 즉위 보름 만에 화완옹주의 아들 정후겸鄭厚謙을 귀양 보낸 후 사약을 내렸다. 영조 대 후반 정후겸이 홍인한洪麟漢 등과 함께 정조의 즉위를 적극적으로 방해했기 때문이었다. 당시 사람들은 정후겸의 양모인 화완옹주를 옹주라 칭하지 않고 정처鄭妻라고 불렀다. 그만큼 화완옹주는 민심의 지탄을 받았다.

영조 생전의 지극했던 총애 때문이었을까? 정조는 영조의 삼년상 동안 옹주를 처벌하지 않다가 삼년상이 끝난 후 자결할 것을 명했다. 그러나 강화도 교동도에 유배된 화완옹주는 끝까지 자결하지 않고 모진 세월을 견뎌냈다. 정조는 여론을 의식해 다시 자결을 명했지만 그 또한 고모의 삶을 묵인한 것으로 보인다. 서녀로 강등된 후 20년 가까운 유배 생활을 한 화완옹주는 1799년(정조 23) 옹주의 명예를 회복했고 70세까지 장수했다. 영조의 딸 중 가장 오래, 또 가장 드라마틱한 삶을 살았던 화완옹주와 정치달의 쌍분은 경기도 파주시 파주읍에 조성되어 있다.

41
영조의
새해맞이 거둥

조선의 최장수 왕인 영조가 70세를 맞이한 1763년(영조 39)의 새해는
더욱 의미 있고 바쁘게 다가왔다. 영조 이전에 70세를 넘긴 왕은 74세
로 승하한 태조가 유일했다. 1763년 1월 1일자《영조실록》과《승정원
일기》에는 영조의 새해 행적이 자세히 기록되어 있다.

경희궁 경현당景賢堂에서 새해 첫날을 맞이한 영조는 여러 신하들
이 성수聖壽(임금의 나이)가 칠순에 올랐다며 천안天顔(용안을 우러러 뵐
것)을 청하니 이를 허락하고 진시辰時(오전 7~9시)에 선왕과 왕비의 위
패가 모셔진 종묘에 거둥했다. 익선관과 곤룡포 차림으로 가마를 타고
시가로 나온 영조는 먼저 여러 계층의 사람들을 만났다.

이날 영조가 처음 불러들인 이들은 왕에게 문안을 드리기 위해 나
온 노인들이었다. 노인들을 본 영조는 그들을 자신의 앞으로 나오게
한 뒤 나이 순서대로 서게 하고 고마움을 전했다.

이어 영조는 경희궁 흥화문興化門 밖으로 나아가 가마를 멈추게 하
고 지방 향리의 우두머리인 각 읍 호장들을 앞으로 나오도록 했다.
영조는 재임 중 궁궐 문 밖에 나가 백성들을 자주 만났는데 이날도
지방 백성들을 만난 것이다.

영조는 "내가 비록 칠순이지만 마음만은 오막살이집과 같아 오늘
도 마음을 놓지 못한다. 하물며 삼남 지방(경상, 전라, 충청)을 생각하

는 나의 마음은 더욱 절실하다. 해가 시작되기 전에 모두 진휼을 베풀었는데, 지금 백성들은 근심이 없는가?"라고 물었고, 나주 호장은 "진휼을 베풀었으므로 백성들이 지금까지도 흩어지는 근심이 없습니다"라고 대답했다. 이에 영조는 왕 앞에서 의례적으로 하는 말임을 알아채고, "너희 말이 이와 같지만 어사가 보고하는 것과 서로 다르다. 내가 마땅히 처분이 있을 것이다. 오늘의 거둥은 중요한 바가 있으니, 지난해 애휼愛恤의 뜻을 생각하여 너희들을 소견召見하는 것이므로 품은 바가 있으면 말하도록 하라"며 솔직하게 힘든 상황을 말할 것을 독려했다.

영조는 백성들과 직접 만나 소통하는 것을 좋아했다. 1752년(영조 28) 균역법을 시행할 때는 창경궁 홍화문 밖에 나와 백성들의 의견을 물었고, 1760년(영조 36) 청계천 준천 사업을 시행할 때도 준천의 시행 여부를 백성들에게 직접 물었다. 이처럼 백성과의 소통을 좋아했던 영조의 모습은 1763년 새해 첫날에도 여전했던 것이다.

영조는 백성들의 여론을 청취한 후에 역대 왕과 왕비의 신위가 모셔진 종묘 참배에 나섰다. 영조는 신위가 모셔진 전각을 살핀 뒤에 수리가 필요한 부분을 직접 만지며, 영의정 신만申晩 등에게 고칠 것을 지시했다. 이어 영조는 종각에서 잠시 머물며 시전 상인들의 애로 사항을 들은 후 책임자에게 문제점 해결을 지시할 것을 약속했다.

시전 상인과의 면담을 들은 후에 영조는 기로소耆老所의 기영각耆英閣으로 갔다. 기영각은 연로한 고위 문신의 친목 및 예우를 위해 설치한 기구인 기로소에 들어가는 것을 기념해 만든 전각이다. 기로소는 정2품 이상의 문관 대신 중에서도 70세가 넘은 경우에만 들어갈 수 있었던 곳으로, 유교 사상의 핵심인 경로사상의 상징적인 공간이다. 왕은 60세가 넘은 후에 기로소에 들어가는 것이 원칙이었는데, 태조는 60세에, 숙종은 59세에, 영조는 51세인 1744년(영조 20)에 기로소에 들어갔다. 태조와 숙종에 이어 세 번째였다.

이때 영조는 숙종의 어첩을 보관한 영수각靈壽閣에 배알하고 몸소 어첩을 썼다. 상의원에서는 영조에게 안락 의자와 지팡이로 구성된 궤장几杖을 올렸다. 20년 전에 처음 들어갔던 기로소에 대한 영조의 감회는 남달랐을 것이다. 기영각에 들어간 영조는 이곳의 방문을 기념하여 기영각전耆英閣前 칠순군신七旬君臣이라는 글씨를 직접 남겼다. 《한경지략》에는 기로소가 중구 징청방에 있다고 기록하고 있는데, 현재의 교보빌딩 근처로 확인된다.

새해를 맞이한 영조의 거둥은 당시에는 폐허로 남아 있던 경복궁으로 이어졌다. 영조는 경복궁 행차를 통해 이곳이 여전히 조선의 상징임을 기억시켰다. 영조는 숭현문崇賢門을 거쳐, 생모인 숙빈 최씨를 모신 사당인 육상궁을 찾아 사적인 예를 다했다. 육상궁 방문 후 영조는 신무문神武門을 거쳐 사정전의 옛터에 이르러 작은 막차를 세우고 근정전 쪽으로 향했다. 근정전 앞에서 신하들의 진하陳賀를 받은 후에는 사면령을 내렸다. 영조의 행보는 늦은 밤까지 이어졌고, 새해를 맞이했던 거처인 경희궁으로 돌아오면서 새해 첫날의 긴 하루가 마무리되었다.

42

어린 신부 정순왕후, 영조의 곁을 지키다

영조는 살아생전 두 명의 아내를 얻었다. 한 명은 달성 서씨 서종제徐
宗悌의 딸 정성왕후였고, 다른 한 명은 정성왕후 사후에 계비로 들어
온 경주 김씨 김한구金漢耉의 딸 정순왕후였다. 영조는 세상을 떠난
뒤에 누구와 함께 무덤에 묻혔을까? 놀랍게도 죽어서 영조의 곁을 지
킨 왕비는 50년 넘게 해로한 정성왕후가 아니라 66세에 얻은 15세의
어린 신부 정순왕후였다.

　조선의 최장수왕이자 가장 오랫동안 집권한 왕 영조의 무덤 조성
은 어느 왕의 무덤보다도 중요하게 인식되었다. 게다가 왕릉 조성을
주도한 이가 조선 후기 정치·문화의 전성기를 이끈 정조였으므로 영
조의 왕릉은 더 각별한 의미를 지닌다.

　1694년(숙종 20) 숙종과 숙빈 최씨 사이에서 태어난 영조는 1776년
사망했다. 52년의 재위와 83세의 장수는 당시로서는 매우 이례적인
일이었다. 영조가 승하한 뒤 무덤의 위치는 동구릉 경내로 정해졌다.
실록은 1776년 7월 27일, 건원릉 오른쪽 둘째 산등성이인 원릉元陵
에 영조를 장사지냈다고 기록하고 있다.[144]

　영조의 무덤 자리로 정해진 곳은 원래 효종의 무덤이 있던 자리로
서, 현종 대에 효종의 무덤을 이곳에서 여주로 옮겼을 만큼 길지로 평
가된 곳은 아니었다. 그리고 이는 최초의 계획과도 달랐다. 사실 처음

에는 영조의 무덤을 서오릉西五陵 경역 내에 위치한 정성왕후의 무덤
(홍릉弘陵) 곁에 조성하기로 했었다.

1704년(숙종 30) 연잉군(영조)과 혼인한 정성왕후는 1721년(경종 1) 경
종이 연잉군을 세제에 봉함으로써 세제빈 자리에 올랐다. 1724년 영
조 즉위 후 왕비에 봉해졌으며, 1757년(영조 33)에 사망할 때까지 영조
와 무려 53년을 해로했다. 불행하게도 둘 사이에는 후사가 없었지만
영조는 정성왕후의 무덤을 자신의 부친인 숙종의 명릉 오른쪽 산기
슭에 조성하여 사후에도 정성왕후와 함께할 뜻을 분명히 했다. 무덤
의 옆자리를 비워놓은 것 역시 후대에 반드시 이곳에 묻히겠다는 영
조의 의지가 반영된 것이었다.

1776년에 작성된 《영조원릉산릉도감의궤英祖元陵山陵都監儀軌》의 내
용에서도 이러한 분위기를 읽을 수 있다. 왕릉 조성과 관련해 왕에게
올린 신하들의 보고를 모은 계사啓辭 기록에는 무덤의 이름을 이미
홍릉이라 칭하고 있다. 《정조실록正祖實錄》에도 영조를 정성왕후의 능
인 홍릉 위쪽 빈자리에 봉안할 것으로 잠정 결정하고, 능호를 장릉長
陵(인조와 인열왕후의 능)과 명릉의 전례를 따라 그대로 홍릉으로 정했
다는 기록이 있다.[145] 영조의 뜻에 따라 숙종과 정성왕후의 무덤 곁에
영조의 능을 조성하기로 결정했었던 것이다.

그러나 영조는 사망 후 이곳에 묻히지 못했다. 정성왕후 사후에 들
어온 계비 정순왕후 때문이었다. 영조는 66세에 15세의 어린 신부 정
순왕후를 얻고도 17년을 더 살았다. 결국 영조 사망 후에는 정순왕후
세력이 조정에 널리 퍼져 있었고, 정순왕후의 입장 때문에라도 영조

를 홍릉에 모시기는 어려웠다. 실제로《영조원릉무덤산릉도감의궤》에는 홍릉을 살핀 후 경릉敬陵(덕종릉)·순릉順陵(성종비의 능)·장릉長陵 등 능 수십 곳을 살핀 후에도 능의 위치를 정하지 못해 정조가 초조해 했다는 기록이 전한다.

결국 태조의 건원릉 일대가 가장 적합하다는 데 의견이 모아졌고 건원릉 서쪽의 두 번째 산줄기가 산릉으로 결정되었다. 정조는《산론山論》을 따라 속히 벌목하고 치표置標(미리 묫자리를 잡아 표시한 것) 등을 세울 것을 명했다. 빈청회의에서는 묘호를 영종英宗, 능호를 원릉元陵으로 정했다.

정순왕후는 1805년(순조 5) 정월 12일에 창덕궁 경복전景福殿에서 승하했다. 곧 빈청회의가 소집되고 삼도감三都監(국장도감, 빈전혼전도감, 산릉도감)이 설치되었다. 이어서 산릉 간택이 이루어졌는데 그 과정은 이미 정해진 듯 일사천리로 진행되었다. 순조도 당연히 영조의 능인 원릉 옆자리를 첫 번째로 살피도록 했으며, 여기에 참여한 신하들도 모두 원릉 옆 자리가 다른 곳과는 비교할 수 없을 정도의 대길지大吉地라고 단정했다.

이어 정순왕후의 무덤은 영조의 무덤 바로 옆에 쌍릉의 형태로 조성되었다. 정순왕후는 마지막까지 왕비로서의 지위를 유감없이 누린 것이다. 정순왕후 승하 후 왕릉 조성은 신속히 전개되어 1805년 2월 18일 시작된 공역이 6월 25일에 마무리되었다. 영조의 능이 조성될 당시 동육릉東六陵으로 불리었던 이곳은 정순왕후의 능이 더해짐으로써 동칠릉東七陵으로 불리게 되었다.

영조와 정순왕후의 무덤 원릉

　서오릉에서 시아버지 숙종과 숙종의 세 왕비 인경왕후仁敬王后, 인
현왕후, 인원왕후仁元王后에 더해 1969년에 숙종의 무덤 곁으로 옮긴
장희빈까지 4명의 시어머니를 모시고 있는 정성왕후와 남편 영조 곁에
서 편히 잠들어 있는 정순왕후. 영조의 두 아내 정성왕후와 정순왕후
의 엇갈린 운명은 이렇듯 왕릉의 무덤 자리에 선명히 드러나 있다.

조선시대 최고의 개혁 군주 정조正祖(1752~1800, 재위 1776~1800)는 즉위 직후 거처를 경희궁에서 창덕궁으로 옮겼다. 그 후 창덕궁 후원에 규장각과 부속 건물을 설치하고 왕과 함께 개혁 정치를 지원할 인재들을 양성했다. 규장각에서 많은 서책을 출판하고, 도서 수집에 힘을 기울인 것은 학문에 기반한 정책을 세우겠다는 의지의 표명이었다. 이후 정조는 수많은 정자들이 조성된 창덕궁 후원에서 신하들과 어울려 소통하면서 많은 시간을 보내기도 했다.

그러나 아버지 사도세자의 죽음은 경춘전景春殿에서 용꿈을 꾸고 맞은 아들 정조에게 '죄인의 아들'이라는 굴레를 씌웠다. 정조는 적극적인 개혁 정치를 통해 왕권 안정을 기한 후 본격적으로 사도세자 추숭 작업에 착수했다. 아버지의 무덤을 수원으로 옮기고, 신도시 화성華城을 건설했다. 상세한 공사 보고서인 《화성성역의궤華城城役儀軌》 덕분에 원형대로 복원된 화성은 그 가치를 인정받아 유네스코 세계유산으로 지정되기도 했다.

한편 정조 시대에는 중인층의 성장이 특히 활발했다. 신분보다 능력을 중시했던 정조의 파격 인사가 중인층의 신분 상승 욕구를 자극했고, 시사詩社를 중심으로 한 위항문학 운동이 절정에 이르렀다. 오늘날 인왕산 일대에는 당시에 꽃을 피운 중인 문화의 흔적들이 고스란히 남아 그 옛날의 영광을 보여주고 있다.

43

경춘전, 용의 정기를 받고
정조가 태어난 곳

창경궁에는 왕을 상징하는 용과 관련된 대표적인 건물이 있다. 사도
세자가 용꿈을 꾸고 정조를 얻은 경춘전이 바로 그곳이다. 경춘전은
성종 대에 창경궁을 완성하면서 세운 건물로 정조의 형인 의소세손懿
昭世孫이 태어난 곳이기도 하다. 의소세손은 1750년(영조 26) 8월, 사
도세자와 혜경궁 홍씨의 아들로 태어났으나, 1752년(영조 28) 5월, 3세
의 어린 나이로 사망했다. 정조가 태어난 해가 의소세손을 잃은 그해
였던 만큼 사도세자와 혜경궁, 그리고 영조의 마음은 더욱 기뻤을 것
이다.

조선시대의 인문지리서 《동국여지비고東國輿地備攷》에는 창경궁 경
춘전에 어필로 쓴 탄생전誕生殿 현판이 있고, 그 동쪽 벽에 사도세자
가 그린 묵룡도墨龍圖가 있다고 전한다.[146] 누가 탄생전의 현판을 썼
고, 사도세자는 왜 이곳에 용을 그려 두었는지에 대한 해답은 정조가
직접 지은 〈경춘전기景春殿記〉에서 찾아볼 수 있다.

궁전 동쪽 벽에 용이 그려져 있다. 그것은 내가 태어나기 전날 밤 선친
의 꿈에 용이 침실로 들어왔는데 나를 낳고 보니 흡사 꿈속에 보았던
용처럼 생겨서 그것을 손수 벽에다 그려 아들을 낳은 기쁨을 나타내
셨다는 것이다. 지금 보아도 먹물이 젖은 듯하고, 용의 뿔과 비늘이 움

정조 탄생에 얽힌 이야기를 담은 〈경춘전기〉

직이는 것 같아 내 그 필적을 볼 때마다 감회가 극에 달해 눈물이 쏟
아지곤 한다. 아울러 이렇게 기록하여 후인들로 하여금 그 그림이 보
배로운 것임을 알아 감히 더럽히지 말라는 뜻을 나타낸 것이다.[147]

위 기문記文을 통해 탄생전 현판을 쓴 사람이 정조임을 알 수 있다.
그러한 사실은 《궁궐지宮闕志》 창덕궁 경춘전 기록에서도 확인된다.
한편 《홍제전서弘齋全書》에 따르면 사도세자는 정조를 낳기 전에 용
이 나오는 꿈을 꾸었고, 정조가 태어난 후 그 꿈에 나온 용과 정조의
모습이 닮아 기쁜 마음에 〈묵룡도〉를 그렸다고 한다. 그림을 그린 다
음 날 정조가 탄생했으니, 바로 1752년 가을, 9월 22일이었다.
　후에 정조의 아들인 순조가 우연히 이 그림을 보고는 할머니인 혜
경궁 홍씨에게 그림에 대해 여쭈었다고 한다. 혜경궁 홍씨는 눈물을

흘리며 그림이 그려진 내력에 대해 일러주었다. 이때 순조는 "먹이 또렷하고 광채가 찬란하며 비늘 뿔이 움직이는 것 같았어요"[148]라고 용 그림을 묘사했다.

순조는 또 〈경춘전기〉에서 정조가 《시경詩經》의 "뽕나무와 가래나무여, 반드시 공경할사로다"라는 구절을 인용해 "부모가 심은 나무는 공경하지 아니할 수 없다. 하물며 부모가 거처하시고 생명을 받은 방에서랴. 반드시 공경해야 하는 것이니 어찌 뽕나무와 가래나무뿐이겠는가!"라고 적은 것을 보고, 자신도 모르게 흐느낌과 눈물이 번갈아 나와 탄식했다고 전한다.[149]

경춘전은 정조의 어머니인 혜경궁 홍씨와도 관련이 깊다. 사실 경춘전은 소혜왕후, 인현왕후, 혜경궁 홍씨 등 조선을 대표하는 왕실 여성들이 거처하고 죽음을 맞이한, 여성들의 공간이었다. 특히 혜경궁은 정조가 그녀를 위해 지어준 자경전慈慶殿에 거처하다가 순조 즉위 후 며느리인 효의왕후孝懿王后에게 자경전을 넘겨주고, 이곳 경춘전으로 거처를 옮겨 1815년(순조 15) 81세를 일기로 승하할 때까지 살았다. 혜경궁이 《한중록》을 본격적으로 집필한 것이 1795년(정조 19)부터이고 이 작업이 순조 때까지 이어졌으니, 경춘전은 《한중록》의 산실이라고도 할 수 있다. 또 순조는 이곳 경춘전에서 할머니 혜경궁 홍씨를 위해 진찬進饌을 벌이기도 했다.[150]

1827년(순조 27) 7월, 경춘전에 또 한 번의 경사가 있었다. 경춘전에서 원손(헌종)이 태어난 것이다. 《헌종실록》에는 "병술년(1826년) 10월 꿈에 익종대왕께서 옥으로 아로새긴 나무를 갑에 담아서 내게 주시는 것을 본 것이 실로 탄강의 조짐이다"[151]라고 기록하여 남편(효명세자)이 자신에게 갑을 준 상황을 회고한 신정왕후神貞王后의 꿈 이야기를 소개했다. 신정왕후는 또 "그때에 학이 떼 지어 전상殿上을 돌며 날다가 높이 구름 속으로 들어가니 사람들이 다 우러러보고 기이하게 여겼다"[152]라며 헌종이 출생하던 날 경춘전에 학이 날아갔다고 증언했다. 순조는 기쁜 마음에 이곳에서 원손의 백일잔치와 돌잔치를 베풀었다.

44
정조의 싱크 탱크
규장각과 이문원

정조 시대 학문과 개혁 정치의 산실로 기억되는 규장각은 정조의 즉위와 함께 왕실 도서관이자 연구 기관으로 그 위상이 높아졌다. 정조는 즉위 후 창덕궁에서 경관이 가장 아름다운 영화당暎花堂 옆 언덕을 골라 규장각 건물을 새로 짓게 했다. 2층 누각에 어필御筆로 주합루宙合樓라는 현판을 달고, 1층에는 어제존각御製尊閣이라 하여 선왕이 남긴 어제, 어필 등을 보관하게 했다가 이후에 규장각이라 개칭했다. 정조는 "단청을 칠하는 데에 진채眞彩(채색 안료)를 사용하지 말라. 벽을 꾸밀 때도 무늬 있는 종이를 사용하지 말고 검소함과 절약을 힘써 따르라"[153]고 하면서 건물을 소박하게 지을 것을 지시했다.

정조가 창덕궁 후원에 규장각을 설치한 가장 큰 목적은 어제의 봉

창덕궁 후원의 중심 규장각과 주합루

안이었다. "우리나라의 모든 일은 모두 송제宋制를 모방했는데 열성조의 어제는 아직 봉안할 곳이 없었다. 이에 후원에 규장각을 세우고 이미 어제를 봉안했으니 관장하는 관원이 없을 수 없다. … 이제 열성조 어제의 존봉尊奉을 위하여 송나라의 구제舊制를 모방해 한 전각을 창건했으니, 관원을 명해 전수典守하게 하되 편차한 사람의 이름으로 그 직위를 채우는 것은 진실로 점차 갖추어 가는 의의에도 합치되는 것이다"[154]라고 한 기록에서 규장각을 세운 동기를 확인할 수 있다.

정조는 규장각이 완성된 후 당파와 신분에 구애 없이 능력 있는 인재들을 불러들였다. 남인 정약용丁若鏞을 비롯하여 서얼 출신 박제가朴齊家, 유득공柳得恭, 이덕무李德懋 등이 정조의 뜻을 받들어 연구에 전념했다. 특히 '책만 보는 바보'를 자처했던 간서치看書癡 이덕무는 검서관으로 임용되어 정조 시대 편찬 사업의 숨은 공로자가 되었다.

규장각의 주요 업무는 역대 왕들의 글과 책 등을 정리하고 이것을 바탕으로 개혁 정치의 방향을 설정하는 것이었다. 옛 법을 본받아 새것을 창출한다는 법고창신法古創新은 규장각의 설립 취지에 가장 부합되는 정신이었다. 규장각은 역대 왕들의 업적을 토대로 새로운 정책을 만들어내는 작업을 통해 권력의 핵심 기관으로 성장했다.

정조는 규장각에 힘을 실어 주기 위하여 외부의 정치적 간섭을 배제했다. 아무리 관직 높은 신하라도 규장각에 함부로 들어올 수 없었다. 정조는 손님이 와도 일어나지 말라〔客來不起〕, 규장각 신하들은 근무 중에 관을 쓰고 의자에 앉아라〔閣臣在職戴冠坐倚〕라는 의미의 현판을 내려 규장각 신하들이 학문에만 전념할 수 있도록 격려하고 배려하기도 했다. 정조는 세종이 집현전을 학문 연구와 유교 정치 이념 전파의 중심 기관으로 만든 것처럼 규장각을 통해 학문 연구를 바탕으로 한 개혁 정치를 수행하고자 했다.

《한경지략》의 창덕궁 조항에는 규장각이 금원禁苑에 위치해 있으며 서향각書香閣, 봉모당奉謨堂, 열고관閱古觀, 희우정喜雨亭, 부용정芙蓉亭 등이 그 부속 건물이라고 기록되어 있다. 그런데 궐내각사 항목의 창덕궁 조항에 "내각內閣은 규장각이라 하며, 이문원摛文院이라고도 한다. 금호문金虎門 안 홍문관 오른쪽에 있는데, 옛 도총부 건물이다"라며 규장각을 다시 소개한 부분이다. 마치 규장각의 위치를 금원과 궐내각사 두 군데로 표현한 것처럼 보인다.

이러한 혼란은 처음 창덕궁 후원 주합루 일대에 설치되었던 규장각이 1781년(정조 5) 규장각 제학 유언호俞彦鎬의 건의로 창덕궁 서문 금호문 도총부 건물 쪽으로 옮겨진 것에서 비롯됐다. 규장각을 이전한 후에는 내각, 또는 이문원으로 칭했다. 《한경지략》에는 "이문원에는 정조가 어필로 쓴 편액에 이문지원摛文之院이라고 했으며, 이문원 앞 건물에는 규장각학사지서奎章閣學士之署라는 현판을 달았다. 건물 앞 기둥에는 정조가 하사한 특종경特鐘磬을 설치했는데, 이는 명나라 영락제永樂帝 때 내린 것이어서 영락종이라 했다. 뜰에는 구리로 만든 측우기를 두었다"라고 하여 창덕궁 후원에 세운 규장각을 대신해 이문원 지역이 실질적인 규장각이 된 상황을 알 수 있다. 이문원의 북쪽에는 대유재大猷齋가 왼쪽에는 소유재小猷齋가 있었는데 소유재는 검서관이 근무하는 곳이었다.

정조는 문신 재교육 프로그램인 초계문신抄啓文臣 제도를 만들기도 했다. 초계문신 제도란 이미 과거를 거친 사람 중 37세 이하의 젊은 인재를 뽑아 규장각에서 3년간 특별 교육을 시키는 제도다. 선발된 관리들은 매월 두 차례 시험을 치르는 등 강도 높은 교육을 받았고, 이를 통해 정조의 개혁 정치 방향을 학습했다. 이 제도는 1781년(정조 5)부터 정조가 사망한 1800년(정조 24)까지 19년 동안 10여 차례에 걸쳐 이루어졌으며 총 138명이 뽑혔다.

초계문신의 명단을 정리한 《초계문신제명록抄啓文臣題名錄》에는 정조의 총애를 받은 정약용, 김조순金祖淳, 서유구徐有榘 등의 이름이 보인다. 이 무렵 규장각 신하들은 상아로 만들고 붉은색 끈을 묶은 명패를 소지했으며, 왕의 부름이 있으면 반드시 나아갔다. "무릇 서울 밖에 임금이 타는 수레가 움직일 때에는 내각 신하와 검서관이 호위하고 사복시 말을 주어서 호종하게 한다"는 기록에서도 규장각 신하들이 정조의 최측근 신하로 자리 잡았음을 확인할 수 있다.

45
창덕궁의 백미,
후원 유람과 정자 이야기

창덕궁 후원은 세조 때 현재 규모로 확장한 이래 인조, 숙종, 정조, 순조 등 여러 왕들이 필요에 따라 각 영역을 조성한 것으로 나타난다. 후원이 시작되는 중심 공간에는 1776년(정조 즉위년) 정조가 학문 연구소이자 왕실 도서관으로 세운 규장각과 주합루가 있다.

규장각으로 들어가는 어수문魚水門은 왕과 신하를 물과 물고기의 관계로 비유한 것에서 비롯된 이름이다. 주합루 동쪽의 영화당 앞 넓은 마당에서는 자주 시험이 치러졌다. 정자, 연못, 돌담, 장식물 등이 자연과 어우러져 인공미와 자연미가 잘 조화된 후원으로 들어가면 존덕정尊德亭, 관람정觀纜亭, 취규정聚奎亭, 소요정逍遙亭, 태극정太極亭 등 저마다의 개성을 가진 정자들을 만날 수 있다.

창덕궁 후원의 가장 북쪽 깊숙한 곳에 널찍한 바위와 폭포, 정자들이 어우러져 엄청난 비경秘景을 연출하는 곳이 옥류천玉流川 일대다. 존덕정 북쪽에 위치한 옥류천 주변을 본격적으로 조성한 왕은 인조다. 옥류천은 북악에서 응봉 기슭을 거쳐 흘러 내려온 물과 인조가 친히 파서 일군 어정御井에서 넘친 물이 합쳐 흐르는 작은 개천이다. 태극정, 취규정 등의 주변 정자들도 대부분 인조 때 조성되었다. 인조는 옥류천의 넓은 바위인 소요암逍遙巖에 어필로 옥류천 세 글자를 새겨 넣었다. 1636년(인조 14) 가을에는 옥류천의 바닥돌을 조금 깎아 계곡물이 물이 암반을 둥글게 휘돌아 흘러서 소요정 앞에서 폭포가 되어 떨어지게 했다. 물이 휘돌아 오는 모습은 경주 포석정의 곡수曲水를 연상시킨다.

옥류천 주변에는 소요정, 청의정淸漪亭, 태극정, 농산정籠山亭 등 저마다의 개성을 지닌 정자들이 후원의 풍류와 멋을 더한다. 농산정은 왕이 옥류천에 거동할 때 다과상을 올린 곳으로 보이는데 《정조실록》에는 "자궁慈宮 (혜경궁)의 가마를 메는 예행연습을 후원에서 행하

창덕궁 후원의 옥류천 소요암

였다. 상(정조)이 현륭원顯隆園에 행차할 때 여러 날 수고롭게 움직여
야 하기 때문에 자궁을 직접 모시고 먼저 예행연습을 한 것이다. 농산
정에 이르러 행차를 수행한 신하들에게 음식 대접을 하고 대내大內로
돌아왔다."155라고 해 이곳이 정조가 화성 행차의 예행연습을 했던 공
간이었음을 기록하고 있다.

　존덕정은 후원에서 가장 크고 화려한 정자다. 천장에는 청룡과 황
룡의 쌍룡이 그려져 있다. 선조의 어필 계판揭板(시문을 새겨 누각에 걸
어두는 나무판)이 걸려 있었다는 기록에서 왜란 전에도 존덕정이 있었
음을 알 수 있으나 기존의 정자는 전란으로 소실되고 인조 때 다시
새 정자를 세웠다고 한다. 존덕정은 육우정六隅亭이라고도 하는데, 지

붕 처마가 2층이면서 육각으로 되어있기 때문이다. 정자 북쪽에는 반월형 연못과 네모난 연못이 나란히 있는데, 이는 둥근 하늘과 네모난 땅을 상징한다. 존덕정 현판의 글씨는 헌종의 어필이다.

정조는 규장각 각신뿐 아니라 그들의 형제와 자제들을 자주 후원으로 초대했다. 1793년 2월 28일《일성록日省錄》에는, "이날 사옹원에 있는 사람에게 명하여 존덕정 아래 계곡가의 꽃과 나무가 우거진 곳에 화고花餻(꽃으로 만든 떡)를 갖추어놓게 하였다. … 다시 신하들을 불러 이르기를 '오늘 일은 매우 즐거웠다. 술통에 아직도 술이 남아있으니, 이 존덕정에 처음 들어온 신하들은 다시 주량대로 다 마시라' 고 했다"는 기록이 전한다. 또 순조가 이곳에서 성균관 유생들에게 강의를 했다는 기록도 보이는데 이를 통해 존덕정은 임금의 연단으로 사용되었음을 알 수 있다.

존덕정을 보다 유명하게 만든 것은, 정조가 이 정자에 건 〈만천명월주인옹자서萬川明月主人翁自序〉라는 글귀다.《홍재전서弘齋全書》에 기록된 서문에 의하면, "만천명월주인옹은 말한다. … 달은 하나뿐이고 물의 종류는 일만 개나 되지만, 물이 달빛을 받을 경우 앞 시내에도 달이요, 뒷 시내에도 달이어서 달과 시내의 수가 같게 되므로 시냇물이 일만 개면 달 역시 일만 개가 된다. 그러나 하늘에 있는 달은 물론 하나뿐인 것이다. … 나의 연거燕居 처소에 만천명월주인옹이라고 써서 자호自號로 삼기로 한 것이다"라고 했다. 여기서 말한 하늘의 달은 물론 정조 자신을 말한다. 1798년(정조 22)에 쓰여진 〈만천명월주인옹자서〉는 재위 20년을 지나 강한 왕권을 확립한 정조가 백성에게 왕의 덕을 고루 베풀겠다는 의지를 표현한 글이다.

46

정조의 꿈과 효심이 담긴 공간
수원 화성

1794년(정조 18) 정조는 수도권의 남쪽 요충지인 수원에 화성을 건설하기 시작해서 1796년(정조 20) 그 완공을 보았다. 공사 기간은 2년여, 공사에 투입된 인원은 연 70여만 명, 공사비는 80만 냥에 이르렀다. 20년 가까운 재위 기간 동안 다진 안정된 왕권과 절정에 이른 정치적·문화적 역량을 총체적으로 과시하는 대공사였다. 정조의 화성 건립은 또 아버지 사도세자의 묘를 옮기는 방편인 동시에 당파 정치를 개혁하고 왕권을 강화하려는 의지의 반영이기도 했다.

정조가 화성에 관심을 가진 것은 사도세자의 묘소로 현륭원을 조성한 1789년(정조 13)부터였다. 사도세자의 묘소는 원래 양주 배봉산(현재 서울시립대학교 자리)에 영우원永祐園이라는 이름으로 조성되어 있었다. 그러나 그 터가 좋지 않아 정조는 늘 마음이 편치 않다가 마침내 묘소를 천하 명당이라는 화산花山 아래로 옮기게 됐다. 그러나 현륭원이 조성된 화산 아래에는 원래 수원부 읍치邑治가 있었다. 그런 이유로 정조는 수원부 백성들을 지금의 화성으로 옮겨 살게 하면서 화성 건설을 시작했다.

1793년(정조 17)에 정조는 수원水原이라는 이름을 화성華城으로 고

치고 이곳에 유수부留守府를 설치했다. 유수부란 지방 도시에 중앙의 고관을 파견하여 다스리게 한 행정기관으로 수도를 동서남북에서 방어하는 기능을 했다. 정조는 아버지의 무덤이 있는 지역의 부사가 비교적 낮은 관직인 3품직인 것이 아쉬워 유수부를 설치하고 정2품 고관을 파견한 것이다. 1794년의 화성 축성은 이에 뒤이어 나온 조치였다.

정조는 화성 축조에 대해 명하면서 화성의 이름 뜻을 다음과 같이 설명했다. "화華 땅을 지키는 사람이 요임금에게 세 가지를 축원한 뜻[156]을 취하여 이 성의 이름을 화성華城이라고 했는데 화華는 화花와 통용된다. 화산의 뜻은 대체로 800개의 봉우리가 이 한 산을 둥 그렇게 둘러싸 보호하는 형세가 마치 꽃송이와 같다 하여 이른 것이다."[157] 이처럼 화성은 화 땅과 관련된 중국 고사와, 현륭원이 있는 화산의 형세가 꽃송이와 같은 것에서 연유한 이름임을 알 수 있다.

화성은 본래의 지형에 맞추어 서쪽은 팔달산과 연결된 산성으로, 다른 쪽은 평지성으로 축조되었다. 도시 전체를 감싸는 모양의 화성은 북문인 장안문長安門, 남문인 팔달문八達門, 동문인 창룡문蒼龍門, 서문인 화서문華西門을 갖추었다. 한양의 경우 남문인 숭례문崇禮門이 정문 역할을 했으나 화성의 정문은 장안문이었다. 정조가 한양에서 화성으로 행차할 때 장안문을 통과하여 행궁으로 들어갔기 때문이다.

도시의 중심에는 수원천이 남북을 가로지르고 수원천 남북으로는 수문을 설치했다. 북수문에는 무지개다리(홍예虹霓)를 설치하고 화홍문華虹門이라 불렀다. 동서남북에 성이 꺾이는 자리에는 각각 동북, 동남, 서북, 서남 각루角樓를 설치했는데, 화홍문 옆에 설치한 동북각루

수원 화성의 화홍문과 동북각루(방화수류정)

는 무지개다리와 함께 수원천의 물을 담은 용연龍淵의 절경과 잘 어우러진다. 동북각루는 방화수류정訪花隨柳亭이라고도 부르는데, 이는 중국 학자 정명도程明道의 시 가운데 '꽃을 탐방하고 버드나무를 따라왔네(訪花隨柳過前川)'라는 시구에서 따온 것이다. 방화수류정에서는 화성의 서장대西將臺, 장안문, 동장대東將臺는 물론이고 멀리 광교산과 관악산 자락까지 한 눈에 들어온다.

화성은 기본적으로 동서남북 각 방향의 건물이 반복되는 형식을 취하고 있다. 관측 초소에 해당하는 포루鋪樓, 성이 꺾이는 곳에 설치한 각루, 대포를 설치한 포루砲樓, 옆에서 적의 동태를 살피는 시설인 치雉, 내부를 속이 빈 달팽이 모양으로 만든 공심돈空心墩 등 각종 시설을 대칭형으로 배치하여 방어 기능을 충실히 수행하도록 했다. 동쪽에 설치한 봉돈烽墩은 5개의 봉화를 올리도록 한 시설로, 남쪽에서 발생한 위급 상황을 한양 남산의 봉수대에 알리는 기능을 했다. 서쪽 팔달산의 정상부에는 군사 지휘 본부인 장대將臺를 설치했는데, 서장대 또는 화성장대라고 불린다. 1795년(정조 19) 정조는 이곳에서 대규모 야간 군사 훈련을 참관했다.

　화성은 일제강점기와 한국전쟁 등을 거치며 그 원형이 많이 손상되었지만 1975년에 원형에 가깝게 복원할 수 있었다. 화성 복원에는 정조 대의 공사 보고서 《화성성역의궤》가 결정적인 역할을 했다. 《화성성역의궤》에 포함된 〈화성전도華城全圖〉와 〈행궁전도行宮全圖〉 등에는 각 건물의 도면이 자세히 그려져 있어서 답사의 즐거움을 더한다. 이후에도 화성 복원 사업은 계속 이어져서 1989년부터 2002년까지 1단계 복원 사업을 완료했고, 2003년부터 2021년까지 우화관于華館 등을 포함한 2단계 복원 사업이 추진되고 있다.

47
중인 문화
인왕산에서 꽃을 피우다

조선시대에는 주로 기술직에 종사한 역관, 의관, 율관이나 양반 소생이지만 첩의 아들인 서얼, 중앙관청 서리나 지방 향리 등을 총칭하여 중인中人이라 불렀다. 중인은 양반은 아니지만 대개 상민보다는 높은 지위에 있었으며 이들 중 역관, 의관, 율관은 요즘의 외교관, 의사, 변호사에 해당하는 엘리트들이었다. 그러나 신분 차별이 엄연히 존재했던 조선시대에 이들은 양반이 아니라는 이유로 높은 관직에 오르지 못하고 사회 주변부를 떠돌았다.

그러나 조선 후기, 특히 18세기에 접어들면서 중인층을 중심으로 신분 상승 운동이 전개되기 시작했다. 특히 신분보다 능력을 중시했던 정조의 파격적인 인사가 이들의 신분 상승 욕구를 자극했다.

중인들은 모든 면에서 양반을 닮고자 했다. 일종의 문학 동호회인 시사詩社를 결성하고 정기적으로 모여 각자 지은 시와 문장을 발표한 위항문학委巷文學 운동 역시 양반 따라잡기의 일환이었다. 중인들의 시사 활동은 단순히 모여서 시를 읊조리는 것으로 끝나지 않았다. 중인들은 시문집 발간을 통해 결속력을 강화하고 그들이 양반 못지않은 학문적 수준을 가졌음을 널리 과시했다. 그 결실이 1712년(숙종 38) 홍세태洪世泰가 편찬한 《해동유주海東遺珠》를 시작으로 《소대풍요昭代風謠》(1737), 《풍요속선風謠續選》(1797), 《풍요삼선風謠三選》(1857)으로 이어졌다. 60년마다 공동 시집을 내자고 한 약속을 120년 동안이나 지킨 것이다.

누추한 거리를 뜻하는 위항委巷이란 말은 중인층 이하 사람들이 사는 거리를 뜻하다가 중인들의 문학 운동을 지칭하는 용어로 널리 쓰이게 되었다. 위항문학 운동이 절정에 이른 시기는 영조와 정조가 왕으로 있던 18세기였고, 그 중심 공간은 경복궁 서쪽과 인왕산 사이 현재의 종로구 서촌 지역이었다.

대개 중앙관청의 하급 관리로 일했던 중인들은 인왕산 아래 옥계천이 흐르는 곳에 주로 밀집해 살았다. 인왕산은 경치 좋기로 이름난 명승지인데다 경복궁과 가까운 주택지여서 예부터 많은 양반과 중인들이 터를 물려가며 살았다. 청풍계 일대에는 양반들이, 인왕산에서 발원한 옥류천 일대와 수성동 계곡 일대에는 중인들이 모였다. 원래 경복궁이 내려다보이는 곳에 집을 짓는 것은 금지되었으나 임진왜란 중에 경복궁이 불타버리는 바람에 서리들이 관아와 가까운 인왕산 중턱에 모여든 것이다. 이후 중인들은 인왕산과 옥류천을 중심으로 그들의 목소리를 높여 갔다.

옥류천 계곡에서 그 이름을 딴 옥계시사玉溪詩社가 위항문학 운동의 중심이 됐다. 1791년(정조 15)에는 옥계시사 동인들의 시와 옥계의 아름다운 경치를 담은 《옥계사시첩玉溪社詩帖》을 만들기도 했다. 이 인근에는 아직 필운대와 옛 송석원 터 등 중인 문화의 자취를 느껴볼 수 있는 공간이 남아 있다. 옥계시사의 동인이었던 천수경千壽慶의 집인 송석원에는 1950년대까지 추사 김정희가 쓴 글씨가 남아 있었다고 한다. 송석원은 훗날 친일파로 유명한 윤덕영尹德榮의 별장으로도 사용되기도 했다.

200여 년 전 이곳에서는 수많은 중인들이 모여 시회詩會를 결성하고 시와 문장을 겨루는 백일장 대회인 백전白戰을 치렀다. '종이 위에서 무기 없이 맨 손으로 벌이는 싸움'이라는 뜻의 백전은 참가 자체가 영광으로 여겨질 정도로 큰 인기를 끌었다. 당시 치안을 맡았던 순라꾼도 백전에 참가한다면 잡지 않았을 정도였으며, 시상을 떠올리기

중인 문화의 중심 송석원 터

좋은 곳에 자리를 잡기 위한 경쟁도 치열했다. 참가자들이 쓴 시축이 산더미처럼 쌓였고 양반들도 중인들의 백전에 깊은 관심을 보였다. 당대의 최고 문장가들이 백전의 심사를 맡아볼 정도였다.

주변부를 맴돌던 중인들의 문화가 정조 대를 맞아 이곳 송석원에서 꽃을 피운 것이다. 이처럼 송석원과 인왕산 일대는 신분 고하를 막론하고 모두가 문화에 관심을 갖게 한 정조 대 문예 부흥 정책의 핵심 현장이었다. 오늘날 중인 문화의 역사적 공간들은 서울 서촌의 명소로 떠오르고 있다.

1800년 정조의 뒤를 이어 11세의 순조純祖(1790~1834, 재위 1800~1834)가 즉위했다. 단종보다도 어린 나이에 즉위한 데다 세자 생활도 워낙 짧았다. 자연히 왕실 최고 어른이었던 정순왕후가 수렴청정을 했다.

정조 사후 집권 세력이 된 노론 벽파와 정순왕후는 대대적인 천주교 박해를 통해 천주교 신자가 많았던 남인 세력을 축출했다. 그 과정에서 정약용·정약전丁若銓 형제가 각각 강진과 흑산도로 유배길에 올랐으나 그들은 유배지에서도 학문을 놓지 않고 실학의 꽃을 피웠다.

순조는 집권 4년 차인 1803년(순조 3) 말 친정을 시작하면서 국정을 주도하려 했으나 장인 김조순金祖淳을 비롯한 안동 김씨의 권력 강화를 막지 못했다. 집권 중반기에는 유례없는 기근과 홍경래洪景來의 난, 이양선異樣船의 출몰 등 국내외적인 문제들이 터져 나왔다. 이 와중에 건강마저 상한 순조는 말년에 효명세자로 하여금 대리청정을 하게 했지만 세자 역시 22세로 요절하고 말았다. 순조 또한 4년 후인 1834년(순조 34)에 세상을 떠났다.

48
정약용 형제의 유배지
다산초당과 사촌서실

19세기에는 정치적 이유로 천주교 박해가 심해졌다. 천주교에 비교적 관대했던 정조가 죽고 척사斥邪를 표방했던 정순왕후가 어린 순조 대신 수렴청정을 맡게 된 탓이었다. 그 결과 순조 즉위 직후 일어난 신유박해辛酉迫害(1801)로 정조가 아끼던 신하 정약용이 전라도 강진으로 유배되었다. 그러나 정약용은 유배를 오히려 기회로 삼아 실학을 완성할 수 있었다. 그런 점에서 세도정치기로 평가받는 순조 시대는 정약용을 필두로 실학이 집대성되었던 실학의 시대이기도 했다.

다산 정약용은 물과 인연이 깊은 학자다. 그의 고향인 마현(경기도 남양주시 조안면)은 남한강과 북한강의 물길이 합류하는 곳이고, 18년간 머무른 유배지 강진도 바다가 보이는 곳이다. 그러나 그의 인생은 흐르는 물처럼 순탄하지만은 않았다. 정조 사후 노론 벽파의 중심이었던 정순왕후가 수렴청정을 시작하면서 남인에 대한 노론의 탄압이 이어졌다. 정조의 총애를 받아 관료로 승승장구하면서 화성 건설의 주역으로 활동했던 정약용 또한 예외일 수 없었다.

노론 벽파는 남인 탄압의 수단으로 천주교를 적극 활용했다. 성호星湖 이익李瀷의 학풍을 계승한 남인들 사이에 천주교 서적을 읽고 토론하는 분위기가 널리 퍼져 있음을 인식한 노론은 조선의 국시인 성리학 이념에 위배되고 불온한 사상이 담겼다는 이유로 적극적인 천주교 탄압(신유박해)에·나섰다. 이로써 이가환李家煥, 이승훈李承薰, 정약종金祖淳, 권철신權哲身 등 300여 명의 신도와 청나라 신부가 처형되고, 정약용 또한 경상도 장기현(경북 포항시 장기면)으로 유배됐다. 현재 이곳 장기면에 위치한 장기초등학교에는 정약용의 유배지임을 알려주는 표지석이 있다.

그해 9월 천주교도 황사영黃嗣永이 청나라 주교에게 신유박해의 전말과 그 대응책을 비밀리에 보낸 황사영 백서 사건이 일어나면서 천주교에 대한 조정의 탄압이 보다 강경해졌다. 정약용은 이 일로 조사를 받기 위해 서울로 압송되었다가 다시 강진으로 귀양을 가게 됐다.

1801년(순조 1) 겨울, 강진에 도착한 정약용은 한 노파의 후원으로 주막집에 거처할 수 있었다. 외가 근처인 강진에 귀양을 간 것은 정약용이 실학을 꽃피우는 주요한 계기가 됐다. 이곳에 정약용은 사의재四宜齋라는 당호堂號를 걸었다. 생각, 언어, 용모, 행동 4가지를 모두 마땅하게 해야겠다는 뜻이었다.

1805년(순조 5) 겨울에는 강진읍 보은산에 있는 보은산방寶恩山房에서 기식했고, 1806년(순조 6) 가을에는 이정李靖의 집에서 기거했다. 다산초당으로 거처를 옮긴 것은 1808년(순조 8) 봄이었다. 다산초당은 본래 귤동마을에 터를 잡고 살던 해남 윤씨 윤단尹慱의 공부방이었다. 정약용은 이곳 만덕산에 차가 많이 나자 자신의 호를 다산이라 하고 제자들을 기르며 학문에 전념했다. 또 초당 좌우에 동암東庵과 서암西庵을 짓고 주로 동암에 기거하면서 책들과 씨름했다. 당시 정약용은 인근의 백련사白蓮寺에 자주 들렀는데, 당대의 고승 혜장惠藏, 초의草衣와 함께 차를 마시며 세상 이야기를 나누었다고 한다.

다산초당의 모습은 아기자기한 정원과 같았다. 정약용은 초당 주변에 네모진 연못을 파고 그 안에 자연석을 쌓아 둥근 섬을 만들고 물을 끌어 와서 작은 폭포를 만들었다. 초당의 바위 절벽에는 정석丁石이라는 두 자를 새겨 자신의 공간임을 알리는 상징으로 삼았다. 초당 뒤

강진의 정약용 유배지 다산초당

의 샘은 정약용이 직접 물을 마시던 곳이었으며 앞마당의 바위에는 솔방울을 태워 차를 달이던 다조茶竈(차 부뚜막)가 있었다. 정약용은 텃밭에 채소를 심어 먹으면서 아쉬움 없는 은자의 생활을 즐겼다.

한편 유배 생활은 정약용이 현실에 더욱 눈뜨게 되는 기회가 되었다. 농민 생활의 현실을 직접 체험하고, 바쁜 국정에서 벗어나 홀가분하게 학문에 전념할 시간을 갖게 되었기 때문이다. 〈전론田論〉, 〈탕론湯論〉, 〈원목原牧〉 등을 저술하여 혁명적인 토지 정책을 제시하고, 유배가 풀린 후 고향인 마현으로 돌아와 《목민심서牧民心書》, 《경세유표經世遺表》, 《흠흠신서欽欽新書》 등의 명저를 담은 《여유당전서與猶堂全書》 500여 권을 저술했다. 이는 유배의 경험과 시간이 가져다준 성과였다.

현재 남양주시 정약용 생가 옆에는 실학박물관이 조성되어 있다.

정약용의 둘째 형 정약전 역시 1801년 신유박해 때 동생과 함께 유배길에 올랐다. 이들은 전라도 나주의 성북 율정점에서 헤어져 배소配所로 향했다. 정약용은 강진으로, 정약전은 흑산도로 향한 것이다. 정약전은 흑산도에서 직접 해양생물을 관찰하고 정리해《자산어보兹山魚譜》를 저술했다. 이 책에는 각종 수산 동식물에 대한 명칭·분포·형태·습성 등이 상세하게 기록되어 있다.《자산어보》는 우리나라 최초의 해양생물학 전문 서적이라고 할 만큼 치밀한 고증이 돋보이는 책이다.

정약전은 이 책의 서문에서 "나는 섬사람들을 널리 만나보았다. 그 목적은 어보를 만들고 싶어서였다. 그러나 사람마다 그 말이 다르므로 어느 말을 믿어야 할지 알 수 없었다. 섬 안에 장덕순張德順, 즉 창대昌大라는 사람이 있었다. … 성격이 조용하고 정밀하여, 대체로 초목과 물고기와 물새 가운데 들리는 것과 보이는 것을 모두 세밀하게 관찰하고 깊이 생각하여 그 성질을 이해하고 있었다. … 이 분을 맞아 함께 묵으면서 물고기의 연구를 계속했다"라고 해《자산어보》의 저술에는 장덕순 등 흑산도 주민들의 도움이 컸음을 언급했다.

《자산어보》를 저술할 무렵 정약전은 정약용에게 편지를 했고, 정약용은 그림보다 글로 쓰는 게 좋겠다고 조언을 해주었다.[158] 정약전은 바다에서 생활하는 와중에 정약용에게 조수潮水가 발생하는 까닭은 달에 있다는 편지를 보내기도 했다.[159] 정약용도 유배지 강진에서 자신이 지은 책을 정약전에게 보냈다. 정약전은 동생이 보내준《역전

정약전이 《자산어보》를 집필한 사촌서실

易箋》을 읽고, "세 성인의 마음속 은미한 뜻이 오늘날에 와서 다시 찬
란히 밝아졌다"¹⁶⁰고 했다. 정약전은 흑산도에서 편지를 통해 정약용
의 저술에 일일이 답을 해주었는데, 정약용은 "공의 말을 따르면 의심
났던 글과 서로 맞지 않던 수數가 모두 신기하게 들어맞아 조금도 틀
림이 없었다"¹⁶¹고 회고했다.

  정약전이 흑산도에서 제자들을 가르치며 《자산어보》를 집필했던
곳은 사리마을의 사촌서실沙村書室이다. 이에 대해 정약용은 "내 형
님 손암巽庵 선생(정약전)께서 머나먼 남녘 조그마한 섬인 흑산도에서
유배 생활을 한 지 7년이다. 그곳의 어린아이 5, 6명이 형님을 따라서
서사書史를 배웠다. 형님은 이미 초가집 두어 칸을 짓고 사촌서실이
라고 이름 붙여 방榜을 써서 달았다"¹⁶²라고 기록한 바 있다. 현재 전
남 신안군 흑산도 사리에 소재한 사촌서실은 사촌서당沙村書堂, 복성

재復性齋라고도 불린다.

1814년(순조 14) 여름, 정약용은 유배에서 풀려날 수 있을 것 같다며 흑산도로 가서 형을 뵙겠다는 편지를 전해왔다. 이에 정약전은 "나의 아우로 하여금 나를 보기 위하여 험한 바다를 건너게 할 수 없으니 내가 우이보(우이도)에 가서 기다릴 것이다"[163] 하고, 뭍에서 가까운 우이도로 가려 했다. 그러자 흑산도 사람들이 가지 못하게 붙잡았다. 이 사연을 들은 정약용은 "요즘 세상에 귀양살이 하는 사람이 다른 섬으로 옮겨 가려 하자 본도本島의 백성들이 길을 막고 더 머물게 했다는 말은 듣지 못했다"[164]라며 형이 흑산도 백성들에게 큰 신망을 받고 있음을 칭송했다. 1년 후 정약전은 우이도로 거처를 옮겼으나, 동생과의 만남은 끝내 이루어지지 않았고, 1816년(순조 16) 우이도에서 생을 마감했다. 바다를 사이에 두고 서로를 그리워하면서 학문을 연구했던고 존경했던 두 형제로 인해 강진과 흑산도는 우리에게 더욱 의미 있는 공간이 되었다.

1834년 헌종憲宗(1827~1849, 재위 1834~1849)이 순조의 뒤를 이어 8세의 나이로 즉위했다. 조선 왕 중에서 가장 어린 나이에 즉위한 사례였다. 헌종이 왕위에 오른 시점에 조선의 최고 권력자는 순원왕후純元王后 김씨였다. 헌종이 1837년(헌종 3) 11세의 나이로, 안동 김씨 김조근의 딸인 효현왕후孝顯王后와 혼인한 것도 당시 순원왕후의 위상을 보여준다. 헌종은 1843년(헌종 9) 효현왕후가 승하하자 홍재룡洪在龍의 딸을 계비로 맞았지만, 두 왕비와의 사이에서 자식을 두지 못했다.

헌종은 친정을 시작한 1841년(헌종 7) 무렵부터 본격적인 왕권 강화에 나섰다. 세도정치를 타파하고 정치 개혁을 이루려 노력했던 헌종의 흔적들은 헌종의 주요 활동 공간이었던 중희당重熙堂, 승화루承華樓 등에 깊이 새겨져 있다. 한편 헌종 때에도 세도정치가 극심했다. 이 과정에서 풍양 조씨를 지원했던 추사 김정희는 제주도로 유배를 갔고, 유배의 위기를 예술로 승화시킨 작품 〈세한도歲寒圖〉를 완성했다.

49
문예군주의 꿈이 담긴
중희당과 승화루

1834년 8세의 어린 나이에 즉위한 헌종은 대비 순원왕후의 수렴청정을 받았다. 그로부터 7년 후인 1841년 대비의 철렴과 함께 헌종의 친정이 시작되는데, 이때 헌종이 정치의 중심 공간으로 활용한 곳이 창덕궁 중희당이었다.

중희당은 세자와 신료들이 함께 글을 강론하는 공간으로 1782년 (정조 6)에 처음 지었다. 1782년은 정조와 의빈 성씨 사이에서 문효세자文孝世子가 태어난 해였다. 《궁궐지》 기록을 살펴보면 정조는 문효세자의 탄생에 맞추어 중희당과 소주합루小宙合樓의 건립을 계획했으리라 생각된다. 《신증동국여지승람新增東國輿地勝覽》의 증보 부분에는 중희당에 대해 "세자가 서연을 하는 곳이며, 신료들을 불러서 보는 곳이다. 헌종이 여기서 승하했다. 곁에 소주합루가 있는데, 정조 때 정구팔황庭衢八荒 호월일가胡越一家 여덟 자를 써서 당의 문 위에 걸었다. 남문을 중화문重華門이라 하며, 또 그 남쪽을 이극문貳極門이라 하는데 곧 동궁의 정문이다"[165]라고 기록하고 있다.

그러나 문효세자가 홍역에 걸려 4세의 어린 나이에 사망하게 되어 세자 자리는 공석이 되었다. 이후 1800년(정조 24) 순조가 집복헌에서 왕세자로 책봉되었지만 그해에 바로 정조가 사망하면서 동궁은 계속해서 비게 되었다. 중희당이 다시 활용되기 시작한 것은 순조 대 효명세자의 대리청정 시기였다. 의정부에서 효명세자의 대리청정 절목을 아뢰면서 "청정하는 처소의 정당正堂은 중희당으로 하고, 별당은 수강재壽康齋로 한다"[166]고 했던 기록이 그러한 사실을 뒷받침한다. 그러나 효명세자 역시 1830년(순조 30)에 22세로 요절하면서 중희당은 또다시 그 주인을 잃었다.

중희당이 정치 공간으로서 기능을 찾기 시작한 것은 헌종의 친정이 시작되면서부터다. 헌종은 정조가 규장각과 주합루를 세우고 학문에 바탕을 둔 개혁 정치를 한 것과 같은 의도로 중희당 영역을 활용하고자 했다. "임금이 중희당에 나아가 시임·원임의 대신들을 인견했다"[167]거나 "중희당에서 소대했다"[168]는 기록, "임금이 중희당에 나아가 문·무과 신은新恩의 사은謝恩을 받았다"[169]는 기록에서 헌종이 중희당을 적극 활용했던 모습을 볼 수 있다. 부친인 효명세자의 무덤을 용마봉 아래에 정하고 세 번 간심한 뒤에 봉표하도록 지시한 곳도 중희당이었다.[170]

창덕궁 낙선재의 뒤편에 위치한 소주합루는 문예에 깊은 관심을 보이고 예술인을 후원했던 헌종의 문예 부흥 의지가 잘 구현된 공간이다. 소주합루는 정면 3칸의 2층짜리 다락집으로, 아래층은 왕의 글을 모아두었다는 의미에서 의신각儀宸閣이라고 불렸다. 이 누각은 육각형의 지붕을 한 삼삼와三三窩와 복도인 칠분서七分序와 연결된 화려한 건물이다.

헌종은 승화루에 많은 서적을 보관하고 이를 연구하게 했다. 승화루의 도서 목록인 《승화루서목承華樓書目》을 보면 이곳에 4,000여 권이 넘는 서적이 보관되어 있었음이 나타난다. 주목되는 점은 서적 외에 서화류도 많이 소장되어 있다는 점이다. 서예 작품 205건, 회화 작품 112건을 비롯해 중국과 우리나라의 서화 200여 건 이상 총 687건의 작품이 기록되었다. 소장된 작품 중에는 중국 서화가 압도적으로 많아 당시 궁중으로 외래 작품이 많이 유입되었음을 알 수 있다. 헌종은 평상시 거처했던 낙선재의 부속 건물인 연경당, 유재留齋, 자이당自怡堂, 고조당古藻堂 등에도 많은 서화를 수장했으며 때때로 대신들을 시켜 그곳에 소장된 서갑을 꺼내 완상했다.[171]

헌종의 서화에 대한 관심은 예술인을 후원한 것에서도 나타난다. 헌종은 특히 추사 김정희의 글씨를 좋아하여 제주도에 유배된 그에게 글씨를 올려보내라고 명을 내렸고, 추사의 제자인 허련許鍊을 여러 차례 불러 그림을 그리게 했다. 이처럼 김정희와 그의 문인들의 재능을 아꼈던 헌종이 재위 기간에 김정희를 8년간 유배 보낸 것은 왕도 어쩌지 못할 만큼 당대의 정쟁이 치열했음을 보여준다.

추사에 대한 헌종의 각별한 관심은 추사 문하에 있던 여러 중인들에게로 이어졌다. 헌종은 예술적 재능이 있으면 신분에 구애받지 않았다. 의원인 오창렬吳昌烈을 인정한 것이 대표적이다. 김정희의 제자 조희룡趙熙龍이 쓴 중인층의 전기인《호산외기壺山外記》에는 "오창렬은 화락하고 단아한 군자다. … 만년에는 의업에 정신하여 내의원에 들어갔다. 임금의 총애와 은택이 높고 지극해 여러 번 승진하여 과천 현감에까지 이르렀다. 시에도 뛰어나 두 차례 중국에 들어가 이름난 석학들과 교유했다. … 시로써 의술을 감추고 의술로써 시를 감추었으나 두 분야 모두 임금의 인정을 받았다. 내전에 들어가 진료하는 여가에 시를 짓게 한 적이 많았는데, 번번이 임금의 뜻에 맞았다"라는 기록이 보인다. 오창렬이 시 짓는 재주로 헌종에게 총애를 받았다는 위의 내용은 짧은 치세를 살다갔지만 학문과 예술을 사랑했던 문예 군주 헌종의 모습을 잘 보여준다.

50

〈세한도〉와 추사 김정희를
기억하는 공간

추사체와 금석학의 대가 추사 김정희의 정치인으로서의 면모에 대해
서는 알려진 것이 많지 않다. 그러나 김정희는 1840년(헌종 6) 정치 사
건에 휘말려 제주도로 유배를 갔다. 안동 김씨와 풍양 조씨의 정치 대
립이 치열하게 전개되던 당시 일어난 윤상도尹尙度의 옥사 사건에서,
경주 김씨인 김정희 가문이 풍양 조씨 편에 섰다가 김정희가 유배길
에 오르게 된 것이다. 유배지는 제주도 대정현이었다.

　윤상도의 옥사 사건은 순조 대에 윤상도가 안동 김씨를 공격하는
상소를 올렸다가 유배된 사건이 헌종 때 다시 거론되면서 일어났다.
안동 김씨 세력은 이 사건을 다시 제기하면서, 윤상도의 상소를 부추
긴 인물로 김정희와 그의 아버지 김노경金魯敬을 지목했다. 《헌종실
록》에는 "역적 윤상도의 경인년(1830) 흉소凶疏는 만고에 없던 매우 큰
악역惡逆인데, 넌지시 뜻을 일러준 것은 김정희"[172]라는 기록이 있다.
결국 김정희는 1840년 6월 제주 대정현에 유배된 후 위리안치되었다.
그 후 1848년(헌종 14) 12월, 8년 3개월 만에 유배에서 풀려났으니 김
정희는 헌종의 치세 대부분을 제주도 유배지에서 보낸 셈이다.

　김정희는 유배지에서도 편지를 통해 외부와 소통했다. 김정희의 문
집에 실려 있는 편지만 해도 300통 가까이 되는데 그중 제주도에서
보낸 편지가 절반 정도를 차지한다. 김정희는 편지를 통해 바깥의 안

부와 소식을 묻고 자신의 학문과 예술을 완성해갔다. 제자인 신관호申觀浩에게 보낸 편지에는 "쓸쓸하고 적막한 이곳에 뜻밖에도 이런 서한이 왔는지라 몇 번을 반복해서 펼쳐 읽으니 위로되는 마음이 한 자리에 마주앉은 것과 같았습니다"라고 하여 편지가 유배 중인 김정희에게 큰 힘이 되었음을 피력했다.

제주에 유배된 김정희에게 가장 절실했던 것은 새로운 책이었다. 그런 그에게 잊지 않고 책을 보내오는 제자가 있었다. 역관 이상적李尚迪이었다. 이상적은 중국에 사신으로 갈 때마다 스승을 위해 책을 보냈다. 특히 김정희가 감동한 책은 《경세문편經世文編》이었다. 《경세문편》은 청나라 초부터 1820년대 전반까지의 시무경세론時務經世論을 집대성한 책으로, 고증학의 대가 고염무顧炎武를 비롯한 600여 명의 글 2,000여 편을 엄선하여 1827년(순조 27) 120권으로 간행한 것이다. 이에 감동한 김정희는 제자 이상적을 위해 그림을 그려 화답했다. 이것이 불후의 명작 〈세한도〉로, 김정희가 59세 되던 1844년(헌종 10)에 그린 역작이었다.

〈세한도〉에는 '날이 추워진 연후에야 소나무와 잣나무가 늦게 시드는 것을 안다'는 《논어》의 구절과 함께 창문 하나가 난 조그만 집, 고고한 소나무와 잣나무 세 그루의 모습이 담겨 있다. 모든 나무가 초록빛인 여름철에는 소나무와 잣나무의 푸름이 특별해 보이지 않았지만, 차가운 겨울이 되어 모든 나무가 잎을 떨어뜨리면 비로소 이들의 푸름이 눈에 들어온다는 뜻이다. 스승에게서 〈세한도〉를 전해받은 이상적은 사행길에 청나라 지인들에게 이 그림을 보여주었고, 이들은

〈세한도〉를 탄생시킨 제주 추사 김정희 유배지

이상적의 의리와 김정희의 불우한 처지를 안타깝게 여기는 글을 보태 주었다. 제주도 유배 생활 속에서 탄생한 〈세한도〉는 여러 사람의 손을 거쳐 2020년 1월 국립중앙박물관에 기증되었고, 이로써 보다 많은 사람이 그 가치를 직접 확인할 수 있게 되었다.

〈세한도〉의 배경인 제주시에서는 김정희의 유배를 기념하려는 시도를 꾸준히 전개했다. 1984년 추사유물전시관이 건립되었고, 2007년 10월에는 추사 유배지가 국가지정문화재로 승격되면서 새로운 기념관 건립이 추진되었다. 2010년 추사 유배지 인근에 완공한 제주추사관은 그 결실이었다. 제주추사관은 〈세한도〉 그림에 나오는 추사의 집을 기본으로 건축한 것이 특징이다. 제주추사관은 추사기념홀을 비롯해 3개의 전시실과 교육실, 수장고 등의 시설을 갖추고 있으며, 바로 뒤편에 초가집을 중심으로 한 추사 유배지가 복원되어 있어서 추사의 향기를 직접 접할 수 있다.

유배지는 아니었지만 과천도 김정희와 인연이 깊은 지역이다. 김정희는 1851년(철종 2) 헌종의 묘를 옮기는 문제에 연루되어 함경도 북청에 유배되었다가 1년 만에 풀려났다. 북청 유배에서 풀려난 김정희가 1852년(철종 3)부터 1856년(철종 7) 세상을 떠나기까지 4년 동안 지낸 곳이 바로 현재 경기도 과천시 주암동에 소재한 과지초당瓜地草堂이다. 이곳은 김정희의 부친 김노경이 마련한 별장으로, 김정희는 부친이 세상을 떠나자 이 근처에 묘소를 안치하고 이곳에서 삼년상을 치렀다고 한다. 2007년 과천시에서 과지초당을 복원하면서 김정희가 직접 물을 길어 먹었다는 독우물(독으로 만든 우물)도 재현했다. 2013년에는 과지초당 옆에 추사기념박물관을 조성하여 관련 유물들을 전시하고 있다.

한편 서울의 강남구 봉은사에는 불교 경판을 보관한 건물인 판전板殿이 있는데, 이곳의 〈판전〉 현판 글씨가 추사 김정희의 마지막 작품이다. 판전 두 글자 옆에는 칠십일과병중작七十一果病中作(71세인 과천 사람이 병중에 썼다)이라는 글귀가 있어 최후까지 예술혼을 불태웠던 추사 김정희의 모습을 생생하게 보여준다.

1849년(헌종 15) 6월, 23세의 헌종이 후사 없이 갑작스럽게 사망했다. 이로써 왕의 사후에도 후계자가 결정되지 못하는 초유의 사태가 발생했다. 당시 왕실의 최고 어른은 헌종 때부터 수렴청정하며 안동 김씨 세도정치의 중심이 된 대왕대비 순원왕후였다.

순원왕후를 중심으로 후계자 선정 작업이 시작됐고, 결국 선대부터 강화도에 귀양가 있던 '강화도령' 원범이 헌종의 후계자로 지명됐다. 그가 바로 조선의 제25대 왕 철종哲宗(1831~1863, 재위 1849~1863)이다. 철종은 왕명을 받은 신하들에 의해 강화도에서 궁궐로 모셔졌고, 6월 17일 창덕궁 인정문에서 즉위식을 올렸다. 철종이 왕이 된 후 그가 강화도에서 생활했던 잠저潛邸는 용흥궁龍興宮으로 승격되었다.

51
강화도령 철종의 잠저
용흥궁

조선시대 왕들은 대개 궁궐에서 태어났다고 생각하지만 조선 왕 가운데 상당수는 궁궐 밖 사저私邸에서 태어났다. 왕의 사저는 잠저라고도 하는데, 왕이 된 인물의 사저에는 후에 궁호를 붙인다. 어의궁於義宮, 창의궁, 용흥궁 등이 그 예다. 세종은 태종이 왕이 되기 전인 1397년(태조 6) 한양의 북부 준수방에서 태어났다. 이와 관련하여 현재 종로구 서촌 통인시장 근처 사거리에서는 세종대왕 탄생지를 알리는 표지석을 볼 수 있다. 세종이 태어난 정확한 위치는 모르지만 준수방이 서촌 지역이기 때문에, 서촌에서도 눈에 잘 띄는 곳에 표지석을 세워 세종이 이 인근에서 태어났음을 보여주는 것이다.

인조나 철종, 고종처럼 아버지가 왕이 아닌 경우에도 궁궐 밖 잠저에서 출생하거나 생활했다. 어의궁은 중부 경행방(종로구 낙원동)에 있었는데, 인조가 왕이 되기 전에 살았던 잠저였다. 속칭 상어의궁上於義宮이라 불렀는데, 효종의 잠저인 하어의궁下於義宮과 구분하기 위해서였다. 19세기의 학자 유본예가 기록한 《한경지략》에는 "어의궁은 인조의 잠저이다. 못이 있는데, 이름이 잠룡지潛龍池다"라고 해서 이곳에 연못이 있었음을 알 수 있다. 하어의궁은 현재의 종로구 연지동에 위치해 있었는데, 왕실의 혼례가 있을 때 왕비 후보가 거처하는 별궁으로 주로 활용했다. 처음에는 중국 사신의 숙소인 태평관太平館을 별궁으로 활용하다가 인조가 장렬왕후莊烈王后를 계비로 맞이할 때 처음 하어의궁을 별궁으로 활용했고, 철종과 철인왕후哲仁王后의 혼례식도 이곳 하어의궁에서 거행되었다. 고종과 명성황후의 혼례식이 거행된 곳은 고종의 잠저인 운현궁雲峴宮이었다.

강화도령 철종이 왕이 되기 전까지 살았던 집은 인천 강화읍에 남아 있는데, 이곳이 바로 용흥궁이다. 원래는 초가였으나 1853년(철종 4) 강화유수 정기세鄭基世가 왕의 잠저에 걸맞게 고쳐 지은 후 용흥궁이라 부르게 되었다. 1903년(고종 40)에는 청안군淸安君 이재순李載純이 이를 다시 중건했다.

강화도령 철종의 잠저 용흥궁

용흥궁은 궁궐 안에 지어진 민가인 창덕궁의 연경당, 낙선재와 같은 형태를 띠고 있다. 현재 남은 건물은 비각 1동, 내전 1동, 외전 1동, 별전 1동 등이다. 별전에는 마루 앞으로 작은 정원이 있고, 별전 오른쪽에는 조금 더 큰 규모의 정원이 있었던 것으로 추정된다. 내전 오른쪽과 별전 왼쪽에 우물이 1개씩 있어서 살림집으로 활용되었음을 알 수 있다.

용흥궁 일대는 고려시대에는 궁궐이, 조선시대에는 행궁과 외규장각이 들어선 지역으로 강화도의 중심지였다. 용흥궁 바로 인근에는 병자호란으로 강화도가 함락될 때 화약을 끌어안고 자결한 김상용金尚容의 순절비와, 강화 고려성당이 위치해 있다.

철종이 이곳 강화도와 인연을 맺은 것은 조부인 은언군恩彦君이 역모죄에 연루되어 강화도에 유배되면서부터였다. 1779년(정조 3) 은언군은 홍국영과 함께 역모했다는 노론 벽파의 무고에 따라 강화부 교동으로 쫓겨났다. 홍국영이 은언군의 아들 상계군常溪君 이담李湛을 그의 누이 원빈의 양자로 삼은 것이 화근이었다.

은언군은 순조 즉위 후 천주교 박해 과정에서 천주교 신자였던 처 송씨, 며느리 신씨와 함께 처형되었다. 당시 은언군에게는 상계군 외에도 전계군全溪君이라는 아들이 또 있었는데, 전계군에게는 세 아들 원경元慶, 경응景應, 원범元範이 있었다. 철종이 바로 전계군의 삼남 원범이다.

철종 집안의 불운은 헌종 대에도 계속되었다. 형인 원경이 1844년(헌종 10) 민진용閔晉鏞의 역모 사건에 연루되어 처형되었고, 경응과 원범을 포함한 집안 모두가 강화도로 유배됐다. 조부 때부터 이어진 강화도로의 유배가 손자인 철종에게도 이어진 것이다.

헌종이 후사 없이 사망한 후 왕실 최고 어른이었던 순원왕후는 강화도에서 농사짓던 전계군의 삼남 원범을 후계자로 선택했다.《철종실록》에는 "1849년 6월 6일에 헌종이 승하하자, 순원왕후의 명으로 심도沁都(강화도)에서 맞아들여 헌종의 대통大統을 잇게 했다"[173]라고 기록하고 있다. 차남 경응도 있었지만 순원왕후는 아직 20세가 되지 않은 원범이 왕위에 더 적합하다고 판단한 것 같다. 이는 고종이 형인 재면載冕을 제치고 왕이 된 것과도 비슷하다.

선대부터 여러 차례 역모 사건에 연루되었던 상처 속에서도 철종은 강화도에서의 삶에 만족하고 있었던 것으로 보인다. 실제로 1849년 6월, 그를 왕으로 모시러 온 영의정 정원용鄭元容 등의 조정 행렬에 철종은 무척이나 당황스러워 했다.

한편 《철종실록》에는 "이해 봄·여름에는 밤중마다 광기光氣가 잠저의 남산南山에서 보였으며, 가마를 호위하며 갑곶진을 건널 적에는 오색 무지개가 큰 강에 다리처럼 가로질러 있었으며, 양화진에 이르렀을 적에는 양떼가 와서 꿇어앉아 맞이하여 문후問候하는 형상을 했습니다"[174]라고 해 철종이 왕위를 계승하기 위해 한양으로 가는 길에 상서로운 일이 이어졌음을 기록하고 있다.

용흥궁에서 오랜 기간 생활해서였을까? 철종은 왕이 된 후에도 내내 검소한 생활을 했다. 《철종실록》에는 "법장法章 이외에는 항상 명주와 면포를 입었고 두세 번씩 세탁하여 입었으며, 궁실이나 원포苑圃는 수리만 할 뿐이었으며, 진기한 찬선饌膳을 물리치고 기이한 완구玩具는 끊어버렸습니다"[175]라고 기록돼 있다. 철종과 마찬가지로 왕이 되기 전 사가에서 생활했던 영조 역시 왕이 된 후 무명과 모시옷, 채식을 즐기고 검소를 강조했던 것을 고려하면 검소한 습관이 몸에 밴 탓인가 싶기도 하다. 하지만 세도 정치의 폐해와 삼정의 문란 등으로 피폐했던 당시의 시대상을 고려하면, 검소한 생활은 안동 김씨의 위상에 눌려 아무것도 할 수 없었던 나약한 왕 철종이 백성을 위해 할 수 있었던 유일한 행동이 아니었을까 생각되기도 한다.

1863년(철종 14) 12월 철종이 후사 없이 사망하고 대비 신정왕후神貞王
后 조씨에게 줄을 댄 흥선대원군興宣大院君의 정치적 승부수가 성공하
면서, 12세의 고종高宗(1852~1919, 재위 1863~1907)이 왕위에 올랐다.

어린 고종을 대신해 흥선대원군이 섭정을 시작했다. 흥선대원군은
내치와 국방·외교 분야에서 자신의 정치적 색깔을 분명하게 했다. 그
가운데 흥선대원군의 강경한 통상 수교 거부 정책은 두 차례의 양요
로 이어졌다. 1866년(고종 3) 병인양요丙寅洋擾 때는 강화도 외규장각에
보관되었던 의궤들을 대거 약탈당하는 수난을 당하기도 했다.

고종이 친정을 시작한 후에 일어난 1884년(고종 21)의 갑신정변은
젊은 급진 개화파 세력이 일으킨 정변이었다. 정변은 실패했지만 고종
은 서양 공사관이 밀집한 경운궁(덕수궁)에 거처하면서 근대 신문물
을 수용하려는 노력을 기울이며 개혁의 의지를 이어갔다.

52
병인양요와 신미양요,
그 처참한 승리의 현장

19세기 중엽 이후 조선의 근해에는 영국, 프랑스, 미국 등 서양 선박
들이 자주 출몰하여 해로를 측량하면서 조선의 정세를 탐지하는 일
이 빈번했다. 조선에서는 이들 선박을 이양선異樣船이라고 부르면서

경계심을 높여갔고, 아들을 대신해 섭정하고 있던 흥선대원군은 서양 열강의 침략에 특히 민감했다.

1866년에 일어난 프랑스인 선교사 처형 사건인 병인박해丙寅迫害는 프랑스 침략의 빌미가 되었다. 그해 9월 프랑스 정부는 청나라 톈진에 있던 극동 함대 사령관 로즈 제독으로 하여금 함선 7척과 1,000명의 군사를 보내 갑곶진을 넘어 강화도 중심지를 점령하게 했다. 갑곶진은 병자호란 때도 청나라 군대의 상륙 지점이었다. 프랑스 로즈 제독은 선교사를 살해한 이를 처벌하고 통상조약을 체결할 것을 요구했다. 흥선대원군은 당연히 이 요구를 받아들이지 않았고, 조선군과 프랑스군 사이에 치열한 전투가 벌어졌다.

강화도의 길목인 김포 문수산성에서는 한성근韓聖根이 지휘하는 부대가 저항했다. 문수산성은 강화 갑곶진을 마주 보는 김포 쪽 육지의 문수산과 해안 지역을 연결한 성으로, 1694년(숙종 20)에 축성되었다. 축성한 지 170여 년이 지나서야 실제 전투에 사용된 것이다. 1866년 9월 18일, 프랑스군이 문수산성을 침략하자 흥선대원군의 지시를 받은 한성근 부대가 산성 수비에 나섰다. 하지만 프랑스군이 보유한 총포의 위력에 조선군은 퇴각할 수밖에 없었다.

이에 반해 양헌수梁憲洙가 지휘한 부대는 프랑스군과의 정족산성 전투에서 대승을 거두었다. 양헌수는 10월 3일, 367명의 포수를 이끌고 매복해 있다가 프랑스군을 섬멸했다. 정족산성은 강화도 내륙의 방어 요충지로서, 산성 안에 실록을 보관한 사고史庫와 사고의 수호 사찰 역할을 하는 전등사傳燈寺 등을 포함하고 있다. 현재 정족산성의

양요의 아픔을 목격한 강화도 갑곶 돈대

삼랑성문을 들어서면 바로 양헌수 장군 승전비를 볼 수 있다.

전투에서 패한 프랑스군은 퇴각을 결정하면서 그들이 주둔했던 강화도 행궁 일대에 불을 질렀다. 그리고 은을 담은 궤짝과 함께 외규장각에 소장되어 있던 의궤 등 340여 점의 서책을 약탈해 갔다. 이때 유출된 외규장각 의궤는 1990년대 이후 전개된 꾸준한 반환 운동으로, 2011년 145년 만에 297책이 국내로 돌아왔다. 현재 외규장각 의궤는 국립중앙박물관에 소장되어 있다.

1871년(고종 8)에는 미국 함대가 조선에 쳐들어왔다. 신미양요辛未洋擾였다. 침략의 원인은 1866년에 있었던 제너럴셔먼호 사건이었다. 이 사건은 미국 상선 제너럴셔먼호가 대동강을 거슬러 올라오는 과정에서 평양 주민들을 살육하고 약탈하자 평양의 관민이 배를 불사르고 미국 선원들을 살해한 것에서 비롯됐다. 당시에는 별다른 조처 없이 일단락되었지만 조선을 넘보던 미국은 이 사건을 빌미로 1871년 5척의 군함과 1,200명의 군대를 보내 강화도를 공격했다.

초지진, 덕진진에 이어 광성보마저 미군에 포위되면서 조선군은 고전했다. 광성보를 지키던 어재연魚在淵, 어재순魚在淳 형제는 포탄을 피해가며 칼과 창으로 항전했지만, 200여 명의 군사들과 함께 전사했다. 현재 광성보 경역에는 어재연 형제의 순절을 기념하는 쌍충비각雙忠碑閣과 순절한 군사들의 시신을 모신 7기의 무덤이 있다.

미국은 이 전투에서 승리를 거두었지만, 조선군의 완강한 저항에 수교의 뜻을 접고 20여 일 만에 퇴각했다. 광성보에 소속된 용두 돈대와 손돌목 돈대는 이후에도 강화도를 대표하는 국방 유적으로 자리 잡고 있다.

두 차례의 양요에서 프랑스와 미국의 퇴각을 이끌었다는 점은 흥선대원군에게 큰 자신감을 부여했다. 흥선대원군은 통상수교 거부 정책을 한층 강화시켜 군함 도입, 화포 개발 등의 부국강병 정책을 추진해나갔다. 전국에 척화비斥和碑를 세워 양이洋夷, 즉 서양 오랑캐와는 협상하지 않겠다는 의지를 확고하게 했다. 이와 관련하여 흥선대원군의 명으로 제작된 1872년(고종 9)의 지방 지도에는 각 지역별로 척화비가 그려진 것이 주목된다. 그러나 흥선대원군의 대외 정책은 개화를 요구하는 세력들에게 큰 반발을 샀고, 결국 1873년(고종 10) 대원군 하야의 원인이 되었다.

53

삼일천하 갑신정변과
개화파의 공간

1884년 10월 17일(양력 12월 4일) 우정총국에서는 개국을 축하하는 낙
성식이 열리고 있었다. 우정총국은 우리나라 최초로 근대적 우편 업
무를 위해 설치된 기관으로 초대 총판은 개화파의 중심 홍영식洪英植
이었다. 김옥균金玉均, 박영효朴泳孝, 서재필徐載弼 등 급진 개화파들은
동료 홍영식이 책임자로 있는 우정총국의 개국일을 거사일로 잡고 민
영익閔泳翊 등 수구파 대신들을 살해할 계획을 세웠다.

《고종실록》은 "이날 밤 우정국에서 낙성식 연회를 가졌는데 총판
홍영식이 주관했다. 연회가 끝나갈 무렵에 담장 밖에서 불길이 일어
나는 것이 보였다. 이때 민영익도 우영사로서 연회에 참가했다가 불
을 끄려고 먼저 일어나 문밖으로 나갔는데, 밖에서 여러 명의 흉도들
이 칼을 휘두르자 나아가 맞받아치다가 민영익이 칼을 맞고 대청 위
에 돌아와서 쓰러졌다. 자리에 있던 사람들이 모두 놀라서 흩어지자
김옥균·홍영식·박영효·서광범徐光範·서재필 등이 자리에서 일어나
궐내로 들어가 곧바로 침전에 이르러 변고에 대하여 급히 아뢰고 속
히 이어移御하시어 변고를 피할 것을 청했다"[176]라고 그날의 정황을
기록하고 있다. 이때 중상을 입은 민영익은 알렌의 치료로 겨우 목숨
을 건졌다.

이들 정변 세력은 우정국의 거사 성공을 확인한 후 바로 창덕궁으로

갑신정변의 시작 우정총국

향했다. 이곳에 거처하던 고종과 명성황후를 겁박하여 경우궁景祐宮으로 가게 한 것이다. 경우궁은 1824년(순조 24) 정조의 후궁이자 순조의 생모인 수빈 박씨를 모시는 사당으로 세워진 건물이다. 이들이 왕과 왕비의 거처를 경우궁으로 옮기게 한 것은 이곳이 창덕궁에 비해 훨씬 좁아 소수의 병력으로도 방위할 수 있다고 생각했기 때문이었다. 정변 세력은 왕을 압박하여 이곳에서 자신들이 추진하는 개혁의 혁신 정강을 발표했다.

갑신정변의 혁신 정강은 김옥균이 쓴《갑신일록甲申日錄》에 모두 14개 조로 기록되어 있다. 주요 내용은 '청과의 조공 관계를 청산하고 대원군을 모셔 온다,' '양반 신분제도와 문벌제도를 폐지하고 인재를 등용하여 인민 평등을 실시한다', '입헌군주제에 가깝도록 내각을 강화한다', '모든 재정을 호조에 귀속시켜 단일화한다', '탐관오리를 처벌한다' 등으로, 1868년에 단행된 일본 메이지유신의 영향을 받아 서양의 근대적 시민국가를 모델로 한 것이었다.

갑신정변 이후 경우궁은 인왕산 자수궁慈壽宮 터로 옮겨졌고, 이곳은 다시 민영휘閔泳徽가 세운 휘문고등학교로 이어졌다. 1978년 휘문고등학교가 강남구 삼성동으로 이전한 후에는 이곳에 현대그룹의 사옥이 들어섰다. 그리하여 현재 계동 현대 사옥 도로변에는 이곳에 경우궁이 있었음을 알려주는 표지석이 남아 있다.

정변 세력은 일본 공사 다케조에 신이치로竹添進一郎의 후원을 약속받았다. 실제로 일본 공사관에서 150명의 병력을 파견하여 창덕궁 금호문金虎門과 경우궁 사이를 경계하면서 개화파를 호위했다.

거사 다음날 정변 세력은 고종의 왕명을 빙자하여 수구파 인사들을 경우궁으로 불렀고, 이곳에서 윤태준尹泰駿, 이조연李祖淵, 한규직韓圭稷, 조영하趙寧夏, 민영목閔泳穆, 민태호閔台鎬 등 수구파 대신과 고종의 수라를 준비하던 내시 유재현柳載賢 등을 잔인하게 살해했다. 기록에 따르면 고종이 연거푸 "죽이지 말라"[177]고 하교했지만 정변 세력은 이를 무시했다. 이날만은 그들이 왕보다도 우위에 있었다.

기세등등하게 정변을 성공시킨 개화파의 권력은 고종과 명성황후가 경우궁을 벗어나 창덕궁으로 환궁하면서 완전히 다른 양상을 맞이하게 된다. 위기를 직감한 명성황후는 끈질기게 창덕궁으로의 환궁을 요구했고, 종친 이재원李載元의 집을 거쳐 마침내는 창덕궁 관물헌

觀物軒으로 돌아갈 수 있었다. 왕과 왕비를 창덕궁으로 환궁하게 한 것은 개화파의 치명적인 실수였다. 이후 청나라 군대가 창덕궁을 포위하면서 이들에 대한 체포와 살해에 나섰기 때문이다.

조선의 전략적 가치를 높이 평가한 청나라에서는 청불전쟁의 여파 속에서도 조선에 적극적으로 병력을 파견했다. 10월 19일, 고종은 북묘北廟(북관왕묘)로 거처를 옮겼다가 그 길로 또 선인문宣仁門 밖에 있는 청나라 통령 오조유吳兆有의 영방營房으로 옮겼다. 밤 7시경에는 창덕궁 후원에 있는 연경당으로 피신했다. 그만큼 긴박한 상황이었다. 이윽고 위안스카이袁世凱가 지휘하는 청나라 군대가 개입하자, 일본은 개화파 지원에서 한발 물러섰다. 홍영식과 박영교朴泳敎 등은 피살되었고, 김옥균, 박영효, 서재필 등 핵심 세력은 일본으로 망명했다. 한때 왕명조차 무시했던 이들의 권력은 3일 만에 끝이 났다. 이로써 갑신정변은 '삼일천하'라는 별칭을 얻었다.

이때 갑신정변을 주도한 개화파 중에서는 김옥균만이 34세로 30대였고, 박영효, 서재필, 홍영식 등은 모두 20대의 혈기 왕성한 청년들이었다. 이들 대부분은 노론 명문가 자제로서, 현재 경복궁과 창덕궁 사이를 지칭하는 북촌에 주로 거주했다.

그리고 이곳에는 이들 개화파의 정신적 멘토였던 박규수朴珪壽가 살았다. 박규수는 연암 박지원의 손자로, 20대에 정계에 진출하여 효명세자를 보좌했다. 그는 북학사상을 조선에 적용하는 데 힘을 기울이는 한편, 개화와 근대화의 중요성을 수시로 역설했다.

북촌 박규수의 집에는 새로운 세상을 꿈꾸는 청년들이 모여들었다. 박규수는 이 집을 조부인 박지원에게서 물려받았다. 박지원은 청나라의 영향을 받아 이곳에 중국식 흙벽돌집을 짓고 계산초당桂山草堂이라 했는데, 이를 손자인 박규수가 물려받은 것이었다. 현재는 이곳에 헌법재판소가 들어섰는데, 헌법재판소 안에 들어가면 박규수 집터라는 표지석을 만날 수 있다.

김옥균과 홍영식의 집은 현재의 정독도서관 인근으로, 정독도서관 앞에도 이들의 집터임을 알리는 표지석이 있다. 서재필의 집 역시 김옥균의 집과 지근거리인 북촌에 있었다. 박영효의 집은 오늘날의 인사동에 있었는데, 당시 박영효는 철종의 딸 영혜옹주永惠翁主와 혼인하여 왕실 부마로서 대저택을 소유하고 있었다. 박영효가 거주했던 한옥은 1996년 남산에 한옥마을이 조성되면서 옮겨졌고, 원래 박영효의 집이 있던 자리에는 경인미술관이 들어섰다. 이처럼 개화파는 공간적으로 가까운 곳에서 생활했기에 강한 결속력을 다질 수 있었다.

정변 실패 후 정변에 가담했던 이들의 말로는 처참했다. 1894년(고종 31) 3월, 정변의 주모자 김옥균은 상해의 한 호텔에서 고종이 보낸 암살자 홍종우洪鍾宇에 의해 살해당했다. 조선으로 송환된 김옥균의 사체는 서울 양화진에서 능지처참 형을 받고 효수梟首까지 되었다. 나머지 정변 가담자들의 최후도 비슷했다. 우정총국의 책임자였던 홍영식은 박영교와 더불어 정변 직후 청군에 의해 살해되었다. 현재 서울 명동에 소재한 중앙우체국 앞에는 홍영식의 동상이 세워져 근대식 우편 업무의 시작을 알린 그의 공적을 기억하고 있지만 그의 말로는 그리 아름답지 않았던 것이다.

가족들의 불행도 이어졌다. 홍영식의 아버지로 영의정을 지낸 홍순목洪淳穆은 며느리, 손자와 함께 자결했으며, 김옥균의 어머니와 누이도 자결의 길을 택했다. 서재필의 부모와 형, 아내는 음독 자살했고, 동생은 참형에 처해졌다. 어린 아들은 굶어 죽었다.

박영효는 갑신정변 직후 김옥균과 함께 일본으로 망명했다. 일본에서 조선 자객의 암살 공격을 받기도 했던 박영효는 일본 정부의 주선으로 1894년(고종 31) 7월, 10년 만에 귀국했다. 이후 김홍집 내각의 내부대신으로 입각했고, 의왕義王 추대 쿠데타 사건에 연루되어 교수형을 선고받기도 했다. 박영효의 마지막 선택은 친일파로의 변신이었다. 강제 병합 후 1910년 10월, 일제가 주는 후작 작위를 받았고 이듬해 1월에는 은사공채를 받았다. 1925년 7월에는 식민사관에 입각해 조선의 역사를 서술하는 조선사편수회의 고문으로 임명되어 죽을 때까지 재임했다.

서재필은 일본을 거쳐 미국으로 망명하여 의사가 되었다. 1890년(고종 27) 미국 국적을 얻은 후 이름을 미국명 필립 제이슨Philip Jaisohn으로 고쳤다. 일시 귀국한 후에는 독립협회의 결성과 《독립신문》의 창간을 주도하고, 영은문迎恩門을 헐고 그 자리에 독립문獨立門을 세우는 데 힘썼다. 그러나 서재필은 죽을 때까지 조선인이 아닌 미국인으로 살아야 했다.

54

고종, 위기 속에서
서양 세력을 만나다

1876년(고종 13) 일본과 조선이 강화도조약을 체결한 후 조선의 개항이 시작되었다. 이후 일본을 견제하려는 중국의 권유가 이어지자 조선은 1882년(고종 19) 미국과의 조미수호통상조약을 시작으로 영국, 프랑스, 독일, 이탈리아, 러시아 등의 국가와도 통상조약을 체결했다.

이는 각국의 공사 파견과 공사관 건립으로 이어졌는데, 이때 공사관이 집중적으로 들어선 곳이 경운궁이 있는 정동 일대였다. 먼저 1883년(고종 20) 미국 공사관이 이곳에 자리를 잡았고 영국, 러시아, 프랑스, 이탈리아, 독일의 공사관도 들어섰다. 정동이 제물포에서 서울로 들어오는 길목에 위치해 있고, 궁궐 및 조선 정부 관련 시설과 인접해 있기 때문이었다.

고종은 각국을 대표하여 조선에 온 공사들을 접견했는데, 각국 공사를 접견하는 일은 장내사에서 거행하도록 규례를 정했다. 접견 장소는 다양했는데, 초기에는 창덕궁 중희당重熙堂과 희정당熙政堂, 창경궁 춘당대春塘臺, 경복궁 건청궁乾淸宮, 흥복전興福殿, 만경전萬慶殿 등을, 후기에는 경복궁 집옥재集玉齋와 함화당咸和堂, 경운궁 돈덕전惇德殿 등을 활용했다. 여러 궁궐들이 외국 공사의 접견 장소로 활용된 것이다.

접견 이유 또한 다양했는데 새해 문안을 인사를 받는 경우, 고종의 탄신일인 경우, 공사들이 국서國書를 바치는 경우, 신임 공사가 부임하거나 기존 공사가 본국으로 돌아가는 경우 등이 가장 일반적인 만남이었다. 《고종실록》에는 고종이 영국 공사 해리 파크스Harry Parkes를 접견하면서 영국과 비준이 이루어진 것을 기뻐하는 모습이 기록되어 있다. 이때 고종은 "비준이 이루어지고 공사가 서신을 가지고 우리나라에 내왕하게 되었으니 이로부터 두 나라의 관계가 날로 더욱 밀접해지고 두 나라의 임금과 신하와 백성들이 다같이 태평세월을 누리게 되었으니 내 마음 참으로 기쁘다"라고 했고, 영국 공사 또한 "이것은 두 나라 임금들이 큰 복을 받은 덕분이니 아주 경사스럽고 기쁜 일입니다"라고 화답했다.[178]

외국 공사와의 접견이 끝난 후에는 물품을 하사하거나 연회를 베풀기도 했다. 실제로 고종은 1892년(고종 29) 9월 29일에는 광성전廣成殿에 나아가 미국 공사 허드Augustine Heard, 프랑스 공사 프랑뎅 Hippolytt Frandin, 영국 공사 힐리어Walter Hiller를 접견하고 연회를 베풀었다.[179]

고종은 공식 외교 사절인 공사뿐만 아니라 외국에서 온 다양한 인사들과 만났는데, 그 대표적인 인물로 미국 대통령 시어도어 루스벨트Theodore Roosevelt의 장녀 앨리스 루스벨트Alice Roosevelt를 들 수 있다. 1905년(고종 42) 9월 19일 대한제국을 찾은 앨리스는 9월 20일 고종과 성대한 오찬에 함께했다. 그녀는 자서전 《혼잡의 시간들Crowded Hours》에서 "황실 문양으로 장식한 조선 접시와 그릇에 담긴 조선 음식을 먹었다"라고 기록했다. 이때 오찬에는 신선로, 골동면, 숭어찜 등 20개에 달하는 메뉴가 상에 올랐다.

서양 문물을 접한 고종은 서양 음식에도 관심을 갖게 되었다. 특히 고종은 커피를 매우 좋아했다고 하는데, 1898년(고종 35) 7월에는 고종이 먹는 커피에 독을 넣어 시해하려 했던 이른바 '김홍륙金鴻陸 독차 사건'이 발생하기도 했다. 당시 기록에는 "약을 받아서 보현당寶賢堂(집옥재)의 남쪽 별당에 들어가서 임금에게 올릴 커피차 관缶에 넣었다"는 사실과 "보현당에 들어가 임금께 올릴 서양 요리를 만드는 일"을 하는 사람들이 연루되었다는 사실이 함께 기록되어 있다.[180]

고종이 커피를 즐긴 장소 중 하나인 경운궁 정관헌靜觀軒은 1900년경 러시아 건축가 사바틴Sabatine이 설계하여 지은 것으로 추정된다. 사바틴은 1883년 인천해관 직원으로 조선에 들어와 1904년(고종 40)까지 궁궐과 정동 일대의 근대 건축물 등의 설계와 공사에 참여했다. 정관헌은 로마네스크 양식으로, 정면과 좌우측에 발코니를 화려하게 조성하여 외국의 인사들에게도 인상 깊은 건물로 남았다. 이곳 정관헌은 어진을 도사圖寫하고 봉안한 장소로 활용되었다.

《매일신보每日申報》1920년 5월 15일자 기사에서는 "함녕전 후원에 양식으로 건축한 정관헌이 있으니 이곳은 전일에 왕세자 전하께서 '애기'로 계실 때, 이태왕(고종) 전하께옵서 옥교 타시고 이곳에 듭시어 사랑하시는 '애기'와 함께 여름날의 더위를 잊어버리시던 곳"이라고 기록하고 있어, 정관헌이 고종의 휴식처로도 활용된 장소임을 알 수 있다.[181]

고종은 1895년(고종 32) 을미사변 이후 커진 일본의 위협을 피하기 위해 친일 세력이 장악한 경복궁에서 탈출하고자 했다. 이에 1895년

아관파천의 역사를 담은 옛 러시아 공사관

11월, 명성황후와 결탁했던 친미·친러파 관리들이 중심이 되어 고종을 미국 공사관에 피신시켜 친일 정권을 무너뜨리고 새 정권을 수립하려 했으나 내부자의 밀고로 결국 미수에 그치고 말았다. 이 사건을 '춘생문春生門 사건'이라 한다. 이후에도 고종의 파천 시도가 이어졌고 결국 1896년(고종 33) 2월 11일, 고종은 러시아 공사관으로 파천에 성공했다.

고종이 거처를 옮긴 러시아 공사관은 사바틴에 의해 설계되어 1885년(고종 22)에서 1890년(고종 27)에 걸쳐 건축된 것으로 보인다. 러시아 공사관은 지하 1층, 지상 1층의 건물과 삼층탑으로 이루어져 있었으며, 석재와 벽돌을 사용하여 건축했다. 이에 대해 이사벨라 버드 비숍

Isabella Bird Bishop은 "다른 높은 언덕은 러시아 공사관이 차지하고 있었고 그 높은 탑과 화려한 정문은 이 도시에서 매우 이채로운 물건이었다"[182]라고 서술하여 러시아 공사관이 매우 이국적인 느낌을 자아냈음을 기록하고 있다. 현재에도 삼층탑의 일부가 정동에 남아 있어, 당시 러시아 공사관의 규모를 짐작하게 한다.

고종은 러시아 공사관에서 1년여를 보낸 후 1897년(고종 34) 2월 20일 경운궁으로 환궁했다. 이로써 김홍집 중심의 친일 내각이 붕괴되었고, 러시아의 영향력이 보다 강해졌다. 경운궁으로 돌아온 고종은 경운궁을 확장하고 대한제국을 선포하여 스스로 황제의 자리에 올랐다. 그러나 이후에도 고종은 미관파천, 영관파천, 불관파천 등을 시도하여 정치적 위기를 극복하려는 모습을 보였다. 그러나 이러한 모습은 외세의 힘에 지나치게 의존하여 자주적인 근대 국가로 나아가는 데 큰 장애가 되었다.

1907년 7월 순종純宗(1874~1926, 재위 1907~1910)이 대한제국의 제2대 황제로 즉위했다. 일제가 네덜란드 헤이그에 특사를 보낸 사건을 핑계로 고종을 강제 퇴위시켰기 때문이다. 고종은 원래 거처인 경운궁에 머물고, 순종은 창덕궁에서 즉위식을 올렸다.

순종은 일제가 주도한 대한제국 멸망 프로젝트 속에서 위태롭게 존재하는 비운의 황제였다. 1905년(고종 42) 10월의 을사늑약, 1907년 대한제국 군대의 강제 해산에 이어 1910년 8월 창덕궁 흥복헌興福軒에서 체결된 강제 병합으로, 조선에서 대한제국으로 이어진 왕조의 운명은 518년 만에 그 막을 내리게 되었다.

대한제국 멸망 후 이 땅의 지식인들은 독립운동과 친일이라는 서로 다른 선택의 기로에 섰다. 오늘날 서울 종로구 서촌에는 우당기념관과 벽수산장碧樹山莊 터가 남아 그 선택이 낳은 결과를 생생하게 대비시키고 있다.

55
망국의 슬픔을 간직한
중명전과 흥복헌

근대의 격동기 한반도에서 영향력을 행사했던 주요 국가는 청나라와 일본, 그리고 러시아였다. 강대국들이 그나마 세력 균형을 이루던 시기, 조선은 외교의 다변화를 통해 어려운 상황들을 헤쳐나갔다. 그러나 1894년(고종 31) 일본이 청일전쟁에 승리하면서 그 균형에 균열이 갔다. 위기감을 느낀 명성황후는 러시아 세력을 이용해 일본을 견제하고자 했으나 일본은 일국의 왕비를 살해하는 만행까지 저지르며 한반도 침탈에 대한 야욕을 분명히 했다. 이후 고종은 러시아 공사관으로 몸을 피하며 후일을 도모했지만 일본이 1904년(고종 41) 러일전쟁에서마저 승리하면서 한반도에 대한 절대적인 우위를 확보했다.

1905년 11월, 이토 히로부미伊藤博文는 고종을 압박하고 을사오적(이완용李完用, 이지용李址鎔, 박제순朴齊純, 이근택李根澤, 권중현權重顯)을 움직여 을사늑약을 체결했다. 대한제국의 외교권 박탈과 통감부 설치가 이 늑약의 핵심 내용이었다. 늑약이 체결된 곳이 바로 경운궁 중명전重明殿이었다.

중명전은 원래 외국 선교사들의 숙소로 사용된 곳으로, 경운궁 경역에 있지 않았다. 중명전이 경운궁 영역에 포함된 것은 대한제국 시기인 1897년(고종 34) 무렵이다. 이때 고종은 기존의 선교사 숙소 건물을 철거하고 그 자리에 서양식 도서관인 수옥헌漱玉軒을 짓게 했는데, 1901년(고종 38) 수옥헌이 화재로 소실되고 말았다. 고종은 사바틴으로 하여금 이를 2층의 벽돌 건물로 재건하게 했고, 1904년 경운궁 본궁에서 화재가 발생하자 고종이 이곳으로 옮겨 거쳐하면서 수옥헌을 중명전으로 개칭했다.

중명은 《주역周易》의 리離 괘에 나오는 용어로, 위아래 군신이 모두 밝아짐을 의미한다. 그러나 이름을 바꾼 후 불과 1년 만에 이곳에서

을사늑약이 체결된 곳 경운궁(덕수궁) 중명전

을사늑약이 체결되면서 중명전은 비극의 역사 공간이 되어 버렸다. 1907년(고종 44) 4월, 고종이 을사늑약의 부당함을 국제사회에 알리고자 이준李儁 등을 헤이그 특사로 파견한 곳도 중명전이었다. 헤이그 특사 파견을 빌미로 그해 7월 고종은 일제의 강압에 의해 황제 자리에 물러났다. 근대 격동기 중명전은 조선 황실에 불운의 공간이었던 셈이다.

1907년 7월, 순종은 대한제국의 제2대 황제가 되었지만 그 역할은 극히 제한이 되어 있었다. 일제는 한일 강제 병합을 더욱 노골화했다. 그로부터 2년 후인 1909년(순종 2) 7월 12일, 일제는 사법권을 일본

정부에 이양하는 기유각서己酉覺書의 체결을 강요하여 대한제국의 사법권마저 박탈했다.

1910년(순종 3) 8월 22일, 대한제국의 마지막 어전회의가 창덕궁 흥복헌에서 열렸다. 흥복헌은 창덕궁의 침전인 대조전의 동쪽에 있는 부속 건물이다. 계속 일제의 압박을 받고 있던 순종은 어전회의에 앞서 내각 총리대신 이완용에게 전권을 위임하면서 당시 조선통감이었던 데라우치 마사다케寺內正毅와 상의해서 협정할 것을 지시했다. 이완용과 데라우치 간에 맺어진 협정의 제1조는 "한국 황제 폐하는 한국 전부全部에 관한 일체 통치권을 완전히 또 영구히 일본 황제 폐하에게 양여한다"는 것이었다.

56
친일과 항일의 갈림길,
우당기념관과 벽수산장

1910년 일제의 강제에 의해 한일합병조약이 맺어진 후 조선의 지식인들은 양극의 길을 마주했다. 독립운동가의 길과 친일파의 길이 그것이었다. 현재 서울 종로구 서촌 지역에는 이 양 극단의 길을 한눈에 보여주는 공간이 있다. 우당友堂 이회영李會英 6형제가 벌인 독립운동의 역사를 기념하는 우당기념관과 친일파의 대표 인물 윤덕영이 세운 벽수산장이 바로 그것이다.

우당 이회영은 대한제국 멸망 직후인 1910년 12월, 형제와 가족, 노비 40여 명을 포함한 일가족 전체와 함께 만주로 망명했다. 이때 이회영을 비롯하여 건영健榮, 석영石榮, 철영哲榮, 시영始榮, 호영護榮 여섯 형제가 전 재산(약 600억 원)을 팔아 독립운동에 필요한 자금으로 운용했다. 이후 중국 지린성 류허현 삼원보에 정착한 가족은 1911년 4월 이주 동포들의 정착과 농업 지도를 위한 경학사를 조직하고, 그해 5월 광복군 양성을 위한 신흥강습소(신흥무관학교)를 설립했다. 또 1919년 고종 황제의 망명을 기획했으며, 1923년부터는 신채호申采浩, 이을규李乙奎 등과 무정부주의(아나키스트) 운동을 전개하고 1924년 항일운동 행동 조직 의열단을 후원하는 등 평생을 독립운동에 헌신했다. 이회영은 1932년 지하 공작망 조직을 목적으로 상하이에서 다롄으로 배를 타고 가던 중 상하이 밀정의 밀고로 체포된 후 고문 끝에 옥사했다.

이회영 6형제의 독립운동 행적을 모아 전시한 우당기념관은 서촌 서울맹학교와 서울농학교 맞은편에 위치하고 있다. 기념관은 2개의 전시실로 구성되어 있는데, 1전시실에는 우당 선생과 무정부주의 운동을 전개한 애국지사 34명의 초상화 및 묵란과 신년 휘호, 친필 서신 등이, 2전시실에는 경학사 설립 취지문, 신흥무관학교 교가, 헤이그 특사가 가지고 간 고종 황제의 신임장 등이 전시되어 있다.

한편 친일의 길을 택한 윤덕영은 한일합병조약 체결 당시 조카인 순정효황후純貞孝皇后가 치마에 숨긴 옥새를 빼앗아 불법 조약에 날인하게 한 공로를 인정받아 일본제국으로부터 훈1등 자작 작위를 받고 친일파로서 승승장구했다. 그 후 일제강점기인 1914년에서 1915년

한양의 아방궁이라 불리던 친일파 윤덕영의 벽수산장

사이에 윤덕영은 옥인동 땅의 절반 이상을 사들이고, 옛 송석원 터에 벽수산장이라는 저택을 지었다.

벽수산장은 멀리서 봐도 한눈에 띌 정도로 규모가 엄청났다. 프랑스풍 건물인 양관洋館이 중심이 된 이곳에는 외부에 뱃놀이를 위한 200평 넓이의 연못까지 조성되어 있었다. 사람들은 윤덕영을 조롱하여 벽수산장을 '한양의 아방궁'이라 불렀다.

윤덕영이 죽고 난 후, 벽수산장은 아들의 양자 윤강로尹强老에게 상속되었다. 윤강로는 상속 1년 만에 벽수산장을 미쓰이 광산 주식회사에 매각했다. 해방 이후 벽수산장은 덕수병원에 귀속되었다가 1950년 한국전쟁 때 미8군 장교 숙소로 사용되었다. 1954년 6월부터는 한국통일부흥위원단UNCURK의 본부로 쓰이기도 했다. 그러나 1966년 발생한 화재로 한국통일부흥위원단 본부가 이전되고, 1973년 도로 정비 사업으로 건물이 철거되면서 벽수산장은 역사에서 완전히 사라지게 되었다. 그러나 현재에도 종로구 옥인동 47번지 일대의 골목길에는 산장의 출입구를 알려주는 문설주가 남아 있으며, 윤덕영이 소유했던 집들도 일부 남아 있다.

1 《태조실록太宗實錄》 1394년(태조 3) 8월 12일.

2 《태조실록》 1394년(태조 3) 8월 24일.

3 위의 책, 같은 곳.

4 차천로車天輅, 〈오산설림五山說林〉.

5 《태조실록》 1394(태조 3) 2월 29일.

6 정도전鄭道傳, 《조선경국전朝鮮經國典》〈공전工典〉.

7 《태조실록》 1395년(태조 4) 10월 7일.

8 위의 책, 같은 곳.

9 위의 책, 같은 곳.

10 《태조실록》 1398년(태조 7) 8월 26일.

11 《태조실록》 1395년(태조 4) 10월 7일.

12 위의 책, 같은 곳.

13 《정종실록定宗實錄》 1399년(정종 1) 2월 26일.

14 《정종실록》 1399년(정종 1) 3월 13일.

15 《정종실록》 1399년(정종 1) 1월 9일.

16 《정종실록》 1399년(정종 1) 8월 4일.

17 《정종실록》 1400년(정종 2) 2월 1일.

18 《정종실록》 1400년(정종 2) 11월 11일.

19 《태종실록太宗實錄》 1411년(태종 11) 10월 4일.

20 《태종실록》 1404년(태종 4) 10월 6일.

21 조선시대에 계절에 따라 생산되는 과일이나 농산물을 신주를 모신 사당이나
제단에 올려 먼저 차례를 지내거나 지방 특산물을 왕에게 올리는 것을 관장
하던 관서로, 1467년(세조 13) 임금의 식사와 대궐 안의 식사 공급에 관한 일
을 관장하는 사옹원司饔院으로 개편되었다.

22 《태종실록》 1413년(태종 13) 5월 1일.

23 《태종실록》 1413년(태종 13) 5월 4일.

24 《태종실록》 1413년(태종 13) 7월 1일.

25 고려시대에는 서울에 둔 부인을 경처京妻, 시골의 부인을 향처鄕妻라 했는데
조선왕조에서는 이들에게 정비와 계비의 개념을 적용하여 신의왕후를 정비,
신덕왕후를 계비라 하였다.

26 《태종실록》 1408년(태종 8) 7월 29일.

27 《인조실록仁祖實錄》 1629년(인조 7) 3월 19일.

28 《세종실록世宗實錄》 1419년(세종 1) 4월 2일.

29 《세종실록》 1425년(세종 7) 5월 13일.

30 《세조실록世祖實錄》 1459년(세조 5) 4월 10일.

31 《태종실록》 1418년(세종 즉위년) 8월 15일.

32 변계량, 〈왕자효령대군정효공이보신도비명王子孝寧大君靖孝公李補神道碑銘〉.

33 《성종실록成宗實錄》 1486년(성종 17) 5월 11일.

34 《연려실기술燃藜室記述》 등에는 담비 갖옷으로 기록되어 있다.

[35] 《세종실록》 1430년(세종 12) 8월 21일.

[36] 《성종실록》 1483년(성종 14) 11월 28일.

[37] 《세종실록》 1434년(세종 16) 3월 20일.

[38] 《연려실기술》 제3권 세종조고사본말世宗祖故事本末

[39] 《세종실록》 1429년(세종 11년) 3월 23일.

[40] 《세종실록》 1448년(세종 30) 8월 5일.

[41] 《고종실록》 1891년(고종 28) 2월 8일.

[42] 《문종실록文宗實錄》 1452년(문종 2) 5월 14일.

[43] 위의 책, 같은 곳.

[44] 위의 책, 같은 곳.

[45] 《고종실록高宗實錄》 1891년(고종 28) 2월 8일.

[46] 《단종실록端宗實錄》 1453년(단종 1) 10월 10일.

[47] 위의 책, 같은 곳.

[48] 《연려실기술》 제4권 단종조고사본말端宗祖故事本末.

[49] 위의 책, 같은 곳.

[50] 위의 책, 같은 곳.

[51] 《단종실록》 1453년(단종 1) 12월 29일.

[52] 《연려실기술》 제4권 단종조고사본말.

[53] 위의 책, 같은 곳.

[54] 《세조실록》 1462년(세조 8) 11월 5일.

[55] 《세조실록》 1464년(세조 10) 2월 28일.

[56] 《세조실록》 1412년(태종 12) 2월 27일.

57 《예종실록睿宗實錄》1468년(예종 즉위년) 9월 7일.

58 《예종실록》1468년(예종 즉위년) 10월 24일.

59 《속동문선續東文選》〈독서당기讀書堂記〉.

60 《동문선東文選》〈경회루기慶會樓記〉.

61 《오산설림초고五山說林草藁》와 《연려실기술》 제6권 성종조고사본말成宗朝故
事本末에 자세하게 전한다.

62 차천로車天輅,《오산설림초고》.

63 《용재총화慵齋叢話》 제7권.

64 《연산군일기燕山君日記》1506년(연산군 12) 3월 17일.

65 《연산군일기》1506년(연산군 12) 2월 7일.

66 《연려실기술》 제6권 연산조고사본말燕山祖故事本末.

67 위의 책, 같은 곳.

68 김굉필金宏弼,《경현록景賢錄》.

69 이이李珥,《율곡집栗谷集》〈도봉서원기道峯書院記〉.

70 허균許筠,《성소부부고惺所覆瓿藁》.

71 《명종실록明宗實錄》1560년(명종 15) 1월 16일 〈김인후 졸기〉.

72 김인후金麟厚,《하서전집河西全集》 부록 제3권 연보.

73 송시열이 쓴 〈서원이건봉안문〉에는 '이건 전의 서원에서는 제사를 지낼 곳이
비좁고 경사져 있었다'고 하고 장마 등에도 안전하지 못했기 때문이라 한다.
(김봉렬,《서원 건축》, 대원사, 1998)

74 조식曹植,《남명집南冥集》〈을묘사직소乙卯辭職疏〉.

75 《연산군일기》1495년(연산군 1) 12월 7일.

76 《연산군일기》 1497년(연산군 3) 7월 18일.

77 《연산군일기》 1499년(연산군 5) 12월 12일.

78 《연산군일기》 1501년(연산군 7) 3월 17일.

79 《명종실록》 1550년(명종 5) 12월 15일.

80 《명종실록》 1551년(명종 6) 4월 13일.

81 《명종실록》 1562년(명종 17) 9월 4일.

82 《명종실록》 1565년(명종 20) 4월 5일.

83 《명종실록》 1565년(명종 20) 3월 28일.

84 유성룡柳成龍, 《징비록懲毖錄》

85 이순신, 《난중일기》 1597년 4월 3~9일.

86 위의 책, 같은 곳.

87 이순신, 《난중일기》 1597년 5월 24일.

88 이순신, 《난중일기》 1597년 6월 4일.

89 이순신, 《난중일기》 1597년 5월 28일.

90 《광해군일기》 1610년(광해군 2) 7월 15일.

91 위의 책, 같은 곳.

92 《선조실록宣祖實錄》 1593년(선조 26) 1월 21일.

93 1617년(광해군 9) 새문동에서 쫓겨난 정원군은 언제 역적으로 몰려 죽음을 당할지 모를 불안 속에서 지내다가 경희궁이 완공되기 1년 전인 1619년(광해군 11)에 사망했다. 정원군은 후에 아들(인조)이 왕위에 올라 원종元宗으로 추숭되었다.

94 《광해군일기光海君日記(중초본)》 1617년(광해군 9) 6월 28일.

95 《광해군일기(중초본)》 1617년(광해군 9) 6월 11일.

96 《광해군일기(중초본)》 1617년(광해군 9) 7월 13일.

97 《광해군일기(중초본)》 1617년(광해군 9) 7월 29일.

98 《광해군일기(중초본)》 1617년(광해군 9) 8월 1일.

99 《광해군일기(중초본)》 1617년(광해군 9) 8월 7일.

100 《광해군일기(중초본)》 1620년(광해군 12) 3월 23일.

101 위의 책, 같은 곳.

102 《광해군일기(중초본)》 1623년(광해군 15) 3월 13일.

103 《광해군일기(정초본)》 1623년(광해군 15) 3월 13일.

104 《연려실기술》 제23권 인조조고사본말仁祖朝故事本末.

105 위의 책, 같은 곳.

106 《인조실록》 1623년(인조 1) 3월 13일.

107 위의 책, 같은 곳.

108 위의 책, 같은 곳.

109 위의 책, 같은 곳.

110 위의 책, 같은 곳.

111 《연려실기술》 제23권 인조조고사본말.

112 《연려실기술》 제24권 인조조고사본말.

113 《인조실록》 〈인조대왕 행장行狀〉

114 《연려실기술》 제25권 인조조고사본말

115 나만갑羅萬甲, 《병자록丙子錄》

116 《인조실록》 1636년(인조 14) 12월 25일.

117 《숙종실록肅宗實錄》 1696년(숙종 22) 9월 6일.

118 《경종수정실록景宗修正實錄》〈권상하權尙夏 졸기〉

119 《숙종실록》 1704년(숙종 30) 12월 21일.

120 《현종실록顯宗實錄》 1671년(현종 12) 2월 29일.

121 《세조실록》 1465년(세조 11) 11월 27일.

122 《현종개수실록顯宗改修實錄》 1665년(현종 6) 3월 14일.

123 《숙종실록》 1689년(숙종 15) 5월 2일.

124 《숙종실록》 1694년(숙종 20) 6월 13일.

125 《숙종실록》 1701년(숙종 27) 9월 23일.

126 위의 책, 같은 곳.

127 위의 책, 같은 곳.

128 《숙종실록》 1701년(숙종 27) 9월 28일.

129 위의 책, 같은 곳.

130 《숙종실록》 1701년(숙종 27) 10월 2일.

131 《숙종실록》 1674년(숙종 즉위년) 11월 13일.

132 《숙종실록》 1702년(숙종 28) 8월 11일.

133 위의 책, 같은 곳.

134 《숙종실록》 1704년(숙종 30) 3월 25일.

135 《숙종실록》 1712년(숙종 38) 10월 8일.

136 《숙종실록》 1712년(숙종 38) 6월 9일.

137 《영조실록英祖實錄》 1772년(영조 48) 4월 10일.

138 《영조실록》 1762년(영조 38) 윤5월 13일.

139 위의 책, 같은 곳.

140 위의 책, 같은 곳.

141 《영조실록》 1758년(영조 34) 1월 14일.

142 《영조실록》 1748년(영조 24) 7월 1일.

143 《영조실록》 1754년(영조 30) 1월 7일.

144 《영조실록》 1776년(영조 52) 3월 10일.

145 《정조실록正祖實錄》 1776년(정조 즉위년) 3월 12일.

146 《신증동국여지승람新增東國輿地勝覽》 권2 〈동국여지비고東國輿地備攷〉.

147 《홍재전서弘齋全書》 〈경춘전기景春殿記〉.

148 순조, 《어제경춘전기御製景春殿記》

149 위의 책, 같은 곳.

150 《순조실록純祖實錄》 1809년(순조 9) 2월 27일.

151 《헌종실록憲宗實錄》 〈효유헌성왕대비孝裕獻聖王大妃의 선왕에 대한 언교諺敎〉.

152 《헌종실록》, 〈헌종대왕 묘지문〉.

153 《한경지략》 〈궁궐〉 창덕궁.

154 《정조실록》 1776년(정조 즉위년) 9월 25일.

155 《정조실록》 1795년(정조 19) 2월 25일.

156 요임금이 화華 지방을 돌아볼 때 그곳을 지키는 봉인封人이 3가지를 축원한 일을 말한다. 곧 장수長壽·부富·다남자多男子로 후세에 송축頌祝하는 말로 쓰인다. 《장자莊子》 천지天地.

157 《정조실록》 1794년(정조 18) 1월 15일.

158 정약용丁若鏞, 《다산시문집茶山詩文集》 제20권, 〈상중씨上仲氏〉

159 정약용,《다산시문집》제11권,〈해조론海潮論〉

160 정약용,《다산시문집》제15권〈선중씨묘지명先仲氏墓誌銘〉.

161 위의 책, 같은 곳.

162 정약용,《여유당전서與猶堂全書》〈사촌서실기沙村書室記〉

163 정약용,《다산시문집》제15권,〈선중씨묘지명先仲氏墓誌銘〉

164 정약용,《다산시문집》제21권,〈기이아寄二兒〉1816년 6월 17일.

165 《신증동국여지승람》권2〈동국여지비고〉.

166 《순조실록純祖實錄》1827년(순조 27) 2월 9일.

167 《헌종실록憲宗實錄》1843년(헌종 9) 8월 25일.

168 《헌종실록》1844년(헌종 10) 1월 13일.

169 《헌종실록》1845년(헌종 11) 4월 19일.

170 《헌종실록》1846년(헌종 12) 3월 2일.

171 이러한 사실은 헌종이 후원한 화가인 허련의《소치실록小癡實錄》을 통해 알 수 있다. 황정연,〈조선시대 궁중 서화 수장처에 대한 연구〉,《서지학연구》32권, 2005.

172 《헌종실록》1840년(헌종 6) 9월 5일.

173 《철종실록》〈총서〉.

174 《철종실록》〈철종대왕 행장〉.

175 위의 책, 같은 곳.

176 《고종실록》1884년(고종 21) 10월 17일.

177 《고종실록》1884년(고종 21) 10월 18일.

178 《고종실록》1884년(고종 21) 4월 7일.

179 《고종실록》 1884년(고종 21) 2월 8일; 《고종실록》 1892년(고종 29) 9월 25일.

180 《고종실록》 1898년(고종 35) 10월 10일(양력).

181 《매일신보》 1920년 5월 15일 3면 1단 '予規야 울지마라, 주인 잃은 덕수궁을 백량동작생황진이 옛이야기가 아니로구나' 기사. 국립중앙도서관 대한민국 신문 아카이브.

182 이사벨라 버드 비숍, 이인화 역, 《한국과 그 이웃나라들》, 살림, 1994, 48쪽.

한국관광공사	21, 34, 40, 80, 85, 93, 96, 109, 120, 131 142, 148,
	158, 169, 174, 185, 206, 248, 257, 265, 287, 295면
국립문화재연구소	27면
문화재청	51, 77, 228면
국립중앙박물관	200면
Jjw(commons.wikimedia.org)	281면
문화유산채널	284면
black207(commons.wikimedia.org)	299면
서울역사박물관	302면

※ 별도의 출처가 표기되지 않은 사진은 저자(신병주)가 직접 촬영한 사진입니다.

56개 공간으로 읽는 조선사
개국의 환희부터 쇠망의 통한까지

초판 1쇄 발행 2021년 1월 28일 초판 3쇄 발행 2023년 9월 20일

지은이 신병주
펴낸이 이승현

출판2 본부장 박태근
지적인 독자 팀장 송두나

펴낸곳 ㈜위즈덤하우스 출판등록 2000년 5월 23일 제13-1071호
주소 서울특별시 마포구 양화로 19 합정오피스빌딩 17층
전화 02) 2179-5600 홈페이지 www.wisdomhouse.co.kr

ⓒ 신병주, 2021

ISBN 979-11-91308-36-5 03910